中世絵師たちの
タロット

中世絵師たちの タロット

❋

オズヴァルド・ヴィルト

今野喜和人 訳

LE TAROT
DES IMAGIERS
DU MOYEN ÂGE

OSWALD WIRTH

国書刊行会

Le Tarot des Imagiers du Moyen Âge
Oswald Wirth
1927

目次

ロジェ・カイヨワによる序文 ……………………………… 13

亡きスタニスラス・ド・ガイタに捧ぐ ………………… 21

はしがき ………………………………………………… 29

第一部
タロット
全体考察および論理的区分の考察

Ⅰ — **タロットの起源** ……………………………………… 35

　遊戯用カード ……………………………………………… 35

　いわゆる『トートの書』 ………………………………… 36

　テラフィム ………………………………………………… 39

　実証的データ ……………………………………………… 40

　イニシエーションとしてのタロットの価値 …………… 43

Ⅱ — **タロットの秘密を明らかにする表徴** ……………… 46

　〈輪〉 ……………………………………………………… 46

　反対物の類似 ……………………………………………… 47

　ヤキンとボアズ …………………………………………… 48

　タロットの軸 ……………………………………………… 49

　アルカナの第一グループ ………………………………… 50

　解明のための置換 ………………………………………… 51

　アルカナの第二グループ ………………………………… 52

第三グループ	………………	53
最終グループ	………………	53
11個のペア	………………	54
四項対比	………………	58

III ― カバラとタロット ……………… 66

21という数字	………………	66
三項の法則	………………	66
神智学的操作	………………	68
セフィロート	………………	70
三×三項	………………	73
総合的な三項	………………	77
三つの七項	………………	78

IV ― 占星術・天文学とタロット ……………… 81

黄道十二宮	………………	81
黄道十二宮外の星座	………………	84
ギリシア天球図の全体的象徴	………………	86

V ― シンボリズムの諸観念――形体と色彩 ……………… 90

四つの表意記号	………………	90
円	………………	91
十字	………………	93
惑星の記号	………………	94
三角形	………………	96
四角形	………………	98
色彩	………………	99

VI ― タロットとヘブライ文字 ……………… 102

第二部
中世の秘められた知恵に関わる
22のアルカナのシンボリズム

象徴の言語 ……………………………………………… 107
I — 【奇術師】 ……………………………………… 111
II — 【女教皇】 ……………………………………… 117
III — 【女帝】 ……………………………………… 123
IV — 【皇帝】 ……………………………………… 127
V — 【教皇】 ……………………………………… 133
VI — 【恋する男】 …………………………………… 141
VII — 【戦車】 ……………………………………… 147
VIII — 【正義】 ……………………………………… 153
IX — 【隠者】 ……………………………………… 159
X — 【運命の輪】 …………………………………… 165
XI — 【力】 ………………………………………… 171
XII — 【吊るされた男】 ……………………………… 177
XIII — 【死神】 ……………………………………… 183
XIIII — 【節制】 …………………………………… 189
XV — 【悪魔】 ……………………………………… 195
XVI — 【神の家】 …………………………………… 205
XVII — 【星】 ……………………………………… 213
XVIII — 【月】 ……………………………………… 223
XVIIII — 【太陽】 ………………………………… 229
XX — 【審判】 ……………………………………… 235
XXI — 【世界】 ……………………………………… 243
XXII — 【狂人】 …………………………………… 249

要約と総括

Ⅰ — 宇宙創成論の概略 ································ 254

Ⅱ — タロットから導き出される
イニシエーションの課程 ············· 263

Ⅲ — ヘルメス哲学に照らして見たタロット ········· 268

Ⅳ — タロットとフリーメイソンの対応 ·········· 274

第三部
占術に応用された
タロット

Ⅰ — 想像力 ································ 283

Ⅱ — 占いの術 ································ 286

Ⅲ — 占術の道具 ································ 289

Ⅳ — タロット占い ································ 293

Ⅴ — 託宣の解釈 ································ 296

Ⅵ — 解釈の例 ································ 298

Ⅶ — 占いの術に関する現実 ················ 302

結論 ································ 305

補遺
本文に挿入されたパンタクルの
シンボリズムに関する概略

様々なパンタクル ······················· 317

円、六芒星、〈まんじ〉 ·················· 318

ヘルメス思想 ························· 323

薔薇十字とフリーメイソン ……………………………… 329

占星術 ……………………………………………… 332

神話学 ……………………………………………… 336

タロット ……………………………………………… 340

索引 ……………………………………………… 343

訳者あとがき ……………………………………… 357

凡例

1．（ ）は原著のまま、もしくは訳文構成上の工夫として用いた。
2．〔 〕は訳者による注もしくは補足。
3．【 】はタロットの大アルカナを指す場合に用いた。
4．《 》は占星術・天文学における星座名を含意している語に用いた。「座」を付ける場合も付けない場合もある。
5．〈 〉は原著の大文字で開始される語、イタリックの単語等に用いたが、網羅的なものではなく、訳文を分かり易くするためにも随時用いてある。なお、イタリックの語句について、傍点を付した場合もある。
6．数字を付した注はすべて原著により、脚注として訳出した。引用文献タイトルについては原則として原文のままとし、邦訳があるものは適宜付記してある。既訳は訳出に当たって参考にした。
7．聖書の引用・参照箇所については新共同訳に準拠したが、訳文自体は文語訳も参考にしつつ、文脈に応じて適宜改めた。
8．固有名詞については原語の発音を原則とし、慣用性のあるものはそれに従った。重要な人物については初出時に原綴と生没年を記した。

ロジェ・カイヨワによる序文

　占いのためにカードを用いるというのは、ほとんど矛盾した行いである。というのも、すべての遊戯の道具、特に一揃いのカードは、必然的にひとかたまりの全体を形作っている。すなわち、一連の定められた要素からでき上がっていて、何かを付け加えたり取り除いたり、変更を加えたりすることはできない。扱うべき素材の総体としてのカードは固定して完備している必要があり、さもないとその素材をかき混ぜる操作であるゲームは最初から混乱に陥るのである。これに対して、占いは無限定の領域を対象とする。それは無数の出来事、しかも予測の付かぬ形で、いつ方向を変えるか分からない可能体を含んでいる（予測が付かない、というのは、確実性を度外視すれば、予測可能と実質的に同じことになるが）。この無限性に、占者が託宣を引き出す材料の側の無限性が普通は対応する。溶けた鉛の散らばり方、水晶の玉に映る像、供犠の対象となった動物の内臓、香から立ち上る煙、水面に拡がる油やインクの染み、夢に現れるイメージ、コーヒーの出し殻が描く絵。諸処で全く同じ形は二度と現れず、ちょうど人生と同じように、同じような突発的な出来事、同じような不幸、同じような幸運が生じながら、どれ一つとして完全に一致するものは無い。

　カードを占いに用いることの独創性、利点、そして同時に矛盾は、起こり得る無限定の出来事が、少数の伝統的シンボルの目に見える現れと、それらシンボルの有限の組み合わせに依存するということにある。しかもそのシンボルの意味は、世に広まった様々な語彙群の中に記録されている。確かに占者は予知能力の正当性を主張し、それこそ肝心な部分だと言わずにはおかない。それでもやはり、相談する者にとってカードは一つの裏付けとなる。一束のカードから自分の手で引き抜くことで、運命の謎めいた宣告がカードに支配されることを許すのである。あとは決められたコードに従って予言者が解釈すれば良いのであり、そのコードも伝統的に認められているものので、

そこから逸脱する場合には急いでその不一致の理由を説明することになる。しかるに、この二重の制約は占者にとって結局は有利に働く。様々な指標が無数にあると、解釈する者の手助けとなるよりむしろ邪魔になるからである。というのも、いくつもある指標について、万人をほぼ確実に見舞う少数の出来事（出会い、旅、恋愛、裏切り、病気、失敗と成功、富と破産、避けられぬ死）に還元する必要があるからだ（これを、私は夢占いに関して説明した〔R. Caillois et al., *Le rêve et les sociétés humaines*, 1967（カイヨワ他編『夢と人間社会』法政大学出版局、所収の論文「夢の威信と問題」）〕）。すべての占いは、この狭い門を潜らなければならないと私は述べた。すなわち、与えられた無数の素材を、人間が短い一生の中でまず間違いなく出会う十いくつかの偶然に帰することが必要なのである。

　したがって、象徴の数が乏しいことは必ずしも不都合なことではない。ただそれらが多くの形で互いに結びつけられることが重要である。一定不変の天空における惑星や〈ハウス〉〔室〕、占い師の円卓上の一連のカードのように。

　人間が陥る数限りない状況を包み込むことができるのは、限定された総体だけである。七つか九つの惑星、黄道上の十二宮、32枚か78枚の四角い彩色札（あるいは閉じた全体を表す数ならいくつでも良い）が、いずれもこの世界を縮約し、閉じ込める総体を構成する。遠い彼方の、永遠不変の天体の位置、もしくは裏返した状態で無造作に（偶然という体裁をとりながら、覆せぬ〈運命〉に導かれて）選ばれ、並べられた絵柄の配置によって、予め映し出されていないことは生じていないし、今後も生じない。

　提示される仮説は常識を逸脱しているし、それ故に反論ができない。それは全くもってあり得ない事柄に対する信仰であって、およそ議論というものを許さない。それは、ある総体の一つ一つの側面が、これと神秘的に結びつけられた別の全体の過去、現在、未来における一定の状態に対応する、という主張である。ある体系から別の体系に移行するためには、必然的な相関関係を知る（作り上げると言いたいところだが）だけで良いのである。だがまずはカードの話である。

　中国では、残念ながら後代のもので権威はないが、ある文書が次のようなことを伝えている。1120年、宮廷の役人によって、32枚の象牙の牌が皇帝に献じられた。あるものは天、あるものは地、あるものは人間に関するもので、一番多いのは「運」や「民の義務」のような抽象的概念に関係づけられてい

た。君主はこれの写しを作らせ、帝国全体に広めた。それは数という数の全体を表す「千万」と呼ばれていたが、実際は30枚の牌から成っていた。9枚ずつからなる3セット（スート）に、「千万」「白花」「紅花」と呼ばれる3枚の切り札があった。天の牌には基本方位〔東西南北〕に対応する四つの赤い印が描かれ、人間の牌には、これとのアナロジーで基本的なものとされる徳（仁、義、理、智）がそれぞれ四つずつ表される16の印が対応する。牌の印の総計は天にある星の数を縮約したものである。したがって、牌は宇宙全体に関わる表徴のアルファベット、ミクロコスモスなのである。このような百科全書的性格はインドのカードでも同様に明白で、同様に体系的であるが、もっと密接に神学に裏打ちされている。バーブル〔ムガル帝国初代君主〕からシャー・ハサンにカードが送られたというエピソードがあった約50年後の16世紀末、アブル・ファズル〔ムガル帝国の宰相〕がそれぞれ12の札から成る12のスートを持つ144枚のカードについて記述している。アクバル〔ムガル帝国第3代君主〕がこれを96枚、すなわち八つのスートに減らした。

　イスラムの96枚一組のカードは、インドの120枚のカードを採り入れたものであり、後者はヴィシュヌ神の十化身・権現に対応してその象徴が描かれた12枚の札からなる10のスートに分けられている。絵柄は製造場所によって異なっている。それは「ダシャーヴァターラ」と呼ばれ、インドで今日なお用いられている。それぞれのセットには王と宰相の二つの絵札と、1から10までの番号が付けられた数札がある。最初の五つのセットでは、数札の順序は1が一番低く、10まで増えていく。残りの五つでは順序が逆で、1が一番高い。普通、最も強いカードはラーマかナラシンハの形をとる神の化身を表すが、これは日中のことである。日没後はクリシュナ（カードの中に含まれる場合だが）の絵札が一番強くなる。

　数札には、それぞれのセットに名前を与えた化身の表徴が数の大きさに応じて含まれている。その表徴は一般的に次のようなものである。魚、亀、貝、円盤（すなわち〈硬貨〉）、蓮、水差し（〈杯〉に近い）、斧、弓、〈棒〉と〈剣〉。さらに象、猿、牛、馬、ライオン、蛇、女も同様に用いられた。札の示す数に応じて1人から10人の人物が現れる場面を描く場合もある。例えば、1人で煙草を吸っている男、議論をしている2人の男、行者のもとを訪れる女性と侍女、垂直に立ったロープをよじ登る2人の男とその助手2名、王と

3人の廷臣の前で踊る1人の娘、等々。

　西洋で記録に残る初期のカードは、インドのきらびやかな神話体系よりも、中国の市民的で現実的な象徴体系に近い。イタリアで14世紀から知られていた「ナイビ」は有用な知識に関する一種の要覧である。各10枚の札からなる5組に分かれた50枚の絵で構成されている。セットはそれぞれ人生の年齢、詩神、学問、徳、惑星に相当する。社会的身分は、最も卑しい状況から、世俗的・宗教的な最高位まで段階が付けられている。つまり、乞食、下僕、職人、商人、貴族、騎士、医師、王、最後に〈皇帝〉と〈教皇〉である。第二のスートを完成させるため、九詩神にアポロンが加えられる。七つの惑星を表すカードには第八天球〔中世宇宙論における恒星領域〕、第一動因、第一原因を象徴する札が付け加わる。学問と徳については、多すぎて選択に迷う。このカードの目的はひたすら教育的なものである。タロットは、どうやらこの「ナイビ」と点数カードの結合によって誕生したらしい。点数カードは1から10まであり、スペイン風の四つのスート、すなわち杯、剣、硬貨、棒を含んでいる。これらの印はそれぞれ聖職者（杯は聖杯である）、貴族、商人、農民を暗示している。一方、1545年にヴェネツィアで書かれた文書では別の説明がなされている。「剣は賭けに負けて絶望した人間の死を思い起こさせる。棒はいかさまをした者に与えられる罰を示す。硬貨は賭けの種を指し、杯は賭けをする者たちの諍いを収める飲み物を指す」ナイビは番号の付いていない【愚者】〔ヴィルトのタロットでは【狂人】〕の札を除く、21枚の大アルカナの基になったと思われる。

　タロットの78枚の札は、現在でもカード占い師が好む代表的な――人気と権威がある――道具である。どの方法を採用するかによって、大アルカナだけを用いる場合も、すべての札を用いる場合もある。通常は、占い師が客の前に裏返した22枚のアルカナを並べ、そのうちの12枚を選ばせる。そしてそれらの順番を変えずに、ハウスと呼ばれる12の位置に並べる。残りのアルカナと数札を混ぜ合わせ、同じ作業を行う。これによってそれぞれのハウスには2枚の札が置かれることになる。最初の札がそのハウスを支配する原理、2枚目の札が起こりうる反応や未来の出来事を明らかにすると考えられている。12個のハウスはそれぞれ、生活、財産、取り巻き、父親の遺産、子供、隷属つまりは下僕と家畜（騎乗用を除く）、配偶者、死、宗教、名誉、友、

不幸の在処である。さらに各々は身体の部位にも対応する。

　全体は人生で生起しうる事柄全般を含んでいる。枠組みに占星術的起源があるのは明らかである。そもそも12のハウスは黄道十二宮の影響下に作られている。

　カードについて、とりわけ大アルカナについては、ありとあらゆる細かな解釈がなされてきた。数札の表徴は四つの基本元素と同一視された。すなわち、剣は〈空気〉（剣が空中を舞うから）、棒は〈火〉（材料の木材が燃え上がるから）、杯は〈水〉（液体を容れるものだから）、硬貨は〈土〉（地中の金属から作られるから）である。それだけではない。例えば剣は意志と権力を象徴する。棒は仕事と労役、肉体の力や豊饒性を、杯は愛と神秘、霊的な宝の内的向上を、最後に硬貨は知識と概念結合術（アルス・コンビナトーリア）、外界を造り替える創造的な業全般を象徴している。

　22枚の大アルカナの絵柄が担うとされた教説を数え上げれば切りが無い。その神秘を明らかにするために（あるいはもっと解りにくくするために）持ち出されなかった解釈学や秘教の説（占星術、数秘学、錬金術等）はないと言っても良いくらいである。

　この雑然たる一連のカードについては、夥しい（おびただ）文書が残された。人類に普遍的なヒエログリフの言語もそこに見出された。クール・ド・ジェブラン〔Antoine Court de Gébelin, 1725-1784〕は伝統的な叡智の宝をその中に解読した。19世紀前半のエジプト学熱狂の中で、デンデラ〔エジプトの遺跡〕の星図を利用して象徴の起源を発見したという主張も生まれた。近代の隠秘学者たち、エリファス・レヴィ〔Éliphas Lévi, 本名 Alphonse Louis Constant, 1810-1875〕、パピュス〔Papus, 本名 Gérard Encausse, 1865-1916〕、スタニスラス・ド・ガイタ〔Stanislas de Guaïta, 1861-1897〕、そしてオズヴァルド・ヴィルトは一つ一つの細部、また細部の色彩を解釈する。すべては隠された、イニシエーション的な意味を担っているのだ。

　実際、ここにあるのは種々雑多な要素の寄せ集めであり、聖書起源の諸表象（「最後の【審判】」、バベルの塔とよく似た【神の家】、【悪魔】）、教会の推奨する徳（【正義】、【力】、【節制】）、天体と黄道十二宮の表徴の結びつき（月と《蟹》、太陽と《双子》、《水瓶》の上で輝く星）、この世の最高権力──【教皇】と【皇帝】──と《鷲》もしくは《冠》が並べられ、それぞれに伴侶〔女教皇〕と【女帝】が付き従う（空想か不敬か、対称性の必要からか）。

【世界】を表すアルカナには4人の福音史家の象徴が見て取れる。【愛】〔【恋する男】〕と【死】〔【死神】〕の寓意は古典的なものである。【吊るされた男】と【運命の輪】は中世の絵柄ではしばしば並べられる。ランプを持った【隠者】はおそらくディオゲネス〔古代ギリシアの哲学者。日中に「人間を探すため」ランプを持って歩き回ったという逸話がある〕を思い起こさせる。【戦車】に乗る冠と甲冑を身に着けた凱旋者にはアレクサンドロス大王の姿を認めたい。当時正にアレクサンドロス大王の人気は相当なものだった。ディオゲネスとペアになって、世を厭う貧しさと、地上的栄華との伝説的な対立が見られる。

第一の札である【奇術師】は有名なヒエロニムス・ボス〔Hieronymus Bosch, c.1450–1516〕の「いかさま師」の絵を思い起こさせるが、当時よく用いられた寓意群の中に入っている。この札はカード全体を統括している。奇術師のテーブルの上には、袋から取り出した品々が並べられ、彼が振りかざす棒と相まって、数札の四つのスートに対応しているらしい。コインは硬貨に、ゴブレットは杯に、ナイフは剣に、スティックは棒に対応する。真ん中には賽子（さいころ）があるが、これは賭けに興ずる者も占いの相談者も、カードの配置が〈運命〉に左右されることを忘れぬためである。

最後のアルカナである【愚者】もしくは【狂人】は放浪者で、ズボンに犬がかみついていて、しばしばボスの別の絵「放蕩息子」と比べられてきたが、連番の中には加えられていない。それは自由な、それ自体放浪するカードで、多義的である。自分の作りたいどんな組み合わせの中にも加えることができるだろう。後に言う一種の〈ジョーカー〉であり、最終的な負けかおまけの勝ちか、偶然自体の中にある偶然か、判明した未知数を修正する新たな未知数である。

アルカナの数はデッキによって様々である。古いフィレンツェ版タロットには数を記した35枚の札と、スート外の6枚が含まれていた。そこには三つの対神徳〔信仰、希望、愛〕、四基本元素、黄道十二宮などが見出される。一言で言えば、枚数や構成がいかなるものであれ、一連の象徴は世に最も広まった明白な表象を借りて作られていることになる。象徴の起源は世俗的か宗教的か、異教的かキリスト教的か、学問的か民衆的かの区別がない。大事なのは宇宙全体を包含する「総体性」を獲得することであると思われる。

カードによって表現される「総体性」は、カードを抜き出すことで〈ハウ

ス〉がカバーする「総体性」と混じり合う。ありとあらゆる組み合わせが可能であり、およそ想定し得る出来事で、この二重の網目に引っかからぬものはない。及ぶ範囲は無限である。さらに、先に述べたように、求められる判断はそこに厳としてあり、検証と読み取りが可能で、漠然とはしていても、明白なものである。確かに、有効な解釈を行うための才能とか、時には知識が、当事者に不足していることもある。しかし、原理を知り、象徴が分かりさえすれば、占い師の過った仮説を必要に応じて修正できる。彼を正しい道に連れ戻し、自らの運命を読み取るという興味深い業に加わることになるのだ。これがタロット、およびカード占い全般の根強い人気の理由だと思われる。それは神秘的な言語であるが、明確な語彙と、厳密な統語法を持っている。相談者は自ら、一連のリスト中にある定まった絵柄の形で、自分に関係する諸々の要素を引き出す。そして全体的な意味を自分の個人的ケースに当てはめてくれる師の言葉に耳を傾ける。それはもはや、絶えず形を変える渦巻き状の煙や、不定形でほとんど読み取れない、冷めた鉛の跳ね返った跡を頼りに予言する（もしくは考え出す）魔術師ではない。このような不安定な、決して同じもののない形体は、不確実性、誤謬、いかさまを絶えず入り込ませる。カード占いでは用いる語彙がきっちりと与えられている。ヒエログリフは不変で、数が限られている。運命は相談者の未来を含む象徴を指し示すためだけに介入する。あとは解読しさえすれば良いのであり、それは知識か洞察力のなせる業であるように思える。あたかも医師が、医師としての資格で見定めた症状を解釈して診断を下すように。

　オズヴァルド・ヴィルトは『タロット研究』［*Introduction à l'Étude du Tarot, 1931*］の序文をこう締め括っている。「遊戯は人を鍛える。頭を使う遊戯は貴重な能力を発達させる。占いという遊戯を行うために、タロットの22枚のアルカナを用いられたい」こうして彼はカードを用いた遊戯を「正しく想像力を働かせる」ための優れた訓練として勧めているのだ。この助言を聞くずっと以前から、私は「正しい想像力」とはどのようなものであり得るのか、しばしば自問してきた。それは、適切な推測をするための諸条件をできる限り取り揃えることである。

ロジェ・カイヨワ

亡きスタニスラス・ド・ガイタに捧ぐ

　1887年初頭、まだ隠秘学の理論を深く研究するには至らず、その実践面に没頭していた頃のことだが、私はある女性患者に磁気催眠治療を施していた。彼女は明晰なタイプで、私の発する流体からどのような影響を受けているか、身体の各部位がどのような状態にあるかを伝えてくれた。催眠状態にあっても饒舌で、思いがけぬ啓示めいた言葉が語られることがあったが、私はそれほど気に留めていなかった。

　だがある日のこと、いつもよりも確信を持って何かを察知するような予言の調子に驚かされた。

「あなたは紋章入りの赤い封蠟をされた手紙を受け取ります」と、極めて重要な事実を明かすように彼女は大声で言った。

「誰からの手紙か分かりますか」

「あなたの噂を聞いて、近づきになりたいと思っている金髪で碧い目の青年です。あなたにとっても大いに役立つ人物で、素晴らしく気が合います」

　私は他にもいくつか質問をしたが、答えはあやふやなままだった。いたずらに困惑させることになって、彼女は口ごもるばかりだったが、最後にこう言った。

「手紙が着くのをお待ちなさい。私には赤い封印をした手紙がはっきり見えます。何日か後、来週の終わりまでには届くでしょう」

　私は好奇心に駆られ、郵便配達を心待ちにするようになった。しかし、1

週間が過ぎても何も届かず、さらに2週間が経って、待ちくたびれてしまった。彼女の催眠中の透覚は、自分自身や治癒の段階について以外のことになると、取り留めない空想に引きずられて夢見がちになるのが常だった。結局、患者が持つ超感覚的知覚は、病んだ動物が己の治療に役立つ薬草を求める本能から発しているのだ。いずれにせよ、自分の外側にあるものについての正確な情報、つまりは受動的想像力が引き寄せる流動的なイメージを手に入れるよりも、自分の内側を正しく見ることのほうが容易いのである。

　こうした考察を行っているうちに、いつまでも届かぬ手紙のことなど忘れてしまったので、いざ紋章封蠟付きの手紙を受け取ったときは、例の予言のことが思い浮かばないほどであった。封筒に注意も払わぬまま、急いで読んだ中身は、磁気治療の細々とした研究から、私を遥か遠くに運び去ってしまった。

　それはスタニスラス・ド・ガイタが会見を求めて、来訪を勧めている手紙だった。後に『創世記の蛇』〔*Le Serpent de la Genèse, 1891-1897*〕の著者となる彼について、長年の研究の末に知識を蓄えた碩学であろうと私は想像していた。若返る前のファウスト博士とは言わないまでも、人生の半ばを過ぎた一廉の作家と会うことになると予想していた。ところが、私を明るく迎えたのが、少しももったいぶったところのない、26歳の魅力的な青年であったときの驚きを想像してもらいたい。私はたちまち彼に魅了されてしまった。それにしても彼は若く、金髪で、碧い目をしており、手紙には赤い封印があった。疑いもなく、催眠状態の患者が予言したのは、私の友人、保護者となる彼のことであったのだ。

　例の患者はその時点で未だ書かれていない(1)赤い封印の手紙について予言を行ったわけだが、その際の彼女の異常な興奮ぶりは、その後の展開から考えて当然であった。というのも、スタニスラス・ド・ガイタと知り合ったことは私の人生で最重要の出来事となったのである。私は彼の友となり、秘書となり、協力者となった。蔵書を自由に使わせてくれ、彼は私にとって、カ

（1）予言が行われた時点で、ガイタは私の存在を知らなかった。したがって、彼の意識的思考が催眠状態にあった女性に伝わったわけではない。予知のメカニズムは謎のままである。最高の予言でも普通部分的にしか実現しないし、どんなに正確な予言でも時期については誤りを犯す。予言者ははっきり知覚したものを近々に起こると考えてしまうが、時間の要素は把握していないのである。

バラと高次の形而上学、そしてフランス語の教授ともなった。フランス語の文体を作り上げ、文学的に洗練させる術をわざわざ教えてくれたのである。フランス語散文美学の手ほどきをしてくれることによって、優雅な文章を味わうことができるようになった。何とか読むに堪える文章を書けるようになったのは彼の指南の賜物（たまもの）である。

彼には知的な成熟という点でも恩恵を被っている。私を友として受け入れてくれたとき、私はまだ磁気流体を扱う初心者で、実質的な結果は手にしていたものの、体系的理論についてはお寒い限りであった。ガイタは私に欠けていた光を所有していた。交霊術と漠たる神智学に手を染めていたに過ぎぬ私に対し、彼は隠秘学の大家たちの伝統的教説を我が物とし、その取るに足らぬ弟子であると自称していた。エリファス・レヴィから出発し、ルネサンスのカバリストたちや中世のヘルメス哲学者にまで遡（さかのぼ）って、ありとあらゆる書を易々と読みこなしていた。どんなに難解なテクストでも、彼の輝かしい知性の光を当てればたちどころに明瞭になった。形而上学的問題を軽々と扱っていたが、私にはとても理解できなかった。しかし私の歩みがあまりにも鈍（のろ）いと彼は急いで戻ってきて、鈍重な理解力に対しても寛大な態度で、私の手を優しく引いてくれるのであった。

地上の森の茨に足を取られつつ、私はガイタの中に高みを飛翔する導き手を見出していた。彼がいなければ、どうやって先に進むことができたであろうか。彼は私が絶えず行っていた探求の先導者となった。

私が絵を描けると知って、彼は1887年春の初対面のときから、タロットの22枚のアルカナに、ヒエログリフとしての純粋性を取り戻させることを勧めた。そうしてすぐ、フランス版とイタリア版の二つのタロットと、タロットが詳しく論じられているエリファス・レヴィの主著『高等魔術の教理と祭儀』〔*Dogme et Rituel de la Haute Magie*, 1854-1856. 生田耕作訳、人文書院（『教理篇』1982年、『祭儀篇』1992年）〕を資料として貸してくれた。

これが本書の出発点であり、精神としてはスタニスラス・ド・ガイタこそ生みの親ということになる。通俗的なデッキをいくつか比較検討した上で私が描き直した最初のタロットを彼に示したところ、この博学の隠秘学者はいろいろと意見してくれたので、これも考慮に入れて1889年、G・ポワレルの凹版印刷法を用いて『カバラ的タロットカード』〔*Jeu de tarot kabbalistique*〕を350

部出版した。

　このタロットは隠秘学愛好者たちに評価された。当時市販されていたタロットカードに比べればかなり満足の行くものであった。しかしまだ完璧ではなかった。理想を実現するとすれば、象徴が完全に一体となり、すべてが22の構図の中で関連し合い、互いに意味を明らかにしつつ、根拠を欠く恣意的な細部を含まぬようにしなければならない。その作業に成功するためには、タロットの全体を把握し、それを生み出した諸観念の基礎を学ぶ必要があった。

　スタニスラス・ド・ガイタの助けを借りて、中世の精神に合致した絵柄と色彩を持つタロットを再構成するため、象徴学を知る作業に取りかかった。それには長い時間がかかったが、我慢強く体系的に学んでいった。象徴に出会う度にそれを解釈する術を学んだため、この分野の専門家とも見なされるようになった。まずはフリーメイソンの建築に関わるシンボリズムに取りかかり、錬金術師のシンボリズムと比較するに至った。中世の石工が自らの作業に適切に当てはめたイニシエーションを伴う秘教主義を、錬金術師たちは、古来の金属製錬から引き出したイメージに移し替えたのである[1]。

　象徴に語らせることができるようになれば、いかなる論説よりも雄弁になる。それは「失われた言葉」、つまりは永遠に生きる思想を謎めかして表現しているので、これを回復する手助けをしてくれるのだ。あらゆる時代、諸々の宗教、神話、詩的空想を生み出した思想家たちに共通する、沈黙の深遠な叡智を表現したヒエログリフを解読すれば、常に人間の精神を領してきた問題に関して、首尾一貫した観念を引き出すことができる。あまりに精妙で、言語の狭い限定的な意味では表現しきれない概念を、シンボルは詩的に明らかにしてくれる。そこには弁論家や法律家などの用いる散文には還元できないものがある。言葉に縛り付けられた教条主義に反発した中世の象徴愛好家の、透徹した哲学の信奉者たちに倣い、感覚と推察力を働かせなければならない精妙な事柄があるのである。

　これらの慎み深い賢者たちにこそ、タロットの起源がある。それは真の思

（1）Osward Wirth, *Le Symbolisme hermétique dans ses rapports avec l'Alchimie et la Franc-Maçonnerie*, 1910.

想家にとって、凡百のもったいぶった書よりも教えるところの多い、唯一無二のモニュメントである。そこには、我々の知性の奥底に隠された玄妙な真理を発見するよう促す図像がある。恣意を全く含まぬ叡智を明らかにするものとして、いかなる象徴の集成もタロットに並ぶものはない。物言わぬ画像以外のいかなる示唆に耳を傾けずとも、各人が思いのままにその叡智を見出すことができるからである。

　言葉にできぬ思想を凝縮したこれらの図像は、言葉で語りかけることはなくとも、我々に貴重な智恵を見出させようとしていることを隠さない。しかし、20世紀の人々の精神は占いなどに心を開くであろうか。今日まで、解釈書の全く無い状態で伝わってきたタロットが、謎めいたままであったら、タロットの運命はいかなるものになるだろうか。現代人にゆっくりと思いを凝らしている暇は無い。各人が自分で考えるのはあまりに時間がかかる。解り易い概要を提供されて、手っ取り早く我が物とするか、即座に撥ね付けるか、どちらかを求めているのである。

　私は20世紀という時代が要求するものに、自らをできるだけ適合させようと最善を尽くしてきた。努力の末一連の文書を書いたが、不完全なものだったので慌てて出版する気はなかった。1922年になって、これらの駄文の山から、決定稿を作り上げるべきだと考えるようになった。〔注釈付きで翻訳したゲーテの〕『緑の蛇』(1)を出した出版社が何度か提案をしてくれていたので、頭の隅から離れなかったこの仕事にけりをつけようと決心した。ところが、印刷所に送った原稿が日の目を見ることはなかった。何とも不可解な形で原稿が失われたのである。長い間待ったが、原稿はいくら探しても見つからず、私は諦めてもう一度作品に取りかからねばならなくなった。

　雑事に紛らされずに集中し続ける必要があったが、1924年と25年の休暇中にそのような機会が与えられた。フランスでも最高の景色が眺められる、魅力的な土地に心地よい隠れ家を与えられたので、いつまでも暮れぬまぶしい光と、霊感を与えてくれる環境の名残を、この最終稿が留めてくれていることを期待している。ゴシック的な雰囲気が促す観想に耽り、絶えず呼び覚ま

（1）*Le Serpent Vert, conte symbolique de Gœthe traduit et commenté dans son ésotérisme*, Monde nouveau, 1922.

されるスタニスラス・ド・ガイタの追憶に浸りながら、私は過去との瞑想的なコミュニオンに入り込んだ気がした。神秘のヴェールが除かれるのを見た我が師は、真理を見出そうとあがく同志を見捨てていないと確信している。他の多くの理論と同じく、〈知られざる上位者〉〔秘儀を引き継いだと称する導師たち。また一部のフリーメイソンが用いる位階の一つ〕たちの理論は、理解さえできれば真実である。現実の導師たちは、我々の感覚に訴える形では自らを明かさず、タロットの象徴的構図と同じく沈黙したままである。しかし、我々の解読の努力を見守っていて、最初の文字を見出すとすぐ、第二の文字を謎めかして囁きかけ、第三の文字に向かう道に立たせる。ガイタは確実に私を手助けした。私の心が彼の心を呼び出し、私たちの間には疑いもなく霊的な感応の流れが打ち立てられた。霊と霊の間の関係は自然なものであり、古典的な、あるいはスピリティズムの形で現代風な装いを纏った降霊術とはなんの共通点もない。

　哲学的な隠秘学は、迷信の研究に依拠してはいるものの、それ自体は迷信的ではない。決して滅びることのない信仰に関心を集中し、その背後にある真実在を分析して探求する。人類が何の意味もない虚偽の思想を悉くでっち上げたなどということはとても考えられない。あたりを覆っている煙は、何らかの火から発しているので、その火元を見出すことが重要なのだ。信仰には当然存在理由というものがあり、煙に包まれた神秘を探求する人々は、その源に遡ることを自らの使命とする。

　スタニスラス・ド・ガイタは、才能に溢れた熱心な新規参入者としてこの探求を行い、魔術的とされる諸々の事実全体を説明するような総合理論をすぐ見出して、たちまちのうちに構想した。この驚くべき受容能力は何冊もの書物に匹敵し、これによって確たるものとなった伝統についての、輝かしい遺作となっている。ガイタは隠秘学に何か新風を吹き込もうということはせず、これと決めた学派の師たちの、正統的な説を忠実に解釈することを目指した。師たちは神聖であり、その主張を批判することは考えなかった。全面的に賛美する師の教えを疑うことはできなかったのだ。

　ここでガイタの性格の最も際立つ特徴を明らかにすべきだろう。彼の寛大な心は他者の賛美に向かいがちであった。ジョゼファン・ペラダン〔Joséphin Péladin, 1858-1918〕、モーリス・バレス〔Maurice Barrès, 1862-1923〕、ローラン・タイ

ヤード〔Laurent Tailhade, 1854-1919〕、サン゠ティヴ・ダルヴェードル〔Alexandre Saint-Yves d'Alveydre, 1842-1909〕や、その他、学識と文学的才能を認めた多くの同時代人を絶賛するのを私は聞いた。他にもエリファス・レヴィを半ば神のごとく崇め、ファーブル・ドリヴェ〔Antoine Fabre d'Olivet, 1767-1825〕にはいささか妄信的な敬意を示した。

　ジャーナリストたちはこの『サタンの寺院』〔Le Temple de Satan.『創世記の蛇』中の一巻 (1891)〕の著者を、魔術書の呪文を毎晩唱える「闇の侯爵」と呼んだが、実際には怪しげな行為には真っ向から敵対した明晰な作家で、こうした評判を一笑に付していた。魔術で得られるものは危険な幻覚であり、精神の変調か狂気に導くということを良く知っていたので、そうした業を手がけようとは決してしなかった。

　それでも妄想家の間では『黒魔術の鍵』〔La Clef de la Magie Noire.『創世記の蛇』中の一巻 (1897)〕を所持した人間が自然な死を遂げたとは考えたくないらしく、馬鹿げた伝説が流布した。さらには厚かましくも、ガイタが死の間際に発した言葉なるものを吹聴した。「私は自分の作業の犠牲となった」というものである。山師たちの隠秘学を満足させるためにでっち上げられたこの伝説を私は徹頭徹尾否定する。ガイタはアルトヴィル〔ロレーヌ地方〕の城で1897年末に死去したが、病気を自分の研究のせいにしたりはしなかった。研究を始めたときにはもう病に冒されていたのである。臨終に立ち会った者たちは、彼がこうつぶやくのを聞いたと信じている。「わかった！　わかったぞ！」と。そのとき、神秘を探求したこの天才の顔には驚きと満足の表情が拡がっていた。

　理想の美を探求することに夢中になると、輝ける資質は躊躇いがちに、限られた期間だけしか地上で生きられない。ラファエロやモーツァルト同様、ガイタは若くして没する運命にあったのだ。私の方は生き長らえる定めだった。しかし、類い希な友、導きの師は私にとっては失われていない。彼の思想は私の思想である。彼と共に、また彼によって、万物の秘密に入り込むことを私は渇望している。我々2人は目に見えぬ形で協力し合っている。彼の業を追求するよう、彼からは励ましを受けている。その業は、最新の考古学の成果の基礎に立って行うことが望ましいと思われる。隠秘学は、真剣に扱う価値があり、混乱した想像力の曖昧な教条主義に委ねられるべきではない。

すべては良識ある実証主義の要求するところに従って、見直し、吟味し、統御すべきである。

　この意味で、特にタロットの研究にあたって、私は常に最善を尽くした。よって、今でもスタニスラス・ド・ガイタの秘書であることをやめていないという自覚がある。彼にとって私は力足らずの書記でしかなかったが、その書記は〈真実〉の秘められた探求にあって彼の善なる意志に支えられ、今も働きかけてやまぬ高貴な知性に対する感謝の念にも支えられている。こうした力は決して失われることがないのだ。

　これから明らかにする思想について、願わくは読者がスタニスラス・ド・ガイタに感謝を捧げ、彼に代わってその思想を伝える学徒に寛大な心で当たられんことを。

オズヴァルド・ヴィルト

はしがき

　隠秘学では、タロットにおける22の〈アルカナ〉もしくは〈鍵〉に決定的な重要性が与えられている。それは総体として、図像の形で記された高等哲学体系を形成している。

　このような〈書物〉において、文字はただ章題を表示するのみに留まり、そこから言葉を引き出す術を獲得していない者にとっては沈黙したままである。それに対して、慧眼をもって問いかける者たちに向かっては語りかけてくれる――それも素晴らしく雄弁に。我々は今や、物事の外観が促す豊かな省察に耽る習慣を残念なことに失ってしまった。自然という書物には七つの封印〔『ヨハネの黙示録』の表現〕が施されたままであり、その姿は我々を戸惑わせる。聞こえるのは言葉だけであって、その耳障りな音が我々を呆然とさせる。何とも嘆かわしい限りである。

　いつの世もそうだったわけではない。人間の言語が哲学を語る正確性を手に入れたのはごく最近のことである。最初のうち、言葉は抽象的概念を表現するには適さなかった。したがって、原初の思想家たちは沈黙せざるを得なかった。言い表す言葉がないので、図像を描いて、そこに夢想を結びつけた。次いで、自分たちの得た概念を互いに伝え合うために、俗人には理解できない言語を作った。それは新しい単語を考案する訳ではなく、普段使っている語彙を通俗的な意味から切り離し、賢者にのみ理解できる神秘的な意味を与えることによってであった。こうして、真理を伝える者すべてが用いる寓意が生まれたのであった。

　しかしこの言語も、それを用いて議論を行うことができるように、少しずつ変化して正確性を獲得していった。饒舌な人々が言葉の遊戯に耽り、言語の支配が確立した。その絶頂がスコラ哲学の時代である。

　不毛な議論を繰り返す言語偏重は、反動として言葉や文章、定義や議論ではなく、象徴による暗示的な魔術にのみ基づいた、沈黙の瞑想への回帰をも

たらさずにはおかなかった。空しい論争に飽きた想像力豊かな思想家たちは、周囲と距離を置いて、夢想に耽ることとなる。その暗示的な影響力が、トルヴェール〔12、3世紀頃の北仏の吟遊詩人。南仏のトルバドゥール〕のような詩人たち、カテドラルの建築家のような芸術家たち、そして何よりも、控え目な〈絵師たち〉を生むのである。彼らの生み出した謎めいた構図は、神秘的な霊感を受けて描かれたように思われる。

それらの中から一つの傑作が生き残った。それがタロットである。一見して素朴な表象は、秘められた叡智から発している。ヘルメス思想、カバラ、その他様々な伝承の洗練された形が、一連の22枚のアルカナの中に具象化したかのごとくである。

この奇妙な資料を味わうには、深く掘り下げて学ぶことが望ましい。そのためには厳密に個人的な作業を行うことが不可欠だが、その努力を前にして怯まぬ、真の探求者に対して、本書は手助けとなるであろう。無限に向かって開かれた窓である象徴を解釈するとき、その解釈は人に指標を与えこそすれ、主題を語り尽くすものではない。そもそも指標は、そこから利益を引き出せる者に向けられているのである。それを適用することがないならば、指標を復唱したところで何の役にも立たない。タロットに語らせること、それが目的である。しかしアルカナは、それを理解することを学んだ者にしか語りかけない。人造人間に問いかけて何らかの成果を得ようと思ったら、自分の理解力を伸ばさなければならない。しかしその人造人間はアルベルトゥス・マグヌス〔13世紀の神学者・科学者〕の考案した機械とは違って、想像力の真のアルファベットを用いて、正しく想像力を働かせることを教えてくれるのである。

叡智を求める途の上で人間を導けるのは理性だけだとされるようになって以来、かつては名誉とされていながら信用を失った業を獲得するために、読者は想像力を鍛えようと熱望されるだろうか。神秘を求める願いに取り憑かれ、自分を取り巻く闇の深さを測ろうと求めている魂にとって、タロットの象徴よりも優れた導き手はあるだろうか。

厳密で客観的な検証とは無縁の世界の神秘を発見させるべく、それらの象徴は一体となって、解釈の秘密を明敏な人々に委ねる。しかし解読しなければならない。いかにしてか。いかなる方法でか。

これらの問いに答えるべく、著者は本書の第一部を、体系的記述に充てた。その無味乾燥な内容が、手っ取り早く成果——22のアルカナ一つ一つの象徴について、定まった解釈に収斂させた成果——を手に入れたいせっかちな人々を撥ね付けてしまう危険性がある。彼らは象徴の意味を簡便に知った後、急いでタロットから占いの託宣を引き出したいというのであろう。

　心急く者たちは、なんと貧しい占いを実践することであろうか。生まれつき占術の能力に恵まれていたとしても、急ごしらえで占い師を作ることはできない。そうした能力は長い育成を経て初めて本物の恩恵をもたらしてくれるのだ。占いも、他のすべての術と同じく規範を持っている。そして、タロットがこの術の理想的な道具であったとしても、術士としてこの繊細な道具を扱わなければならない。

　以下の頁は、タロットの正しい扱いを教えることを目指している。願わくは人間の思想の神秘に、自ら入り込むに値する知識欲旺盛な人々が、これにより導かれんことを。そしてまた、中世の極めて特徴的なこの作品を、真の光の下で知らしめることで、いわゆる闇の時代の知られざる天才に賛美が加えられんことを。それは我らが西洋の夜空に、崇高な理想を担う星々を輝かせるであろう。

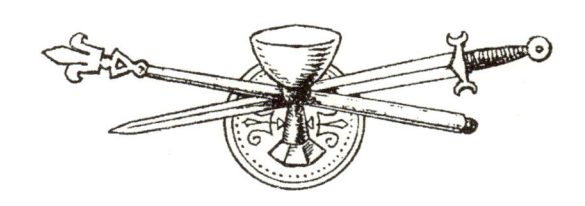

第 一 部

――――

――――

タロット
全体考察
および
論理的区分の考察

I
タロットの起源

遊戯用カード

　現在知られている最も古いカードはヴェネツィア起源であり、14世紀から用いられていた。それは78枚のカードから構成されているが、78というのは1から12までの数字を合計した数に等しい。この全体が二つの全く異なるカテゴリーに分かれている。

　最初のカテゴリーが「タロット」と呼ばれた22枚のカードである。そこにははっきりと遊戯以外の目的で構想された、象徴的な構図が描かれている。カード遊びをする者たちはその点に困惑し、それぞれに順序の数を付与して、〈切り札〉としてのみ用い、カードの主題などにはまったく興味を持たなかった。ならば単に数を記した白紙のカードと代えた方がましであっただろう。さらには、これら本来的な「タロット」をカードのセットから完全に除いてしまった方が手っ取り早いのであり、まさしくスペインではこれ以外の56枚のカードのみが残された。

　この第二のカテゴリーが、それぞれ14枚のカードからなる四つの組、すなわち〈スート〉に分かれている。スートを区別する表徴は、〈棒〉、〈杯〉、〈剣〉、〈硬貨〉であり、現代の「ピケ」〔フランス古来の遊戯用カード〕ではそれぞれ、クラブ、ハート、スペード、ダイヤにあたる。

　それぞれのスートには数字の付いた10枚——エース、2、3……から10まで——と、4枚の絵札——王、女王、騎士、従者——が含まれる。

　現在様々な国々で用いられているカードは、この初期のカードを多かれ少なかれ変化させたもので、イタリア、フランス語圏スイス、プロヴァンス、およびアルザスに至るフランス東部ではその全体が残された。「タロット」とは本来、次のような名の付いた22枚のカードのみを指す言葉だったが、拡

大して全体を指すようになっている。

I	【奇術師】もしくは【香具師】
II	【女教皇（ユノー）(1)】
III	【女帝】
IV	【皇帝】
V	【教皇（ユピテル）】
VI	【恋する男】
VII	【戦車】
VIII	【正義】
IX	【隠者】
X	【運命の輪】
XI	【力】
XII	【吊るされた男】
XIII	【死神】
XIV	【節制】
XV	【悪魔】
XVI	【神の家】もしくは【雷】もしくは【天の火】
XVII	【星】
XVIII	【月】
XIX	【太陽】
XX	【審判】
XXI	【世界】
....	【狂人】もしくは【愚者】

いわゆる『トートの書』

18世紀まで、タロットは野蛮な時代の無価値な遺物としてしか考えられて

（1）宗教的配慮から、ブザンソン版のタロットでは【女教皇】が「ユノー」に、【教皇】が「ユピテル」に変えられた〔ローマ神話に登場するユノーはユピテル（ギリシア神話のゼウス）の妻〕。

いなかった。1781年、クール・ド・ジェブランの『原初世界』〔*Le Monde primi-tif*〕が出版されるまで、誰も注意を払わなかったのだ。その第8巻、365頁に次のような記述があった。

　古代エジプトの書は、それを所蔵していた素晴らしい数々の図書館が焼失したことで失われているが、興味深い主題について純粋な形の教説を含む書が一つ、今日も残されていると聞けば、誰でもこの貴重な驚くべき書を早く知りたいと思うに違いない。さらにこの書が、ヨーロッパに広く普及しており、何百年も前から万人の手の中にあったのだと付け加えれば、驚きはいや増すばかりであろう。さらに、誰もこの書がエジプト起源などとは考えもせず、所持していても気に留めず、その一葉とても解読しようとした者はいない、ひいてはこの卓越した叡智の産物が、なんら意味をなさない突飛な絵の集まりと見なされているのだ、と聞かされたら、その驚きは頂点に達するであろう。聴く者の信じやすさにつけ込んで、からかっていると思うのではないだろうか。
　しかしながら事実は正にその通りなのだ。素晴らしいエジプトの図書館から、唯一残された書は、今日も存在する。それはあまりにありふれたものなので、我々以前にその偉大な起源を想像した者など無く、関心を寄せた学者は一人も無かった。その本とは、〈タロットカード〉である。

　クール・ド・ジェブランは全く根拠無しに、タロットのエジプト起源を主張している。それまで空想的と考えられていた図像の象徴的性格に気付いたとたん、一足飛びに太古の賢者たちに由来するヒエログリフをそこに認めてしまったのだ。それはあまりに拙速であった。
　しかし想像力を掻き立てる仮説は、即座に受け入れられて増幅されずにはおかない。アリエットなる理髪師が、エテイヤ〔Etteilla, 本名 Jean-Baptiste Alliette, 1738-1791〕の名を用いて、カード占いの大立て者となり、タロットを世界最古の書、『トート＝ヘルメスの書』〔古代エジプトで学問を司るとされた神トート（ギリシアでヘルメスと同一視される）が書いたとされる書〕だと宣告するに至った。さらにそれだけに留まらず、かくも重要な資料を修正する資格があると信じてしま

った。しかしこの「正確な判断力より空想が勝った精神の持ち主(1)」は、象徴の掘り下げが不十分で、ただ歪めてしまうだけに終わった。

　クリスティアン〔Paul Christian, 本名 Jean-Baptiste Pitois, 1811-1872〕も『魔術の歴史』〔Histoire de la Magie, 1870〕の中でエジプト起源説を唱えている。この著者は我々をオシリス〔古代エジプト神話の神〕の秘儀へのイニシエーションに立ち会わせてくれる。彼に従って進むと、我々はメンフィスの大ピラミッドの礼拝堂に入り込む。それは秘儀参入者が恐ろしい試練を受ける場所で、そこから回廊に入るが、両側が12本ずつの付け柱で区切られていて、合計22の壁面にヒエログリフの画像が飾られている。これがタロットの原型である。秘儀祭司たちの秘密の教えが要約されたこれらの絵の前を、秘儀参入者は進んで行く。聖なる象徴を守る司祭が、新参者のイニシエーションの教えを構成する説明を、それに従って授けていくのである。

　残念ながら、この回廊の存在はエジプト学では全く知られておらず、ヘルメスの壁画の痕跡が発見されたこともない。にもかかわらず、キリスト教徒の迫害を受けた最後の秘儀参入者たちが、聖域を立ち去る用意をするにあたり、写しをとったのだという。

　件の説によれば、この秘密のヒエログリフは、粘土板に写し取られて運ばれ、グノーシス主義者の手に渡ってから、さらに錬金術師に受け継がれ、そこから我々のもとに届いたということになっている。

　こうした系譜の信奉者たちに譲歩できることがあるとすれば、それはタロットに着想を与えた〈思想〉が極めて古いものであるということである。思想に年齢はない。それは人間の思考活動そのものと同じく古くからある。しかしその表現の仕方は時代によって異なっている。アレキサンドリアの哲学大系は、その思想に言語表現を与えた。タロットはそれを後にシンボルに翻訳したのである。したがって、根本はともかく、少なくとも形式においてタロットは疑いようもなくオリジナルであって、それ以前に存在したモデルを再現したものではない。考古学の領域で、エジプトやグノーシス思想、さら

（1）Éliphas Lévi, Dogme de la Haute Magie, p.68.〔生田耕作訳『高等魔術の教理と祭儀　教理篇』11頁——以下、参考のため、同訳書の該当箇所を『教理篇』『祭儀篇』の頁数で示す。本書の訳文は生田訳を参考にした〕

にはギリシアとアラビアの錬金術を起源とするタロットの名残と言えるような
なものは一切発見されていない。

テラフィム

　タロットで何よりも気になるのは、22という数字が、ヘブライ語のアルファベットの数とちょうど同じであるということである。それゆえ、このカバラ的な22の表徴をユダヤ人が作ったのではないかと問うてみることができる。イエルサレムの高位祭司たちがテラフィム〔旧約聖書では占いに用いる偶像とされるが、護符の意味で用いられることもある〕すなわち象徴記号もしくは神聖文字の助けを借りて、ウリムとトンミム〔聖ト占器とされるが、諸説ある〕の神託を求めたことは知られている。エリファス・レヴィは神殿の聖なる契約の箱に入れた黄金の板の上で、どのように神託の問いかけがなされたかを説明し、次のように付け加えている。「御言葉が人となり、賢者の中でも最も民衆に寄り添い、最も穏やかな口で語りかけたとき、この世の神託が沈黙し、イスラエルの高位聖職は途絶えた。契約の箱が失われ、至聖所は汚され、神殿は破壊されて、エフォド〔神託を得るための道具とされる〕とテラフィムの神秘はもはや黄金や宝石の上に刻まれることはなく、カバリストの賢者たちによって、象牙、羊皮紙、金や銀を貼った革、そして最後に単なるカードの上に書かれたというか、むしろ描かれた。これは秘儀の危険な鍵を含むものとして、公的な教会からは常に疑いの目で見られた。ここからタロットは発しているのであり、ヒエログリフと数秘学を学んだ碩学クール・ド・ジェブランに対してその古代性が明かされ、後にエティヤの疑わしい洞察力と執拗な探求心を大いに働かせることとなったのだ[1]」
　我々がテラフィムについて持っている情報はあやふやであり、この点についてこれほどの確信は持てない。タロットの作者たちにとって、カバラは親しみ深いものであった。しかし、これらの哲学的芸術家たちはユダヤ民族にほとんど属していない。ユダヤの民は、自らの抽象的思索を、無味乾燥な文字や数字や幾何学的図形に結びつけることを常に好んだ。それに対して、ア

（1）Éliphas Lévi, *Rituel*, p.337.〔『祭儀篇』279-289頁〕

ーリア的精神は、豊かな色彩や形に惹かれた。図像を好み、生来偶像崇拝的であった。この観点からして、中世イタリアだけが遊戯用カードの異論の余地なき発祥の地でないとすれば、ギリシアがタロットの祖国であるということはあり得るだろう。

実証的データ

　木版画が発明される以前は「絵師たち」の時代で、宗教的な主題や世俗的な主題を羊皮紙や板紙に多数手描きして、民衆を惹きつけた。民衆たちは単独の絵柄よりも組になったシリーズものを好み、徐々に複雑なセットが売られるようになった。三対神徳、四福音史家、四枢要徳から七惑星、七秘跡、七大罪まで、他にも五感や九詩神などに関連した寓意画もむろんあった。

　こうした画像を娯楽や子供の教育に用いる一揃いのカードとして纏めようと思いついたのはイタリア人たちである。こうして他愛の無いカードとして「ナイビ」が生まれ、1393年にはモレッリ〔Giovanni Morelli, 1371-1444〕のようなモラリストたちがこれを推奨している。

　14世紀末頃、最初の教育用カードから遊戯用のカードが生まれたが、その作者は1419年に没したフランチェスコ・フィッビア〔Francesco Fibbia, 1360-1419〕だと言われている。実際、ボローニャの街の「改革者たち」はこの貴族を「タロッキーノ」〔イタリアのタロット（タロッコ）の一種〕の発明者として、その紋章を〈棒〉のクイーンの上に、ベンティヴォーリオ家出身の妻の紋章を〈硬貨〉のクイーンの上に書き加える権利を与えている(1)。

　数札（エース、2、3など）のアイデアは、カードで遊ぶ者たちが賽子から得たように思われ、チェスもタロットの【狂人】や【塔】（【神の家】）はもちろん、カードのキング、クイーン、ナイトの像を提供した可能性がある。

　しかし、カードの起源に関心を抱いた学者たちが大胆に行うこうした説明は、ロンバルディアおよびヴェネツィアにおけるタロットの生成にまつわる謎を解明したとはとても言いがたい。

（1）*Précis historique et explicatif sur les cartes à jouer*, par une Société de Bibliophiles français, Paris, Crapelet, 1846, p.11.

ヨーロッパで知られているすべてのカードデッキの先祖というべきこのタロットには、パピュスが『漂泊民のタロット』(1)で強調したように、明らかにカバラ学の痕跡が刻まれている。本来の22枚のタロットと関係の無い14枚4組、合計56枚のカードに描かれた事物は、隠秘術に関係し、テトラグラマトン〔ヘブライ語で神名を示す神聖四文字〕に対応する。

> 〔ヨッド〕〈棒〉占いの棒もしくは魔術の杖、指揮の印、男性的支配の笏、男性生殖能力の表徴：〈父〉。
>
> 〔ヘー〕〈杯〉占いの杯、知性面および肉体面における女性的受容性：〈母〉。
>
> 〔ヴァヴ〕〈剣〉降霊者の剣、十字を描く武器として、男性原理と女性原理の豊かな結合を喚起、対立物の融合・協力。〈言〉もしくは〈子〉の作用のような、浸透力も象徴。
>
> 〔ヘー〕〈硬貨〉護符を描いた円盤、意志の支えの印、霊的作用の凝縮体、〈三〉を〈一〉にもたらす総合、〈三位一体〉、〈三＝一性〉。

　これらの選択には単なる偶然の邂逅以上のものがあり、タロットの作成に携わった発明者が、当時の秘儀参入者であったことは疑いようがない。

　しかし、これらのカードより前にあった22枚の切り札についてはどう考えるべきであろうか。

　これらの奇妙な構図は、1392年、「我らが不遇をかこつシャルル 6 世王の慰みとして」ジャックマン・グランゴヌール〔Jacquemin Gringonneur, 生没年不明〕が写したものであったが、1235年から1315年にかけて栄光を極めた錬金術師の学僧ライモンドゥス・ルルス〔Raimundus Lullus, c.1232-1315〕が既に知っていたものと思われる。

　このカードは、いわゆる「バルディーニ〔Baccio Baldini, c.1436-1487〕のタロット」（マンテーニャ〔Andrea Mantegna, 1431-1506〕の作と伝えられる〔現在では否定されている〕）から発したと考えられた。現在残っている二つの版は、確かに1470年と1485年までしか遡らない。しかし、当時の版画師がもっと古い原型

（ 1 ）Papus, *Le Tarot des Bohémiens*, Paris, Georges Carré, 1889.

から着想を得たという想像は理由のないものではない。しかるにこの未知の原型は、タロットの中に探すしかないのであり、バルディーニのタロットはそれを体系的に増幅させたものに他ならない。決して秘儀参入者などではない、技術に長けた芸術家が、己の論理と哲学の求めるところに従ってタロットを修正しようとしたのだ。図像に統一性が見られないことに憤った作者が、合理的に図像を分類しようと努めた。1組10枚で計50枚の極めて芸術的なこのデッキの成り立ちは、このように説明できる。最初の10枚は社会的身分の階層を示している。すなわち、物乞い、従僕、職人、商人、貴族、騎士、統領、王、皇帝、教皇である。2組目の10枚は九詩神とアポロンからなる。3組目は諸学問で、余りが4組目の徳〔三対神徳と四枢要徳の合計で七元徳〕にも加わっている。最後の10枚は七惑星と、第八天球、第一動因、第一原因を含んでいる。

このデッキの中には、作者の思想に従って、タロットを少し修正したり潤色したりしたすべての図像が見出される。したがって、種々の伝統的なタロットを基に作り上げられたことがわかる。もし事態がその逆であったなら、この豪華な50枚の総体から、22の主題がどうやって恣意的に引き出されたのか説明できない。タロットの絵の素朴さを見るだけでも、タロットの方が古いことは確実である。

しかし、最初期の22枚のタロットは、ナイビに結びつけられるべきで、これはまだ遊戯に用いられない、教育用のカードであった。13世紀の信者が、当時広く流行していた豪華な彩色細密画を用いて、カバラに関する書を作ろうとしたのであろう。そこには様々な主題が描かれていたから、その中からまずはカバラの10のセフィロート〔神の10個の諸相・属性〕、次いで意味を広げて聖なるアルファベットの22文字に関係付け得る図像を選んだ。

こうして、現在では不明の場所、不明の時点において、現タロットの最初の原案が生まれた。

しかし、これが一人の人間の創作であるということは確かだろうか。一人の天才が、タロット全体を考案したのだろうか。タロットが時代を経て様々に修正されたことから考えて、それは極めて疑わしい。最も古い原版は、シンボリズムの観点からすれば完璧なものではない。まだ手探りで躊躇いがちな象徴である。これを模写する者たちが次々と現れ、タロットの一つ一つの細部が最終的に全体と協調した意味を持つようにしたのである。絵師の中に

は、象徴についてある種の透徹した能力を持つ者たちがいて、模写する際に適切な変形をもたらし、それが後に優勢となった。一方で、伝統の意味不明の基準に従わずに空想を働かせ、原版を歪曲するばかりの者たちもいた。こうした脱線は後を絶たなかったが主流となることはなかった。というのも、極めて巧みな絵師たちは、曖昧だが確かな本能に導かれ、純粋なシンボリズムの本道に立ち返ったからである。こうして、タロットの中には匿名の天才的な業が遺されている。つましい絵描きたちが、純朴な霊感に支えられて互いに模写し続けた協力の成果が、知らず知らずのうちに、純粋な奇跡を生み出したのである(1)。

イニシエーションとしてのタロットの価値

　タロットという奇妙な資料が持つ固有の価値を問題にするとき、成立年代に関する議論は無用と考えてもよい。この象徴の集成は、形式としては新しいが、根底は恐らく古くからあり、その解読に至った人々を熱中させてきた。
　エリファス・レヴィの偽名のもと、当代の隠秘学の大半を生み出す諸作品を出版したコンスタン師の言に耳を傾けよう(2)。この大家はタロットについてこう語っている。

　　それは堂々として特異、単純で力強く、まるでピラミッドの構築のよ

（1）同じような集団的天才の産物として、カトリックの典礼や、フリーメイソンの基本的三位階の儀礼が挙げられる。
（2）彼は Germier-Baillère 社から続けて以下の作品を出版した。
　Dogme et Rituel de la Haute Magie, 2 vols, 1re édition 1856, 2e édition 1861.
　Histoire de la Magie avec une exposition claire et précise de ses procédés, de ses rites et de ses mystères, 1860. 〔『魔術の歴史』鈴木啓司訳、人文書院、1998年〕
　La Clef des Grands Mystères, suivant Hénoch, Abraham, Hermès Trismégiste et Salomon, 1861. 〔『大いなる神秘の鍵』鈴木啓司訳、人文書院、2011年〕
　La Science des Esprits, 1865.
　Chamuel 社がさらに、エリファス・レヴィの遺作を二つ出版した。
　Le Livre des Splendeurs, 1894 et *Le Grand Arcane ou l'Occultisme dévoilé*, 2e édition, Charcornac, 1921.
　Émile Noutry はさらに1920年に次の作品を出版した。*Les Mystères de la Kabbale ou l'Harmonie occulte des deux Testaments*.

うであり、それゆえいつまでも堅固な作品である。すべての学問を要約する書物であり、その無限の組み合わせですべての問題を解決できる。人に思考を促しつつ語りかける書でもある。ありとあらゆる概念を人に吹き込み、制御する。それは人間精神の生み出した傑作であろうが、確実に古代が我々に遺してくれた最も美しいものの一つである。普遍の鍵として、その名は霊感を受けた学者ギヨーム・ポステル(1)〔Guillaume Postel〕によってのみ理解され、解明された。その巻頭の数文字だけでサン゠マルタン(2)〔Louis-Claude de Saint-Martin〕の宗教心を恍惚とさせ、崇高にして不遇なるスウェーデンボリ(3)に分別を取り戻させたであろう唯一無二の書である。

『高等魔術の教理』68頁〔『教理篇』11頁〕から借りたこの文章に、同じくタロットについて語っている『祭儀』355頁〔『祭儀篇』298頁〕の一節を付け加えることが望ましい。

　　それは人間精神から主体性と自由を奪うことなく、道に迷うのを防いでくれる真の哲学的装置である。それは〈絶対〉に適用させた数学、実証と理想の結合、すべてが数字のように厳密で正確な数々の思考を入れた籤、ひいては人間精神が構想した最も単純にして最も偉大な作品かもしれない。

しかし、約束された驚異を見出す術を学んだ上で、タロットについて読者は自らで判断しなければならない。以下、体系的に語っていくことで、この沈黙の書にどう言葉を発させることができるか、示していこう。

（1）ギヨーム・ポステル（1510-1581）は二度にわたってオリエントを旅し、そこから一種の普遍学問を持ち帰った。彼の *Clef des choses cachées* (*Clavis absconditorum*, 1546) では、Taro, Rota, Ator〔レヴィ『祭儀篇』282頁以下参照〕とテトラグラマトン を結びつけている。
（2）「知られざる哲学者」〔ルイ＝〕クロード・ド・サン゠マルタン侯爵（1743-1803）は彼にイニシエーションを授けたマルチネス・パスカリス〔Martinès de Pasqually, 1727?-1774〕の教えと、ヤコブ・ベーメ〔Jakob Böhme〕（1575-1625〔1624〕）の主張に帰依している。
（3）スウェーデンボリ〔Emanuel Swedenborg〕（1688-1772）はスウェーデンの神秘家で、奇跡的なヴィジョンを得て、その意義を過大評価した。

II
タロットの秘密を明らかにする表徴

〈輪〉

　本来的なタロットカードの中に、数字を冠していないものが1枚ある。それは【狂人】であり、その特異性から序列を持っていないように思える。それゆえ、このカードに全体の中の位置を割り当てる段になると躊躇してしまう。それは【奇術師】（1）の前にあるべきなのか、【世界】（21）の後に置くべきなのか。

　この疑問は、タロットを輪のように円形に並べれば解消する。これはギヨーム・ポステルが TARO から ROTA〔ラテン語で「輪」の意〕という語を引き出

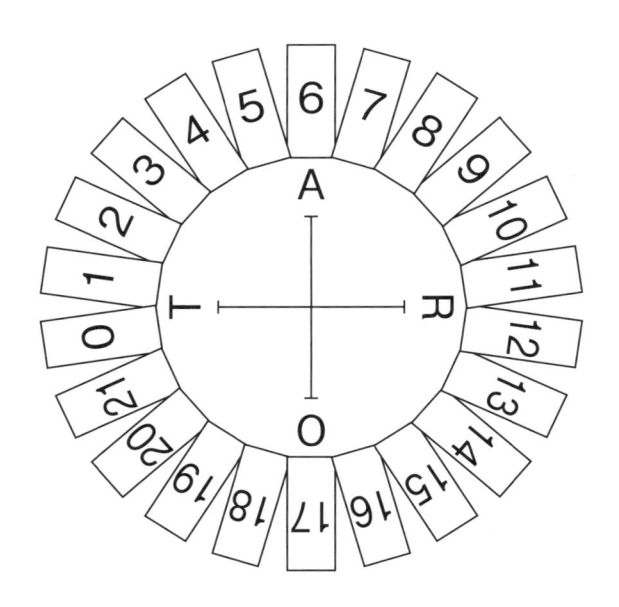

したことに示唆されているが、こうすることによって、【狂人】が最初と最後の間に入ることになる。その位置にあることで、人間の起源であり、かつ人間がそこに戻っていくことを定められた、理性では理解できない〈無限〉を象徴しているのである。

　輪の形に並べることは非常に重要である。というのもこうして描かれた円はそれぞれ11個の数字を含む半分ずつに自然に分かれるのであり、これは下の図のように、比較のために2列に並べると分かり易い。

| 1 | 2 | 3 | 4 | 5 | 6 | 7 | 8 | 9 | 10 | 11 |

| 0 | 21 | 20 | 19 | 18 | 17 | 16 | 15 | 14 | 13 | 12 |

反対物の類似

　対応する二つの列の数字を比べると、ある種のコントラストに気付かないわけにはいかない。特にアルカナ1と0、7と16、10と13、11と12の間の対照である[1]。

　というのも、【奇術師】（1）は自分の行動を正確にわきまえる、知的で器用な男以外のなにものでもないのに対し、【狂人】（0）は自分がどこに向かうのかも分からず、やみくもに行き当たりばったり歩く呆けた男を表しているからだ。

　【戦車】（7）は勝利者を乗せているが、その下の【神の家】（16）からは2人の人物が落下している。こうしてタロットでは凱旋の興奮が、破滅的転落の近くにある。あたかもカピトリウムの丘〔古代ローマの神域〕がタルペイアの

(1) 読者は、タロットカードから22枚のアルカナを選び出すか、本書付録の図版を切り取り、指示に従って目の前に並べて頂きたい。

岩場〔ローマを裏切った巫女の名を付した刑場〕の近くにあることを思い起こさせるように。

【運命の輪】(10) は望外の幸運を約束しているように見え、抗しがたい宿命の脅威を含意する【死神】(13) とは反対である。

【力】(11) は物事を実現する能力を示し、両腕を縛られた【吊るされた男】(12) の無力さと対立している。

　これほど顕著ではないものの、他のアルカナ同士の間にも対照性が存在しているので、タロットの半分は総体として、もう半分と反対の意味を持っていると、ここから推論することは許されよう。

ヤキンとボアズ
〔ソロモンの神殿にあったとされる二つの柱の名（『列王記 上』7 : 21）。
フリーメイソンが用いるシンボリズムの中でも重要な役割を果たす〕

　この二つの全体的意味はどう定義すればよいだろうか。まず、1列目には好ましい意味、2列目には好ましくない意味をあてがいたい誘惑に駆られる。しかし、さらに細かく眺めると、やがて正確な判断ができるようになる。善と悪、というよりは、〈能動性〉と〈受動性〉の方がずっと良くあてはまる。

　前半の11枚のアルカナは、基本的に能動的で、意識的、自律的な行為者の行動を示しているのに対し、後半の11枚は逆に、受動的で、無意識的、感覚的もしくは本能的、自主性を欠いた主体を登場させている。けれども、ここで受動性をただ悪い意味にのみ捉えるべきではない。

　イニシエーションでは二つの途を区別するが、それらは次のように呼ばれる──「乾的、男性的、合理的、ドーリア的な途」と「湿的、女性的、神秘的、イオニア的な途」〔ドーリア（ドリス）とイオニアはギリシアの建築様式になぞらえた二項対立〕

　前者は個人的な主導原理、理性、意志に基づいている。外的な影響による支援に一切期待せず、自己の人格が持つ力だけを頼りにして、常に自分を完全に把握している賢者に適している。後者はこれと全く異なり、前者のちょうど正反対である。自らの内にあるものを成長させて、内的なエネルギーの拡張によって何かを「与える」というのでは決してなく、特別に養い育てた

受容性を十全に発揮して、何かを「受け取る」状態にすることが神秘家にとっては重要である。

　この根本的な区別がタロットには反映されており、それぞれの半分が、二項対立の列各々に対応する。すなわち、〈男〉と〈女〉、動的な内なる火としての〈霊〉と感覚的な外包的蒸気としての〈魂〉、錬金術師の〈硫黄〉と〈水銀〉である。

タロットの軸

　タロットの各11枚の2列は、第6アルカナと第17アルカナによって同数の二つの部分に分けられ、前と後に5枚1組のアルカナが位置する。したがって、一方で中間の2枚のアルカナ（6と17）、他方で5枚ずつ4組の意味を探求することが大事である。

　しかるに、イニシエーションの二つの途において、2段階の局面が区別される。最初は準備と研究の段階であり、2番目に応用と活用の段階である。図示すれば次のようになる。

能　動　性

| 1 | 2 | 3 | 4 | 5 |

| 6 |

| 7 | 8 | 9 | 10 | 11 |

準　備
理　論
研　究

移

行

応　用
実　践
活　用

| 0 | 21 | 20 | 19 | 18 |

| 17 |

| 16 | 15 | 14 | 13 | 12 |

受　動　性

男性的もしくはドーリア的イニシエーション〔上列〕においては、理論が実践よりも先行するのに対し、女性的もしくはイオニア的イニシエーション〔下列〕においては逆となることを指摘しておこう。後者では、受動的な主体が、理解するより先に実際の行為を促されるのである。

　意識的行為（ドーリア方式）を展開するには、まず１、２、３、４、５のアルカナに関係した知識を得ることから始めなければならない。学びが完成すると、第６アルカナに表象される道徳的試練があり、それを首尾良く通過すると、７、８、９、10、11のアルカナが対象とする実際の行為へと移行することが許される。

　受動性の領域（イオニア方式）では、神秘主義的な放棄が、12、13、14、15、16のアルカナの表徴する業となって一気に現れる。次いで、第17アルカナが暗示する外的な影響のおかげで、漸進的な照明が可能になり、その段階は18、19、20、21、０のアルカナに反映されている。

　このように６と17のアルカナはそれぞれのやり方で、前者はドーリア方式の理論的学習と応用作業との間を、後者はイオニア方式の自発的な実践と経験による覚知との間を橋渡ししているのである。

　ここで、イニシエーションの二つの大きな途を特徴付けるものについて、強調するのは控えよう。読者はタロット全体の解読の鍵を与えてくれる５枚ずつ４組のアルカナにいくら関心を集中してもし過ぎることはない。これらの組分けはそれぞれが連携し合うがゆえに極めて重要であり、そのおかげで対応するアルカナの意味において、相互に依存し合っている。その結果、最初の組が解明されれば、類比と正しい置換によって他の組の意味も明らかになる。その次第を以下で見ていこう。

アルカナの第一グループ

【女教皇】（２）および【女帝】（３）は【皇帝】（４）および【教皇】（５）と対になる。これら４枚のアルカナの総体は【奇術師】（１）から分離しており、これと対立関係において考察することが適当かと思われる。【奇術師】の後に続く４枚のアルカナはドーリア方式のイニシエーションの準備・理論段階であり、〈一〉対〈四〉の対立が生じている。しかるに、学習や知

的準備において、〈一〉は思考主体に属している。したがって、【奇術師】（１）の中には、意識原理、主導性全体の出発点たる〈自我〉の人格化を見ることが許されよう。それは知識の〈単一主体〉であって、知識の〈複合客体〉の方はシンメトリックな４枚のアルカナによって表象されている。

これらのアルカナは、世俗的役割と宗教的役割を担う２人の男と２人の女を含んでいる。

両性は他ならぬ帰納的認識と演繹的認識に関係しており、帰納は女性的精神に合致し、演繹は特に男性的知性が得意とするところである。他方でこれらの機能は、古代の学問の区別——宗教的・形而上的もしくは抽象的学問対世俗的・形而下的もしくは具体的学問——を思い起こさせる。それによって、次の解釈に導かれる。

【女教皇】（２）——帰納的・宗教的知識、直感的形而上学、合理的信仰もしくはグノーシス。

【女帝】（３）——世俗的・帰納的学問、自然学、具体的自然の観察。

【皇帝】（４）——世俗的・演繹的学問、数学と具体に応用した厳密科学。

【教皇】（５）——演繹的・宗教的知識、宗教哲学、存在論、カバラ、秘教主義。

解明のための置換

【恋する男】（６）は、理論から実践へ、準備的学習から応用への移行を徴し付けている。それによって５と７が結ばれ、学習を完成した秘儀参入者（【教皇】（５）が象徴する）の知と道徳的性質について、【戦車】（７）がその実現を暗示している。同様の関係が８と４、９と３、10と２、11と１のアルカナの間にも存在する。そのいずれにおいても、第１グループが潜在的かつ理論上でのみ実現したものを、第２グループの対応するアルカナが実践的に応用するのである。タロットの受動的第一列は言わば、能動的な列の反転像を提示する。22枚のアルカナ全体の間の関係は、次の図によって示すことができるだろう。

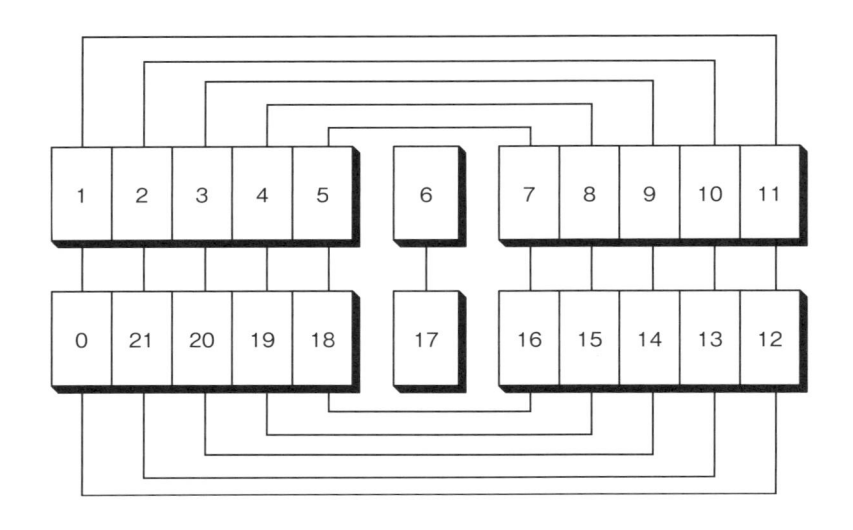

アルカナの第二グループ

　不動の司教座の高みから【教皇】（5）が発する超越的で抽象的な教説は、車輪のついた玉座で世界をめぐる【戦車】（7）上の凱旋者によって現実に適用される。この知的な遂行者は至る所で理想を実際的な必要に適合させる。彼は厳しい現実と戦って、対立し合うもの——精神と物質、利己主義と利他主義——を調停させることで現実を作り変える。それは自らの知と道徳的権威で支配する調停者であり、仲裁者であり、賢者である。

　数学的厳密性（【皇帝】（4））は道徳の領域では【正義】（8）によって表現される。というのも、「正義は実現され、応用される数学に他ならない」とフーリエ主義者のベルトー＝グラが的確に指摘している通りである（ラキュリアによる引用[1]）。世俗的な演繹的学問は、秩序を実現することを教える。万物を本来の場所に据え、安定性、均衡、規則的働きを確保する。したがって第8アルカナは秩序維持的、管理的、運営的な知恵に関係付けることができる。

（1）Lacuria, *Les Harmonies de l'Être révélées par les nombres*, p.223.

現世的帰納的な学問（【女帝】（3））は【隠者】（9）によって培（つちか）われるが、【隠者】は自然の神秘を漸進的に、極めて慎重に明らかにする学者の人格化である。

　【運命の輪】（10）は直感的能力（【女教皇】（2））を応用できる者に、実際的な生活における成功を約束する。運命の変転から利益を引き出すには占者でなければならない。

　【力】（11）は己の計画全体を実現した【奇術師】（1）が持つ属性である。

第三グループ

　最初の〔（1）～（5）の〕5枚のアルカナは、言わば意味を反転させることによって、0、21、20、19、18のアルカナを説明する。

　【奇術師】（1）の反対である【狂人】（0）は空虚な存在であり、自らの主体性を完全に奪われた〈自我〉は、外からの全影響を制御不能のまま被る。

　【世界】（21）は感覚に働きかけて法悦状態に陥らせる〈大いなる全体〉を表象する。忘我に関係する機能は受動的であるのに対して、直感（【女教皇】（2））は能動的である。

　【審判】（20）は、世俗的・帰納的学問の人格化である【女帝】（3）に支配される勤勉で忍耐強い研究に、自発的霊感を対比させる。

　【太陽】（19）は芸術家や詩人に照明を与える霊的な光の源である。天才に与えられる照明は数学的正確性（【皇帝】（4））と対立関係にあるが、にもかかわらず芸術は、厳密な規則に従うのであり、意識するしないに関わらず、数の法則の支配下に置かれる。

　能動的次元では知的な総合は純粋に理性的なものであり（【教皇】（5））、受動的次元では想像力に関係する。【月】（18）は想像力のもたらす幻影のような、不確かで、ときに人を欺く明るさを広げる。

最終グループ

　【星】（17）は運命を定める星である。自らの途を選ばない受動的存在の運命を決定する。それに対して【恋する男】（6）によって表象されるドーリ

ア方式による秘儀参入者は、〈悪徳〉と〈美徳〉のどちらを採るか態度を決めるよう促された若きヘラクレスのように、途を自分で選ばなければならない。

　高揚した想像力（【月】（18））は途方も無い計画を立てるが、その実行は【神の家】（16）が表象するように失敗に終わるほかない。勝利（【戦車】（7））とは逆の結果に落ち着かざるを得ない空想的な企て全体を暗示している。

　術士の才能を持つ者（【太陽】（19））は、隠秘学の業を行うのに適している。呪文を唱えることで、【悪魔】（15）の象徴する魔術的行為者、〈世界霊魂〉に働きかける。このアルカナは、【正義】（8）の論理的で正常な穏やかさに、理性の箍が外れた本能の暴走を対立させている。

　霊感を受けた者（【審判】（20））は知性の面でただ受容するだけの存在ではない。実際の業に没頭すれば、普遍の生命的流体を自らに引き寄せ、他者に伝えることも可能になる。この流体を【節制】（14）が壺から壺へ移し替える。しかるに、流体の海の波に身を浸すことは、最も厳格な孤独に閉じこもる【隠者】（9）の業の反対である。

　法悦（【世界】（21））には、【死神】（13）が滅ぼしたものに新たな生命をもたらす喚起力が付与される。10と13のアルカナの対立は目を惹く。それは幸運と不幸な宿命とを表象している。

【吊るされた男】（12）は他人のために自らを放棄して犠牲となる存在を表している。【狂人】（0）の受動性はここでは崇高な性格を帯びる。それは〈大いなる作業〉を実現し、その完成は神秘主義の途の目的地を示す。【力】（11）に至る自然で積極的な途については既に見たところである。

11個のペア

　これで基本的データは手にしたことになるが、あまりにも簡略すぎるので、少しずつ完璧なものにしていくことが重要である。そのため、タロットの上の列と下の列で対応するアルカナを比べ、既に述べた概略を並べておこう。

I

主体、出発点

1.【奇術師】*Le Bateleur* ℵ
　　能動的、積極的
　　主体性、自己の把握
　　知恵、理性

0.【狂人】*Le Fou* ש
　　受動的、消極的
　　外的な影響への屈服
　　衝動、狂気

II

知られざるものの知覚

2.【女教皇】*La Papesse* ג
　　直感、予感
　　神秘に入り込む精神
　　秘められた事物についての
　　催眠知

21.【世界】*Le Monde* ק
　　法悦、透視能力
　　魂に啓示される神秘
　　〈絶対者〉についての
　　総合知

III

〈自らの外に〉あるものの吸収

3.【女帝】*L'Impératrice* ד
　　観察、理解
　　観念、研究
　　概念の生成を司る
　　理性、知恵

20.【審判】*Le Jugement* ר
　　霊感、高揚
　　熱狂、預言
　　他に支配されることなく
　　湧き上がる概念

IV

霊的照明

4.【皇帝】*L'Empereur* ㄱ | 19.【太陽】*Le Soleil* ㄱ
内的な光 | 普遍の光
受肉した〈言〉 | 永遠の〈言〉
思考と意志の集中 | 拡張、天才を授ける照明
エネルギー、計算、演繹 | 静謐、美術、詩
実証主義 | 理想主義

V

総合の錬成

5.【教皇】*Le Pape* ㄱ | 18.【月】*La Lune* ㄥ
抽象 | 具体
思弁的現実 | 可感的外見
形而上学 | 感覚の迷妄
宗教 | 迷信
唯心論 | 唯物論
超越的な知 | 誤謬、通俗的偏見
義務、道徳律 | 気まぐれ、空想

VI

行為の決定

6.【恋する男】*L'Amoureux* ㄱ | 17.【星】*Les Etoiles* ㄱ
自由、選択、試練 | 運命、希望
懐疑 | 不死性の期待への全面的信頼

| 人生の困難に対する不安な戦い | 理想、美学 |
| 感情、情愛 | 美への愛 |

VII

物質と対峙する知性

7.【戦車】 *Le Chariot*
支配、勝利
才能、能力
恭順の的となる師
進歩、調和

16.【神の家】 *La Maison de Dieu*
慢心、失墜
自負、無能
反抗する力の犠牲
爆発、破局

VIII

諸々の力の組織と統御

8.【正義】 *La Justice*
法則、秩序、均衡
安定性
論理
平静、平穏、規則性
分別

15.【悪魔】 *Le Diable*
恣意、混乱
不均衡
本能
激怒、憤怒、乱調
盲目的な情熱

IX

個人と環境の関係

9.【隠者】 *L'Ermite*
自制、孤立
賢慮、遠慮

14.【節制】 *La Tempérance*
関与、交歓
無頓着、率直

<table>
<tr><td>滞留、吝嗇
体系的・細心な学者、医師</td><td>循環、浪費
魔術師、隠秘医学の信奉者</td></tr>
</table>

X

運命の介入

10.【運命の輪】 *La Roue de Fortune* ↷	13.【死神】 *La Mort* ↶
偶然、野心	宿命、幻滅
発明、発見	放棄
生命の胚種	分解、腐敗
個人的存在の維持	終結、更新、変容

XI

目的、最終結果

11.【力】 *La Force* ↶	12.【吊るされた男】 *Le Pendu* ↷
能力、実現可能な考え	無力、ユートピア
実際的精神	夢想家、物質と遊離し
物質を制御する知性	物質に影響力を及ぼせない精神
エネルギー、勇気	同時代人の無理解の犠牲になる
困難を克服する術を知る行動的人間	殉教者、使徒

四項対比

　ここで検討した一連のペアは、さらに興味深い対比を促す。これらを二つずつ比較することで、それぞれ四つのアルカナを一体的な対立関係に置くことになる。以下の四項対比は、特に我々の関心を惹くものである。

1	11
奇術師	力
0	12
狂人	吊るされた男

2	10
女教皇	運命の輪
21	13
世界	死神

3	9
女帝	隠者
20	14
審判	節制

4	8
皇帝	正義
19	15
太陽	悪魔

5	7
教皇	戦車
18	16
月	神の家

2	5
女教皇	教皇
21	18
世界	月

3	4
女帝	皇帝
20	19
審判	太陽

7	10
戦車	運命の輪
16	13
神の家	死神

8	9
正義	隠者
15	14
悪魔	節制

それぞれの四項目の中で、第1と第2の関係は第3と第4の関係に等しく、さらに第1と第3の関係は第2と第4の関係に、おまけに第1と第4の関係は第2と第3の関係に等しい。タロットを深く研究するためには、これらの四項によって提示される一連の問題と方程式を解くことが重要である。とりわけ、タロットを占いに応用したいと思う人々にとって役立つ、知的な訓練がそこには存在する[1]。

　以下の表示は、一方で四つのアルカナを結びつける総括概念を引き出し、その上で一つ一つのアルカナによって示されるこの概念の、異なったアスペクトを見分ける方法を示してくれるであろう。

個人的知性の原理

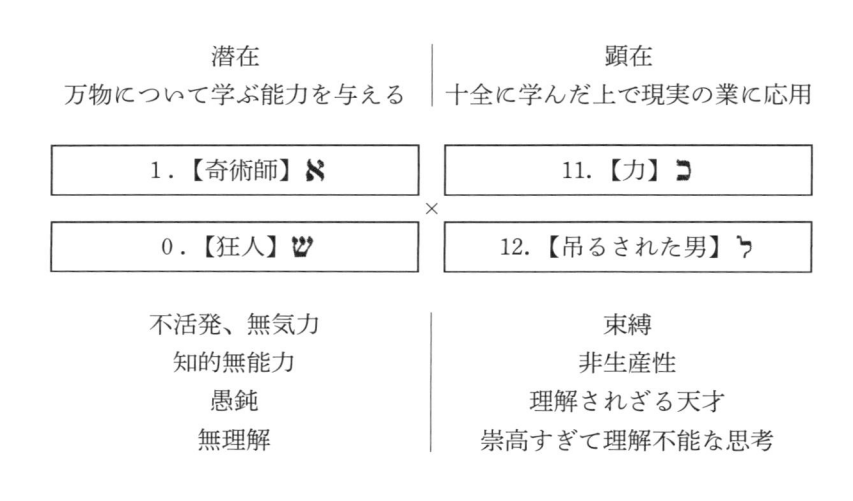

潜在 万物について学ぶ能力を与える	顕在 十全に学んだ上で現実の業に応用
1.【奇術師】א	11.【力】כ
0.【狂人】ש	12.【吊るされた男】ל
不活発、無気力 知的無能力 愚鈍 無理解	束縛 非生産性 理解されざる天才 崇高すぎて理解不能な思考

（1）この訓練は想像力を沈静させ、ぶつかり合うイメージとイメージの関係を把握するための準備になる。占者が象徴の言語を我が物としない限り、タロットにメッセージを語らせるのは不可能である。象徴はこちらから働きかけなければ、自ら語り出すことはない。そこから体系的に問いかける必要が生じる。その点で、ここに推奨された四項対比の訓練ほど、豊かな実りをもたらすものはない。

神秘を前にした精神

神秘に入り込もうと努力 予感、直感、グノーシス、信仰	識別、発見 天才的推察に留意
2.【女教皇】ב	10.【運命の輪】י
21.【世界】ת	13.【死神】מ
一瞬で知覚 忘我的ヴィジョン 全体的学問	撥ね付け、拒否 幻滅 絶対的懐疑

思考と生命の源としての霊的原理

知性に引き寄せられる 概念の生成に固着する 理解、概念	精神領域を構成する 知性において結実 記憶の貯蔵庫
3.【女帝】ג	9.【隠者】ט
20.【審判】ר	14.【節制】נ
知性を生産的にして 屈服させる 霊感、熱狂	存在の多様性を 循環させ、活性化する 普遍的生命

創造的な〈光〉

人格の中心に固定、 意志的エネルギー、 個人的拡張と成長の原理	個体の正常な機能と保存を 確実にするために同調し、 調和的に配置される
4.【皇帝】ה	8.【正義】ﬡ
19.【太陽】ﬞ	15.【悪魔】ﬡ
普遍の源からの 放射 存在の開花 利他主義	過度の凝縮 滞留、横溢、盲目的熱意 野蛮な本能 利己主義

×（中央）

人間の信念の源たる四項

哲学的もしくは宗教的伝統 啓かれた信者たち	真理の独立した探求 自由思想家たち
5.【教皇】ﬡ	7.【戦車】ﬞ
18.【月】﬩	16.【神の家】ﬠ
社会通念 支配的偏見 迷信家、死せる文字への隷従者	敵対する教説間の矛盾 反宗教の運動家 似非自由思想家

×（中央）

<真理> の様々なアスペクト

直感を要請し、 解読を求める神秘	秘められた意味を把握すべき教義、 内奥の思考、生命を付与する霊
2.【女教皇】ב	5.【教皇】ח
21.【世界】ת	18.【月】צ
忘我的法悦の中でしか 現れぬ〈絶対〉	思考の物質的記号・形体・外皮・ 殻、死せる文字

×

認識と概念の関係

概念は認識に引き寄せられ、 入り込み、そこに根を張る	概念は認識の論理的帰結を すべて展開する
3.【女帝】ג	4.【皇帝】ד
20.【審判】ר	19.【太陽】ק
概念は認識を自動的に把握し、 熱狂の錯乱を引き起こす	概念は洗練され、繊細化し、 詩的もしくは崇高な性格を帯びる

×

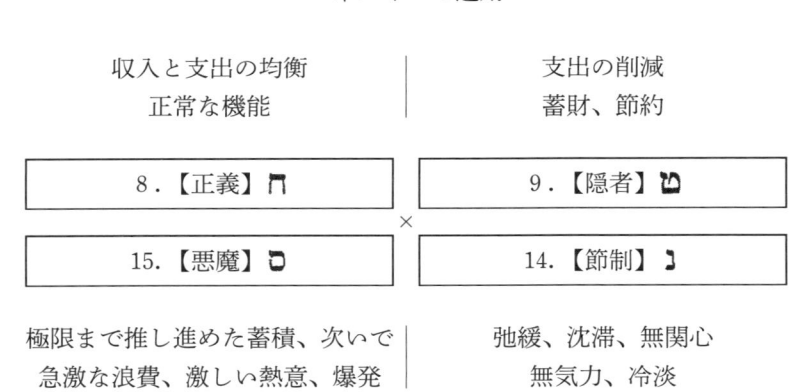

人間の活動がもたらす結果

勝利、功績によって 勝ち取られた成功	恩恵か幸運によって 得られた成功
7.【戦車】ז	10.【運命の輪】י
16.【神の家】ע	13.【死神】מ
錯覚または過ちにより 引き起こされた失敗	犠牲者の責任によらぬ 不可避の宿命的破局

エネルギーの適用

収入と支出の均衡 正常な機能	支出の削減 蓄財、節約
8.【正義】ח	9.【隠者】ט
15.【悪魔】ס	14.【節制】נ
極限まで推し進めた蓄積、次いで 急激な浪費、激しい熱意、爆発	弛緩、沈滞、無関心 無気力、冷淡

　ここに見た概略の無味乾燥性に、読者はうんざりしないで頂きたい。定められた手順に従って、深く探求するための豊かな領野が、自ら主体的に学ぶ者に与えられるのである。読者が行うべき努力を、我々が肩代わりするわけにはいくまい。タロットを解読するためには、アルカナ同士を比較し、様々

な比較と対照が示唆するところを悉く引き出すことが不可欠である。沈思黙考する人は、それぞれの四項から、部厚い論考の材料を引き出すことができる。とはいえ、各人が自分自身で考えることが必要であり、タロットの研究を真剣に行おうとしている参入者に対し、我々が作業のお膳立てまで行うのは筋違いであろう。

III

カバラとタロット

21という数字

　以上の論考においてはタロットの様々な側面のうち、一つの側面のみを考察した。まずは22の部分からなる全体を眺めたが、この数字は構成要素〔因数〕として2と11に分けられる。

　しかし【狂人】は数字が付与されていないという事実によって、他のアルカナとは別物と考えることができる。よってタロットは二つのカテゴリーに分けられ、片方は一つのユニークなアルカナである【狂人】のみを含み、もう片方の21枚のアルカナと対抗していることになる。

　【狂人】は後でまた見ることとし、番号の付けられた一連のアルカナに考察を及ぼすこととしよう。さてこの21は3と7を因数としているので、三つずつ七つ、続いて七つずつ三つに分けてアルカナを研究することとする。

三項の法則

　すべては〈三〉から発するが、それは実は〈一〉でしかない。どのような行為であれ、〈一〉は自ずと次の三つに分かれるからである。すなわち、

　1．作用原理、行動の原因もしくは〈主語〉
　2．この主体の行動、〈動詞〉
　3．この行動の〈目的〉、効果、結果

　これらの三つの項目は不可分であり、互いに互いを必要としている。ここから万物に見出される〈三 = 一性〉が生じる。

　この基本要件の重要性を理解するために、一つの例を挙げよう。「創造」の概念には次の三つが含まれる――1．創造主、2．創造行為、3．創造物。

この三項のうちの一つを除去すれば、他の二つは消滅する。というのも、創造主がいなければ、創造行為も創造物も考えられない。一方で、創造主は創造を行うからこそ創造主なのであって、創造行為の外にあっては、創造物と同様に創造主も存在しない。最後に、創造物が無ければ創造主は何も創造せず、創造主も創造行為も無いことになる。

　全般に、三つの項目のうち、第一はすぐれて〈能動的〉である。第二は〈中間的〉で、第三に対しては能動的、第一に対しては受動的である。それに対して第三は厳密に〈受動的〉である。第一は〈霊〉、第二は〈魂〉、第三は〈体〉に対応する。

　同じ対応がタロットの中にも見出され、アルカナは次のように組分けされる。

七つの三項

能動的	**1**	**4**	**7**	10	13	16	19	霊
中間的	2	5	**8**	**11**	**14**	17	20	魂
受動的	3	6	9	12	**15**	**18**	**21**	体

三つの七項

能動的	**1**	2	3	**4**	5	6	**7**	霊
中間的	**8**	9	10	**11**	12	13	**14**	魂
受動的	**15**	16	17	**18**	19	20	**21**	体

　これら二つの図式を比較してみると、次のことが分かる。すなわち、1、4、7のアルカナは特に能動的もしくは霊的であり、8、11、14は中間的もしくは魂的、15、18、21は受動的もしくは体的である。それぞれの性格が、三項で分けた場合も七項で分けた場合も明確になるからである。

神智学的操作

　隠秘学において、特に一桁の数字はそれぞれの意味を担っている。これらの数字の性質を見極めるために、神智学的加算と神智学的簡約という二つの操作を行う。

　前者は、対象の数字について、その数に通常の順序で先立つ全ての数字を合計する。すなわち、

$$\mathbf{4} = 1 + 2 + 3 + 4 = \mathbf{10}$$
$$\mathbf{6} = 1 + 2 + 3 + 4 + 5 + 6 = \mathbf{21}$$

　後者は、いくつかの数字で構成されている数字を、1から9までの単純な数字に還元する。

　これは二桁以上の数字のそれぞれを合計し、その結果が二桁以上である場合はさらに同じく合計して、最終的な結果を引き出すのである。

$$\textbf{1899} = 1 + 8 + 9 + 9 = \textbf{27} = 2 + 7 = \textbf{9}$$

　連続する数字に神智学的計算を加えると、数字が三つずつのグループに分けられ、その最初は常に〈一〉に簡約されることが分かる。

　次の表は、すべての数字が1、3、6、9のいずれかに簡約できることを示している。さらに、古代の〈九〉の重要性も明らかにしてくれる。というのも、連続する数字は9個ずつの組に分けられ、1、3、6 —— 1、6、3 —— 1、9、9に簡約できる数字が絶えず戻ってくることから示される。

数字	神智学的加算	簡約
1	1	1
2	3	3
3	6	6
4	10	1
5	15	6
6	21	3
7	28	1
8	36	9
9	45	9
10	55	1
11	66	3
12	78	6
13	91	1
14	105	6
15	120	3
16	136	1
17	153	9
18	171	9
19	190	1
20	210	3
21	231	6
22	253	1

1に簡約される数字4、7、10、13、16などは、その前にある三つの数字を1に還元する。その結果、数の連続は次のように書くことができる。

$$
\begin{array}{c}
\underbrace{1 \ . \ 2 \ . \ 3}\\[2pt]
\underbrace{4 \ . \ 5 \ . \ 6}\\[2pt]
\underbrace{7 \ . \ 8 \ . \ 9}\\[2pt]
\underbrace{10 \ . \ 11 \ . \ 12}\\[2pt]
\underbrace{13 \ . \ 14 \ . \ 15}\\[2pt]
\underbrace{16 \ . \ 17 \ . \ 18}\\[2pt]
19 \ . \ 20 \ . \ 21,\ etc.
\end{array}
$$

　こうした概観はタロットとの関係で重要な意味を持ち、その構成は本質的に古代の数の学問に基づいている。

セフィロート

　カバラによると、〈数〉すなわちヘブライ語でセフィロート（セフィラの複数）は〈多〉がいかにして〈一〉から発するかを説明することで、創造の秘密を明らかにする。
　〈一〉は万物の原因にして出発点、すべてが流出する中心原理であり、すべてを潜性、胚、種の形で含んでいて、「冠」もしくは「王冠」を意味する〈ケテル〉の名を受けている。それは【奇術師】（1）と同様、すべての活動、特にすべての思考の源であり、〈父〉であり、「エフィェ、在りて在るもの」と語る神である。
　第2のセフィラは〈ホクマー〉「知恵」と呼ばれ、〈父〉から直接流出する創造的思考、父の「長子」、〈子〉、〈言葉〉、〈言〉、〈ロゴス〉、〈至高の理性〉であり、同様にタロットの神秘的な【女教皇】（2）によって象徴される。
　第3のセフィラは〈ビナー〉「知性」「理解」であり、【女帝】（3）と同様、観念、概念の生成、万物の原初のイメージを生み出す〈聖母〉と関係する。

以上の最初の三項は知的な次元にあり、純粋な思考、〈霊〉に相当する。

　次の三項は精神的な次元にあり、感情、意志の行使、換言すれば〈魂〉に関わる。

　第4のセフィラは〈ヘセド〉すなわち「慈善」、「恩寵」、「慈悲」、「寛大」もしくは〈ゲドゥラー〉「偉大さ」「壮麗」である。

　諸存在を実在せしめる創造的善意。命を与え、広げる力──【皇帝】（4）

　第5のセフィラは〈ゲヴラー〉すなわち「公正」「厳格」であり、〈ペカド〉「罰」「恐れ」もしくは〈ディン〉「裁き」。

　与えられた命を保ち、支配する意思。義務、道徳律──【教皇】（5）

　第6のセフィラは〈ティフェレト〉、「美」。

　心情、感受性、意志を決定する感情──【恋する男】（6）

　第3の三項は動的な次元にある。事柄を実現する行為に関係し、それによって〈体〉に関係する。

　第7のセフィラは〈ネツァハ〉、「凱旋」「勝利」「堅固」。

　世界を支配し、運動を導き、進歩を司る調整原理──「宇宙の大いなる建築師」〔フリーメイソンによる神の呼称〕──【戦車】（7）

　第8のセフィラは〈ホド〉、「光輝」「栄光」。

〈自然〉が自らの業にもたらす秩序──万物の不変法則──【正義】（8）

　第9のセフィラは〈イェソド〉、「基礎」「基盤」。神の企図。生成すべきものと調和した潜在的エネルギー。アストラル体〔精妙な物質からなる身体〕──【隠者】（9）

　セフィロートの三つの三項は第10のセフィラ──〈マルクト〉「王国」「支配」「君臨」──によって〈一〉に還元される。それは生成すべき潜在力を持つ完全な存在を実現するために「思考」「意志」「行動」──「霊」「魂」「体」──を総合する。この存在は「天上の人間」もしくは「アダム・カドモン」と呼ばれる。それはいかなる物質的実在性も持たないが、人間を誕生させるために介入する諸々の神的な創造原理を結び合わせる。人間は個々の差別化を被って初めて物理的な面で体を獲得するが、その際の下降的転回は【運命の輪】（10）によって表される。

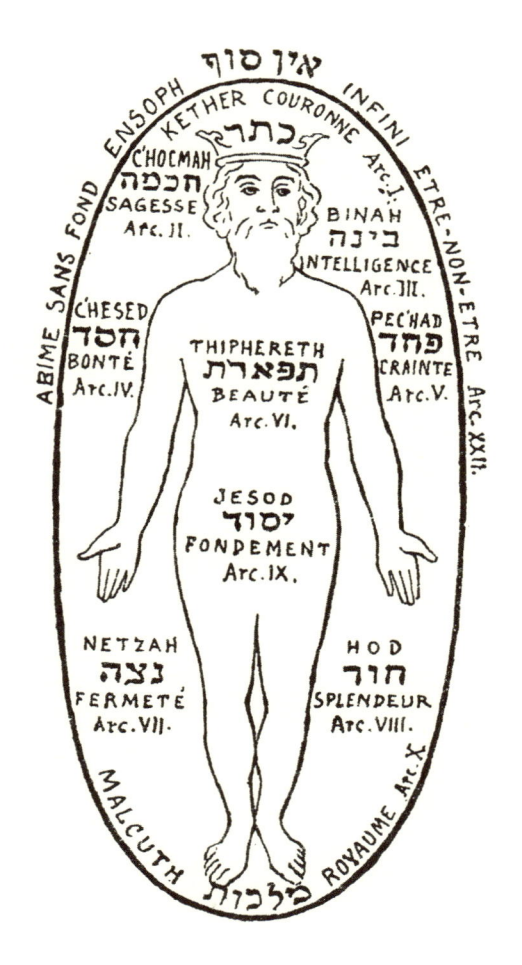

　第10のセフィラは「女王」とも呼ばれ、その場合は第6が「王」となる。上位のアダムについて言えば、それはすぐれて無限と有限を結びつける「仲介者」である。それは「王冠」によって、〈想像不可能な絶対者〉（〈エンソフ〉もしくは「無終」）に触れているものとして表現されるが、その足は物質的世界に接している。

三×三項

セフィロートはタロットの最初の三×三項を解明する鍵を提供している。これらの九つのアルカナは全体として、その次の九つのアルカナによって形成される第2の総体に対応している。

1	4	7		10	13	16
2	5	8		11	14	17
3	6	9		12	15	18

　一つの三項ともう一つの三項の間で、数は神智学的加算としては等価である。アルカナも同様に意味の完全な類似性を提示している。しかし、最初の九項が「アダム・カドモン」、つまり諸個人を構成する神の企図に合致した理想的人間に関係しているとすると、第2の九項は「地上的人間」を暗示する。それは多数の個に分化し、分散した人類であるが、仮象的有機体に生命を与える永遠の集団的存在として構成されている。個々の有機体と人類全体との関係は、有機的細胞の一つ一つと、個々の人格の統一体との関係に等しい。
　そもそも九項は「霊」「魂」「体」の三項の3倍に他ならず、そのことは次の図式が示している。

1 〈霊〉の霊	4 〈魂〉の霊	7 〈体〉の霊
2 〈霊〉の魂	5 〈魂〉の魂	8 〈体〉の魂
3 〈霊〉の体	6 〈魂〉の体	9 〈体〉の体

　以下、これら三×三項のそれぞれについて、二つのアルカナを同時に解釈
する。

I

霊的生成原理：〈霊〉の霊

1.【奇術師】𐤀　　　　　　　　10.【運命の輪】ﾍ
意識原理、〈我〉　　　　　アルケ、個体の発生原理
思考の源たる非物質的中心　　　　永遠の生成を促す
あらゆる表現に先行する純粋概念　　個性の霊的な核

II

動的な霊の流出：〈霊〉の魂

2.【女教皇】ﾌ　　　　　　　11.【力】ﾌ
〈言〉もしくは創造的な〈言葉〉　　　個の拡張的放射
概念の源たる具現的思考　　　　　その正当な活動

III

生成した霊的産物：〈霊〉の体

3．【女帝】♫

主観的観念

精神の中に含まれ、

外に顕れない事象的思考

もしくは概念

12．【吊るされた男】ל

個の霊的領域

精神的環境

客体化された概念、夢、磁化され、

生命を与えられた観念

IV

心的生成原因：〈魂〉の霊

4．【皇帝】ז

生命付与原理

意志を発し、感情を抱き、

心的生命を生み出す中心

13．【死神】מ

個的生命の改新原理

生命運動を促す

変容と交換の原因

V

心的行動：〈魂〉の魂

5．【教皇】ח

心的生命

感覚し、欲する行為

14．【節制】נ

一つの個体から

他の個体に移る普遍の生命

VI

心的結果：〈魂〉の体

6．【恋する男】ו

感情。発せられた意志

意志的環境

15．【悪魔】ס

心的生気

生命流体

表明された願い	誘惑本能
欲望	利己主義の衝動

VII

動的原因：〈体〉の霊

7．【戦車】ז	16．【神の家】ע
普遍的運動の生成	個人的反抗の原理
および指導原理	物質化、実体化の原因

VIII

運動、心的行動：〈体〉の魂

8．【正義】ח	17．【星】פ
全体的機能の有機的法則	美の理想が反映される
不断の創造行為	具体的形式の生成

IX

心的結果：〈体〉の体

9．【隠者】ט	18．【月】צ
作用力の連動	物理的創造
有機体の非物質的骨格	有機体
芳香体	物質
もしくはアストラル体	五感とその迷妄

総合的な三項

　天上のアダムの似姿として創られた地上のアダムは、転落して物質的な隷属状態に置かれているが、そこから立ち上がるべく定められている。この贖罪が、タロットの最後の三項において現れる。

　19.【太陽】♪ ——〈霊〉。贖（あがな）い主。被造物を再生させ、神化するために照らし出す神的な理性。

　20.【審判】┐ ——〈魂〉。贖罪の業。聖霊もしくは知性を生産的なものにする神の息吹（いぶき）。永遠の生命。

　21.【世界】♫ ——〈体〉。贖罪の完成。神の統一体への再統合。霊化され、栄光を与えられ、神化された物質。神の支配——天上のイエルサレム。実現した完全性。

　ここで、七つの三項全体を、【狂人】によって表徴される究極の統一体に包み込むことが望ましい。それは〈エンソフ〉の象徴であり、「無終」「無限」「知られざる者の中の知られざる者」「神秘中の神秘」である。万物がそこから発し、万物がそこに帰る、この「第一の夜」「空虚」「虚無」「深淵」は唯一の永遠かつ不変の存在を有しながら、なにものでもないように思われる。それは「非存在＝存在」であり、不条理で矛盾したアスペクトによって理性を混乱させるが、逃れられぬ必然的なものとして理性に訴えかける。それを表す象形文字としては「閉じた眼」「黒い円盤」もしくは数字のゼロ「０」があてられる。我々の知に対しては、存在しないように見えて、「弁別されぬ統一体」「在るもの」となる。というのも、絶対的な統一性は、対照の法則に従う人間の知覚には働きかけることがない。よって「知覚する」は「区別する」の同義語である。しかし、我々が区別できるものは、識別しがたい統一体の中に混ぜ合わされたままのものに比して、ごくごく僅かである。我々の知は、我々の広大な無知の中で、分子のように常に見失われてしまう。したがって、【狂人】の領域は他のすべてのアルカナの領域を包み込み、いわば覆い尽くす必要がある(1)。

（1）ここまでの、そしてこの後に続く指示はすべて、「学びたい」という欲求を持った読者（↗）

三つの七項

最初の21のアルカナによって構成される七つの三項の内、最初の三つは続く三つと対立し、最後の三項が全体を統一体に還元する。こうして七項の法則が明らかになる。それはまた、左の図が示すように、ソロモンの封印によって明るみに出される。この図の中で、向かい合う数の合計は常に7に等しい（1 + 6 = 7、2 + 5 = 7、3 + 4 = 7）。

絡み合った二つの三角形は、あらゆる生成に関わる二つの要素 ——「男」と「女」、「能動」と「受動」、「火」と「水」、「精神」と「物質」など ——の豊かな結合を表す。ものを産みだし、孕むこの二重の要素に、タロットの各七項の最初の六つのアルカナが関係する。そして第七個目が総合的なものであり、産み出された結果と同時に統一体への回帰を示す。

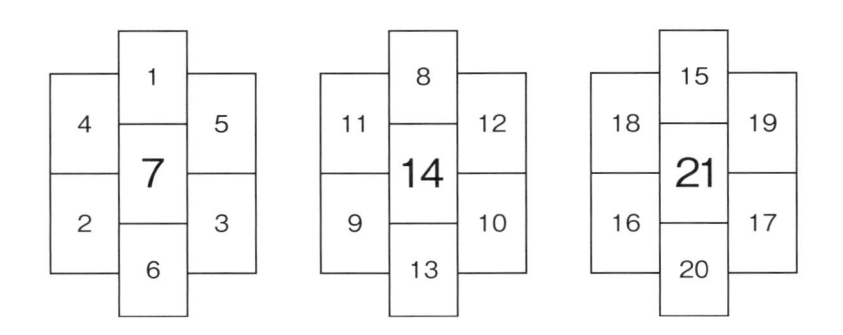

三項について既に語ったこと全体からして、これら三つの七項の割り当て

（＼）に宛てられている。様々なイメージを比較し、熟考して、それらの相貌によって語の喚起力の下に思考が刺激されれば、暗中模索をしないで済むであろう。求められている精神的作業は、幾何や代数の学習が要求する作業に似ている。自ら協力することなく、単なる好奇心だけで読むのでは足りない。

については躊躇わず、次の三組に対応させるべきである。

〈霊〉	〈魂〉	〈体〉
思考	生命	行動
主語	動詞	目的語
原因	行為	結果

　最初の七項は、タロットの最初の二つの三項を結びつけ、諸器官を支配する魂的な霊の表徴である第7アルカナによって、それらの総合が表される。前に行った説明を参照すれば、この観点に何ら難しさはない。

　第2の七項はその後に続く諸要素の普遍的生命（14）を引き出す。

　能動的には──

　8．【正義】　すべての活動の根源的法則

　9．【隠者】　万物の生産活動のために貯えられた潜在的エネルギー

10．【運命の輪】　個々の存在に最初の衝動を与える生成原理

　受動的には──

11．【力】　個体の拡張

12．【吊るされた男】　生命力に変換される個々の〈言〉

13．【死神】　万物の不断の改新

　第3の七項も同様のやり方で、永遠の物質（21）の神秘に我々を参入させる。それは次々に濃密化し、その後微細化する。

　能動的な濃密化原理──

15．【悪魔】　誘惑する本能、限定化し実体を与える利己主義の源

16．【神の家】　失墜、反抗、孤立、有体化

17．【星】　具体的な形の生産

受動的に被る微細化の原理──

18．【月】　失墜した〈霊〉による〈物質〉の吸収。労働の義務化。

19．【太陽】　〈物質〉と純化された〈霊〉の婚姻

20．【審判】　最終的霊化

IV
占星術・天文学とタロット

黄道十二宮

　タロットのいくつかのアルカナは、その象徴を天文と関連付けないわけにはいかない。

　その観点からすると、第18アルカナが特別に目を惹く。そこにはザリガニが描かれているが、これは《蟹座》に相当し、占星術では月の〈居所〉〔〈惑星〉の本来の居場所たる星座〕とされる。2匹の犬はこれに近い星座である《大犬座》と《小犬座》を思い起こさせるが、これらは「土用」の時期を示し、その主要な星はシリウスとプロキオンである。犬たちが吠えることによって、月は黄道に留まることを余儀なくされ、その限界が夏至点と冬至点に立つ二つの塔によって標し付けられている。

　続く第19アルカナは、2人の人物が愛情を込めて抱き合っている場面が描かれる。それは《双子座》であり、13世紀、アルフォンソ10世〔Alfonso X, 1221-1284. カスティーリア国王〕による天文学関係の論考中の絵(1)に現れる形である。黄道の3番目の星座はバビロニアでは「煉瓦の月」にあたる。しかるに、何とも奇妙な偶然の一致から、第19アルカナの2人の子供たちは、色とりどりの煉瓦の壁で守られている。

　占星術で、太陽の〈居所〉を《双子座》ではなく、《獅子座》に置いていることは注目すべきである。《双子座》は日が最も長い時期、つまりは光の勝利に通じることをタロットは考慮に入れている。《獅子座》の太陽は乾きと死を与えるものであるのに対し、《双子座》の太陽は本質的に生命を与える存在である。

（1）Camille Flammarion, *Les Étoiles*, p.314 の複製を参照のこと。

第11アルカナは黄道十二宮の《獅子》を示しているが、収穫する《乙女》によって手なずけられており、ひどい暑さを終息させている。

　しかるに《乙女》は第3アルカナでも一人で表象されていて、翼を持っており、【女帝】にはあまり相応（ふさわ）しくない。この細部が非常に重要なのは、現代のタロットよりも初期のタロットの方が天文学的象徴をより忠実に再現しているからである。さらに、アルカナの本当の意味範囲が見失われた時代に、アルカナにはっきりと名前を付けたとき、かなりの恣意性があったことも明らかにしている。

　第8アルカナで《天秤》を持っているのもこの同じ天上の《乙女》である。《天秤座》はローマ時代に付けられた名だが、ギリシアでは《蠍》（さそり）と結びつけられ、その螯（はさみ）を表していた。新しい名称はカルデア人によってもたらされたものだが、古代において、天空のこの領域には法と正義の概念が結びつけられていたのである (1)。

　これらの連続する五つの星座は《水瓶》で合体し、【節制】の精の諸特徴として現れる。

　その他の星座を特定するのはそれほど容易ではない。ただ【運命の輪】(10) のテュポン〔ギリシア神話に登場〕のような怪物は《山羊》を思い起こさせ、これはバビロニア人の「スフルー＝インズ（《魚》＝《山羊》）」である。それは闇と、冬至を作り上げる寒さを象徴し、そこから転じて利己主義、残忍性、裏切りを象徴する。それは下降する破壊原理だが、一方その正面ではヘルマヌビス〔ギリシア神話のヘルメスとエジプト神話のアヌビスの習合神〕が上昇し、土用、夏至の膨張を促す暑さ、献身、善意、忠実性を思い起こさせる。剣を持ったスフィンクスは秋分に相当する（第8アルカナの《天秤》、均衡）。《蠍》は神話における多くの大災害をもたらしたとされる不吉な星座だが、第16アルカナ（【神の家】）とぴったり合致する。その上、アインの文字 ℣ の中には《蠍》も認められるが、これは天の火を受けて落下する主要人物の姿形に再現されている。《射手》はとりわけ弓と矢が特徴だが、この武器はタロットでは第6アルカナ（【恋する男】）にしか現れない。バビロニア人はこれを双頭双尾で翼を持

（1）Jansen, *Kosmologie der Babylonier*, pp.310-320.

つケンタウロスとしたが、尾の一つは蠍の尾のようで、それは大英博物館に保存された紀元前12世紀の石彫りから着想を得たこのスケッチが示すとおりである。

　最後の三つの星座はもっと難しい。

　しかしながら、《牡羊》はためらいなくタロットの第5アルカナと関係付けられる。数字の5は第五精髄〔四基本元素を統合したもので、哲学者の石と同一視されることもある〕に相当し、その神秘性が基本元素の〈四〉を〈一〉に還元する。しかるにこの第五原理は、十字架の上に横たわる黙示録の小羊、もしくはユピテル・アメン〔エジプト神話のアメンとローマ神話のユピテルの習合神、牡羊の角を持つ〕（万物の内的本質に関わる隠れた神）に捧げられた《牡羊》を表象している。カルデア人たちは、十二宮の第一を表す天上の動物を「ルー・リム」（先頭の羊）と呼んだが、それは星々の群れを先導するように現れるからであった。それは農業の神であるインミシャラのお気に入りであり、冬の寒さに埋もれていた自然を活性化する春の太陽の豊饒な熱気を象徴していた。したがって、再生、生命の改新、贖罪の概念は、ずっと昔からユダヤ＝キリスト教のいけにえの小羊の象徴と結びついていたのだ。

　さらに子羊と火は、有名なヴェーダのアグニ神と関係づけられていて〔後記138頁参照〕、これは極めて古い宗教儀礼で十字に組んだ木から取り出される聖なる炎であった。そこにはアーリア人の用いた道具、いわゆる「スヴァスティカ」〔まんじ〕、鉤十字 卐 への暗示も見るべきであるが、それはカタコンベ〔地下墓所。初期キリスト教徒の礼拝所となる〕のキリスト教徒たちにとってなじみ深い先史時代の表徴であった。

『形成の書』〔『セーフェル・イェツィラー』とも呼ばれるカバラの基本文献〕では《牡羊座》はヘブライ語の第五の文字である ㄇ（ヘー）に結び付けられている。このカバラの論考はその他すべての帰属については我々の見解と遊離しているが、この点に関しては一致している(1)。

　もしタロットが『形成の書』から着想を得ているのであれば、第2アルカ

（1）22個の文字は、三つの〈母なる文字〉（四基本元素のうちの三つ）、七つの〈二重文字〉（↗）

ナは太陽、第11アルカナは月を表徴すべきだろう。しかしこの二つの天体は第19と第18アルカナに相当している。

《牡牛》は元来、黄道宮の第一であったかも知れない。少なくともアッシリア語のアルプもしくはアラプは、ヘブライ語の最初の文字アレフと同様、「牛」を意味していた。しかるにこの文字は【奇術師】（1）に対応するので、このアルカナには《牡牛》と同時に《オリオン座》を関係付けることができると思われた。《オリオン座》はアレフの方形文字 א の形を天空に描いている。

《魚》と《アンドロメダ》が結び付けば、第17アルカナと関係させざるを得ない。それは確かに裸の娘が水の流れにかがみこんでいるところを示している。

黄道十二宮外の星座

第7アルカナを見ると、《大熊座》の俗名である〈ダヴィデの車〉に思い至らないわけにはいかない。その主要な七つの星はかつてセプテム・トリオネス（7頭の牛）と言われ、北の方角に「セプタントリオン」という呼称を与えることになったのである。

第21アルカナの【世界】は、植物で編んだ輪の中で走る裸の娘が描かれている。それは固定原理であり、宇宙の生命の渦の中心でじっと留まるためにのみ運動している。天文学的に言えば、それは恒星の回転軸たる〈北極星〉である。とすれば回転する花輪は黄道、「エゼキエルの輪」となり、カバラ的な四項で標し付けられている基点は、四福音史家、四季、四基本元素等に

（＼）（七惑星）、十二の〈単独文字〉（黄道十二宮）に分けられる。

〈母〉	א	空気（錬金術師の水銀 ☿）						
	מ	水（塩 ⊖）						
	ש	火（硫黄 🜍）						
〈二重〉	ב	太陽	☉	ר	水星	☿	פ	土星	ה	火星	♂
	ג	金星	♀	כ	月	☽	ד	木星	♃
〈単独〉	ה	牡羊	♈	ח	蟹	♋	ל	天秤	♎	ע	山羊	♑
	ו	牡牛	♉	ט	獅子	♌	נ	蠍	♏	צ	水瓶	♒
	ז	双子	♊	י	乙女	♍	ס	射手	♐	ק	魚	♓

対応する。

天使	獅子	牛	鷲
聖マタイ	聖マルコ	聖ルカ	聖ヨハネ
冬	夏	春	秋
水	火	土	空気

　極の近くでは《小熊座》と《ケフェウス座》が輝いている。エチオピアの王〔ケフェウス〕は王冠を載せたターバンを巻いているが、【狂人】の帽子と類似がないわけではない。さらに、《ケフェウス》は《熊》を踏みつけにしているが、これは狂人の脚に嚙みついている山猫に換えられよう。【狂人】はおまけにエチオピア人の黒さとも良く適合する。

　さらに黒は、【女教皇】（2）にも合致し、それは天蓋付きの玉座に座ってヴェールをかけた姿で表される《カシオペア》に対応する。結局それはイシス〔古代エジプト神話の女神。オシリスの妹であり妻〕のことであり、『雅歌』〔1章〕の「黒いけれども愛らしい」妻であるとともに、『黙示録』〔12章〕に描かれた「身に太陽をまと」った女のようである。

　ケフェウスとカシオペアの娘が《アンドロメダ》であり、海の怪物となった《魚》（17）に脅かされている。しかしこのアフリカの女王は《ペルセウス》に救われ、ペルセウスの姿は【吊るされた男】（12）に見出すことができる。どちらにおいても、思考の力が暗示されている。【吊るされた男】の中で一時的に無力であったが、ペルセウスの中で、思考は働き出して嘘（メドゥーサ）に勝つ。この繊細な英雄はプルトン〔冥府の神〕から「隠れ兜」を受け取り、さらに恐ろしいメドゥーサの顔をつけたミネルヴァの盾で身を守り、メルクリウスの踵のおかげで足に翼が生えていたことを忘れてはならない。【吊るされた男】と同様、腕は使えない状態だったので、余計に思考は感応力が強く、思考の神秘的な勝利を象徴するとしか考えられない。

　天空の領域の《馭者》は、全動物を導くパン〔牧羊神〕に他ならない。この神の背中にはアマルテイアの山羊〔幼少のユピテルを育てた牝山羊〕と、2匹の子山羊が乗っている。この三者は両側に男女の小悪魔を従えた【悪魔】（15）に対応する。秘教的な観点からするとこの対応は厳密である。

《白鳥》はレダの白鳥である。天上の火であるユピテルが白鳥の姿となって人間の女レダと交わり、カストルとポルックス、すなわち黄道十二宮の《双子》(19)が生まれた。女を孕ませる鳥はここで〈聖霊の鳩〉を思い起こさせ、第20アルカナの【審判】がこの象徴を天使に変えた。それは地の中に普遍の息吹を浸透させ、内部の種の発芽を促すのである。

《極の竜》〔《竜座》〕は【狂人】を狙う〈鰐〉に相当する。恐るべき破壊者として、第13アルカナ【死神】と並べてみる価値がある。

《竜》は隠秘学者たちが〈門口の番人〉と呼ぶものである。秘儀参入者はヘスペリデスの園に入って名高い金の林檎を勝ち取るために竜を倒さなければならない。それを行ったヘラクレス〔《ヘルクレス》〕は、タロットの【皇帝】(4)と同一視が可能である。第4アルカナの鷲はそこから《禿鷲》〔《琴座》の古い呼び名〕に関係するだろう。

こうして【隠者】(9)を除くすべてのアルカナが天空に場所を見出したが、残る【隠者】は《牛飼》と同一視せざるを得ない。この名は7頭の牛──セプテム・トリオネス──を思い起こさせ、それを導く《乙女》エリゴネ(【女帝】(3))の夫または父である農夫〔イカリオス〕と見なされて、キリスト教的観点から隠者=《牛飼》は聖ヨゼフ〔イエスの父〕と混じり合うだろう。

ギリシア天球図の全体的象徴

古代人は天空を四つの領域に分け、それぞれを四つの基本元素に結びつけた。

〈土〉には春の星座が属する。《牡羊》(5)、《牡牛》(1)、《双子》(19)そして《オリオン》(1)、《兎》が南に、《馭者》と《山羊》(15)、《大熊》(7)、《小熊》(21)は北に属している。

〈火〉には夏の星座が帰属する。《蟹(1)》(18)、《獅子》(11)、《乙女》(3)そして《大犬》と《小犬》(18)がまだ地上の自然に関与し、それは《牛飼=農夫》と同様で、ケレス〔ローマ神話の豊穣の女神。獅子が曳く車に乗る〕の獅子が収穫物を実らせたのである。

(1)第18アルカナのザリガニは赤色をしていて、正に火の性質を示している。

〈空気〉は《鷲》、《禿鷲》、《白鳥》（20）（これは同時に〈水〉にも関わる）と《ペガサス》〔《ペガスス座》〕（〈土〉にも関係する有翼の馬）によって表現される。黄道十二宮では、この元素は秋の星座——《天秤》（8）、《蠍》（16）、《射手》（6）——を持っている。

〈水〉は《山羊》〔《磨羯》〕（10）に始まるが、高みを求める点で〈空気〉と、鱗で覆われた尾によって〈水〉と関係する。《水瓶》（14）と《魚》（17）が冬の星座を完成する。そこに《海豚》と《鯨》と《エリダヌス》の川が合し、〈土〉に還る。

中心では、すべての元素、しかし特に〈水〉と〈火〉が関与する《極の竜》がうねうねと身をくねらせている。その近くには《ヘルクレス》（4）、《蛇遣》（16）、《ケフェウス》（0）、《カシオペア》（2）、《ペルセウス》（12）が複合的な自然に関与している。

これらのデータと、その前のデータとを二つの表に纏める。一つはそれぞれのアルカナに対応する星座を単に示したもの。もう一つは22のアルカナを援用して複合的な天球図を示している。

タロットのアルカナ			星座と黄道十二宮	
א	1	【奇術師】	《オリオン》、《牡牛》	♉
ב	2	【女教皇】	《カシオペア》 —— エチオピアの王《ケフェウス》（【狂人】）の妃	
ג	3	【女帝】	《乙女》 —— 《牛飼》の娘	♍
ד	4	【皇帝】	《ヘルクレス》、《禿鷲》、《冠》	
ה	5	【教皇】	《牡羊》	♈
ו	6	【恋する男】	《鷲》、《アンティノウス》、《射手》	♐
ז	7	【戦車】	《大熊》	
ח	8	【正義】	《天秤》	♎
ט	9	【隠者】	《牛飼》もしくは《農夫》	
י	10	【運命の輪】	《山羊》	♑
כ	11	【力】	《獅子》	♌
ל	12	【吊るされた男】	《ペルセウス》	
מ	13	【死神】	《極の竜》	
נ	14	【節制】	《水瓶》	♒
ס	15	【悪魔】	《馭者》、《山羊》、《子山羊》	
ע	16	【神の家】	《蛇遣》、《蠍》	♏
פ	17	【星】	《アンドロメダ》、《魚》	♓
צ	18	【月】	《大犬》、《小犬》、《蟹》	♋
ק	19	【太陽】	《双子》	♊
ר	20	【審判】	《白鳥》	
ש	21	【世界】	北極星、天球全体	
ת	0	【狂人】	《ケフェウス》、《小熊》	

V
シンボリズムの諸観念
形体と色彩

四つの表意記号

　読者が既に了解されたように、タロットは〈数〉を基に構成されている。そして〈数〉は、アカデメイアの入口に「幾何学を知らざる者、この門をくぐるべからず」と記したプラトンが親しんだ幾何学と密接に結び付いている。

　確かにプラトンはユークリッドの学問を軽んじはしなかったが、むしろ幾何学的図形を基に推論することを教えるピタゴラス的手法を好んで目指していたのではなかっただろうか。いずれにせよ、中世のヘルメス学者たちの複雑な表意記号は、次の四つの根源的記号に還元される。

$$\bigcirc \quad + \quad \triangle \quad \square$$

　これらの図形のうち、三つは閉じていて、確たる実体、物質に対応している(1)。それに対して十字は開かれているので、確固として把握可能なものはなんら表現せず、状態の変化、あるいは一つの存在もしくは実体によって被る製錬を示す。そのため、錬金術の表意記号において十字は決して単独では現れず、常に三つの閉じた記号のどれかと結びつけられている(2)。

（1）バルディーニのタロット（上記41頁参照）の【幾何学】はフランス国立図書館のオリジナルから取った模写が示すとおり、ヘルメス思想の表意記号の基本図形三つ〔○□▽〕を描いている。
（2）錬金術記号の表では〈酢〉の象徴として ✳ が現れるが、表意記号の論理からして、この逸脱を正当化できるものはない。

円

　幾何学で大きさを持たない点は〈無〉であるが、一つの方向に動けば直線を生むし、全方向に拡がれば円を生み出す。しかし、このように作られた円が何に対応するかと言えば、〈虚空〉以外にあり得るだろうか。それは数字における〈ゼロ〉であり、タロットでは【狂人】の数となる。錬金術ではこれを〈アルン〉〔明礬〕（他の〈塩〉、鉱物、金属にとっての基本的〈塩〉(1)）の記号としている。この定義は、普遍物質の概念を思い起こさせる。それは知覚できないほど微細化して、万物の内的本質、すべての物質のエーテル的、非物質的原理を構成する。

　宇宙空間の無限の虚無の中に溶解しているこの物質は、どこにあっても変わることなく、カルデア人の天地創造の詩(2)では万物の父たる底なしの深遠アプスーの妻ティアマトとして人格化されている。ギリシア人はこれを尾を噛む蛇〈ウロボロス〉の表徴として示したが、その銘は「〈一〉にして〈全〉」である。それはすべてがそこから発し、そこに戻って再びそこから発する〈混沌〉であり、〈全〉なる〈虚無〉、『創世記』の〈光あれ〉以前の〈闇〉である。

　創造の業は、円の中心に一つ点を記しただけの記号 ⊙ によって具象化される。それによって混沌 〇 はもはや「不定形の空虚」ではなくなる。振動の発生源が混沌を光で溢れさせるからである。運動し変化するものの中心でひとり固定して不動である調整役の太陽 ⊙ が、虚無から永続的に引き出すすべての創造の軸となる。同じ記号が〈金〉にも付与されるが、それはこの金属がいつまでも変わらず固定している故である。

　これと対照的に、高貴な金属である〈銀〉は、輝きはするものの変化は被

（1）Dom Antoine-Joseph Pernéty（サン＝モール修道会のベネディクト派修道士）, *Dictionnaire Mytho-Hermétique*, Paris, 1758, Alun の語、p.27.
（2）Paul Dhorme, *Choix de textes religieux assyro-babyloniens*, Paris, J. Galbalda, 1917.

り、月 ☾ に喩えられる。形が変化し、星座の間を気ままに運行するからである。さらにこれら二つの大きな天体に対し、一連の概念が関係付けられる。その概要は以下の通りである。

☉	☾
太陽	月
男	女
能動性	受動性
能動者	受動者
放射された光	屈折した光
理性	想像力
オシリス	イシス
ヤキン	ボアズ
金	銀
固定	運動
不変性	可変性

　太陽 ☉ の記号は常に変わることがないが、三日月は両先端を右にも左にも、上にも下にも向けることができる。上向きと下向きの場合では、意味が根本的に異なる。先端を上に向けたとき ☽、自らの下にあるものに打ち勝っているのに対し、下に向けたとき ⌣ は、その上にあるものに従属している。

　かくして、〈アルカリ塩〉♉ は月 ☽ に従属する原初物質 ○ を表しており、言い換えるなら〈大いなる作業〉の〈第一質料〉のように、無限に変化することが可能である。それは自然と人為とによるすべての変化を被りうるのである。錬金術的表意記号 ♉ は《牡牛座》の占星術記号 ♉ から想起され、それは植物界のありとあらゆる変種を生み出せる豊饒な土地に関係する。しかるに〈土〉は後に見るように ▽ によって表され、♉ によって ♉ に容易に還元される。

　上下を逆転した記号 ♉ は〈岩塩〉に対応し、それは可能な製錬がすべて達成されて不変となった精錬済み物質であり、〔変化する〕月 ⌣ を足下に踏み

つけている。

十字

　古代フェニキア人のタウもしくはタヴを表す ＋ ほど自然な図形はない。セム語ではこれは印、切り込み、特に文字を意味し、恐らくそれは、文字を知らぬ者の手が自ずとこのサインを描くからであろう。

　この普遍的記号は２本の線から作られている。１本は水平、横向き、寝た状態、受動的、女性的であり、もう１本は垂直、縦、立った状態、能動的で刺し貫き、受胎させる男性的エネルギーの活動を表現するかのようである。したがって、十字 ＋ は、死に関連付けられるどころか、本質的に生命、豊饒なる交合、実体化する力の記号である。

　一つの記号の上に置かれれば——♀ ♁ ♀——、十字は達成、完成を示す。その逆の配置——♀ ♠ ♀——では、行うべき作業、展開すべき隠れた潜在性を意味する。

　円の中に描かれれば ⊕ 、十字は物質 ○ を活気づかせ、命を与えて生命流体に変化させる。それは生命の凝縮であって、植物、特に葉叢や緑葉において観察される。そこから錬金術師の〈酢酸銅〉もしくは〈緑青〉 ⊕ との同一視が生じる。生命力は能動と受動に両極化され、一方で〈硝石〉 ⊕

——すさまじく爆発的な〈塩〉、爆発的燃焼を生みながらも能動的なエネルギーの源——を、もう一方で〈海塩〉 ⊖ ——穏やかで安定しており、回復のための休息と均衡に常に向かうもの——を産む（フリーメイソンのシンボリズムで垂線に対抗する水平〔水準器〕にあたる）。

　生きとし生けるものの中で、能動と受動は三つの界に応じて異なった割合で結び付いている。十全たる生命 ⊕ は能動性と受動性が同等であるために、植物の属性となっている。その穏やかな生命は、〈硫酸塩〉 ⊕ によって表象される動物の生命よりも能動性が少ない。これと対照的に鉱物は受動的に生きており、その魂は部分的にしか能動的でない ⊕ かのようである。鉱物は生きていない、と言いたくもなるが、鉱物は鉱物なりに生かされているのだ。

　鉱物的生命の記号 ⊕ は、十字を上に載せれば ♁ 、〈世界〉の表意記号と

なる〔後記246頁参照〕。ヘルメス学者たちはそこに至高の権力の表徴（インペリアル・グローブ）を見たが、それは〈世界霊魂〉と結び付いた神秘的な力である大いなる魔術的動因の助けを借りて、奇跡が達成されるからである。

　昇華された鉱物 ♁ の記号を横に倒すと、〈青硫酸塩〉 ⊕＋ の記号になるが、受動的な女性的動物流体と関係し、〈緑硫酸塩〉 ⊕➡ によって表される能動的な男性的磁力がこれと対立する。矢印は自らの外への放出、他に及ぼす作用を示す。横についた十字はこれと反対に、豊饒なる交合を暗示する。

　これらの記号——♁ ⊕ ♀——を比べれば、つぎのような区別に到達する。

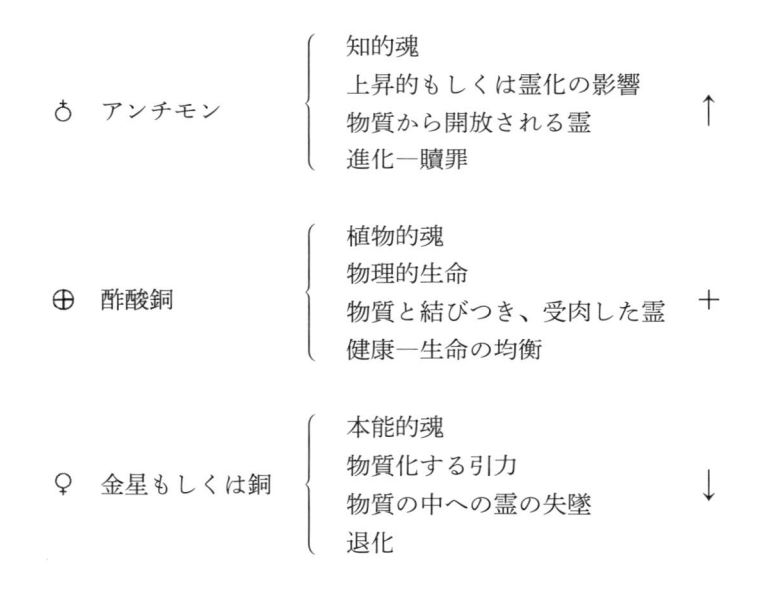

♁	アンチモン	知的魂 上昇的もしくは霊化の影響 物質から開放される霊 進化―贖罪	↑
⊕	酢酸銅	植物的魂 物理的生命 物質と結びつき、受肉した霊 健康―生命の均衡	＋
♀	金星もしくは銅	本能的魂 物質化する引力 物質の中への霊の失墜 退化	↓

惑星の記号

　恒星は天空に釘付けされていてお互いの距離をいつまでも保ち続けるが、それらの間を彷徨う天体もある。それが〈惑星〉であり、古代人はこれらを太陽および月と同列に置いた。その結果、次の七つにはすこぶる大きな特権が与えられ、今日まで曜日の名前によって特別視されている。

☉	太陽	金	日曜
☽	月	銀	月曜
♂	火星	鉄	火曜
☿	水星	水銀	水曜
♃	木星	錫	木曜
♀	金星	銅	金曜
♄	土星	鉛	土曜

　これらの記号の内の三つ、☉ ☽ ♀ について読者は既に承知されている。火星 ♂ についてもさほど難しくない。というのも、〈緑硫酸塩〉 ⊕ は戦闘的・攻撃的な生命力に対応し、戦の神によって人格化される活動欲や闘争本能から刺激を受けるからである。

　これと対照的に、〈青硫酸塩〉 ⊕ は金星 ♀ から吹き込まれるもので、火星による破壊を修復する、休息と停滞、優しさを人格化したものである。

　これに加わるのが太陽 ☉ と月 ☽ の対立（92頁で言及）および木星 ♃ と土星 ♄ の対立である。後者の二つはどちらも十字と三日月を組み合わせた表意記号を持つ惑星である。

　しかし、変化の象徴 ☽ は ♃ において十字の横棒に付着していて、これを支配しようとしている。それに対して ♄ では十字の縦棒の下に掛かっている。ここから、木星 ♃ と ♀（金星）はこれから行うべき錬成に関係し、土星 ♄ はアンチモン ♁ と全く同じように、完成した業を暗示すると結論できる。しかし、二つの記号とも三日月が働いている以上、どちらの場合も変化の作業であることに変わりはない。これらの違いは、以下のように明示できる。

♃ 木星 = 錫	♄ 土星 = 鉛
〈三日月の下の十字〉	〈三日月を支配する十字〉
種子の中に潜在する変成作用	完成した製錬
成長、若さ	衰退、老い
〈横棒への付着〉	〈縦棒からの吊り下げ〉
物質化	霊化

　七つの惑星の中心にある水星 ☿ について言うとその記号は ♀（金星）の上に三日月 ☽ が載った形、もしくは十字の上に ♃（アルカリ塩）が載って作られている。したがって、退化的変成を受ける生命力 ♀ であると同時に、活動的で豊かなものとなった原初物質 ☿ でもある。実際、錬金術師の〈水銀〉は生命の普遍的基盤であり、ありとあらゆる適用を行うことが可能である。

　三日月の代わりに《牡羊座》の記号 ♈ を置けば、〈賢者の水銀〉の表意記号 ☿ が得られる。この刺激物質は胚種の中心にまで入り込んで、これを発芽させる。この媒介者を通じて、生きとし生けるものは同じ普遍的生命に活かされるのである。

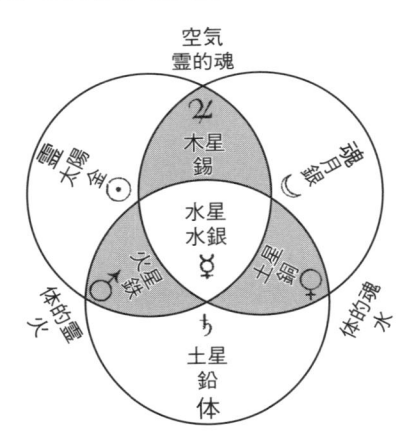

　水銀の記号 ☿ を逆転させると〈天の女王〉☿ の図形としてのみ出会う表意記号が得られる。そこでは〈アンチモン〉♁（知的魂）が、滅ぶべきもの、変化すべきものを表す三日月 ☽ を支配している。あるいは十字を上に頂く（つまり至高の純化に到達した）〈岩塩〉☖ かもしれない。

　七惑星についてはお互いの関係を明示した左の図を見れば、研究が容易になる。

三角形

　ヘルメス学者の〈基本元素〉は現代化学の「単体」とは全く共通点が無い。というのも、我々の感覚に捉えられるのは「基本物質」だけであって、〈基本元素〉それ自体は頭で理解するしかないからである。この四大は物質化す

ることなく、すべての物質を規定している。物質化を行う潜在的性質が混沌を分化し、〈乾〉と〈湿〉、〈冷〉と〈暖〉によって表される性質をすり込むのである。

　それらはなぜ三角形によって表されるのであろうか。恐らくそれは先端が細く立ち上る炎としての〈火〉△、もしくは〈水〉を受ける用意のできた杯▽を思い起こさせるためであろう。次いで〈空気〉△は、横棒を入れて受動的にされた〈火〉△と見なすことができ、〈土〉▽は同様に厚く、重く、固体化された〈水〉▽と考えられる。

表意記号	▽	△	△	▽
基本元素	土	火	空気	水
季節	春	夏	秋	冬
カバラの四項	牛	獅子	鷲	天使
星座	♉	♌	♏	♒
福音史家	ルカ	マルコ	ヨハネ	マタイ
惑星	土星	火星	木星	金星
金属	鉛	鉄	錫	銅
惑星記号	♄	♂	♃	♀
色彩	黒	赤	青	緑
基本性質	冷と乾	乾と暖	暖と湿	湿と冷

　極めて精妙な基本元素の理論について、タロットの作者たちはほとんど関心を寄せていないように思われる。しかし、ここに示した諸々の照応について知らないわけではなかった。

　十字は三角形と結び付くと硫黄🜍および〈完成した大いなる作業〉▽の記号を作り上げる。

　硫黄🜍は、命を与えられた万物の核に閉じ込められた〈火〉であり、対象を実体化する。〈賢者の水銀〉☿がこの〈火〉に風を送らぬ限り、生命は潜在したままである。可燃物質がなくなるまで生命の燃焼を保つのは水銀の息吹である（〈硫黄〉の〈油〉もしくは〈樹脂〉、〈根源湿〉〔哲学の石のもとになる湿った物質〕）。

〈大いなる作業〉は生命ある〈水〉▽ が一連の浄化のための蒸留を経たときに完成する ♄。そのとき魂は、諸々の試練を乗り越えて外に出、超越的な力を表すのである。

　注目すべきは〈水〉▽ が、神秘的にはすべての魂に固有の生命的本質に

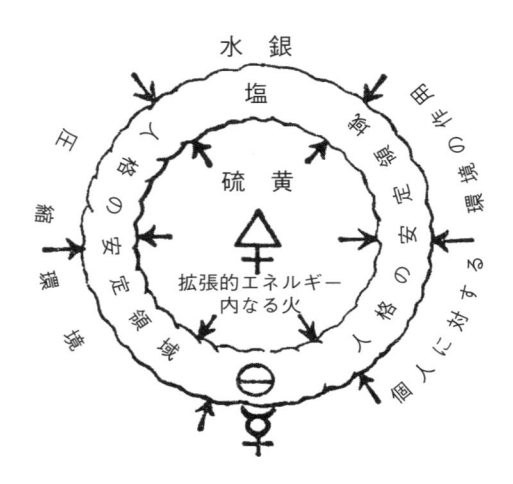

対応していることであり、同じ観点からすると、〈塩〉⊖ は人格の領域全体を表現し、内部の硫黄的エネルギー ♁ の拡張作用によって絶えず膨張させられ、同時に水銀的環境 ☿ の圧力により圧縮されている。以上が、〈硫黄〉♁〈塩〉⊖〈水銀〉☿ の三項の簡単な解釈であり、この三項にヘルメス思想全体が基づいている。

四角形

　未だ分化していない混沌物質 ○ は、基本元素四つの協同作用を受けて、五感に把握可能な質料 □ に変化する。元素間の引力の一体となった対立が、無定型なものに形を与え、均衡を維持する。これがすべての顕現の不可欠な条件である。
　正方形 □ は理想的な均衡を意味し、健全性および聖性となって現れ、直

角定規によって自らを完璧な立方石 □ に削り上げた熟達者、ひいては〈哲学の石〉⚱ を見出した賢者によって具現化される。ここでも十字は、土星 ♄ や〈アンチモン〉♁ や〈大いなる作業〉の完成 ♆ の表意記号と同じく、完成を徴し付ける。それは物質性を克服した結果、物質が霊の現れの不可欠な支え、既に天上化した魂を身体的活動に留める重しでしかなくなった個人の完成である。

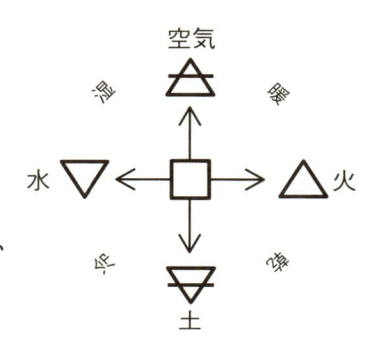

〈賢者の石〉⚱ には〈酒石〉♎ が対立する。高さよりも幅が大きい長方形は、ほとんど霊化していない質料を示すが、豊饒なる利用の印である十字と、正確な角のおかげで卑しいものではあり得ない。それは徒弟たちが定められた建造の業に従って四角く切る、荒削りの〈粗石〉に相当する。かくして、石の三つのアスペクトは次のように対応する。

♎	□	⚱
粗石	立方石	哲学の石
徒弟	職人	棟梁
J∴	B∴	M∴
若年	成年	老年
学ぶ	実践する	教える
生まれる	生きる	死ぬ
♃	♂	♄

〔「∴」はフリーメイソン関係の用語の省略符号として用いられる。J∴、B∴、M∴はそれぞれ同位階の者同士の合言葉「ヤキン」「ボアズ」「マク・ベナク」を指すと思われる〕

色彩

　プリズムは白色光を三つの色——赤、青、黄——に分解するが、この観点からするとこれらは、〈霊〉、〈魂〉、〈体〉もしくは〈硫黄〉🜍 、〈水銀〉☿ 、

〈塩〉⊖ に対応する。同様に、二次的な色彩である紫、緑、橙は、〈霊的魂〉、〈体的魂〉もしくは〈生命力〉、〈体的霊〉と類縁性がある。

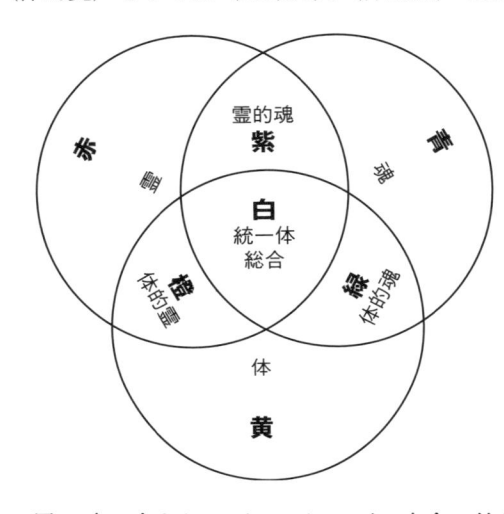

より一般的には、色彩のシンボリズムは次のように規定できる。

白は総合的で、汚れ無き雪を思い起こさせ、純粋、無垢、純真、忠誠、調和、和解、平和の意味となる（初聖体拝領者や花嫁の白衣、オレンジの木の花、国会議員の白旗）。それはまた廉潔、誠実、良心、とりわけ黒との対比のもとに、〈存在〉と〈光〉の色である。

というのも、〈虚無〉は闇の黒に映し出されるが、これは死、宿命、絶望、幻滅の色であり、そしてまた深み、真剣、厳格、寡黙な熱中、陰謀、神秘の色でもあるからである。肥沃な〈土〉は黒い。いかなる策も、口の軽い者たちから隠すため、秘密裏に、暗闇で成就する。

灰色：灰、かつて生きたものの破壊されぬ残存。無気力、無関心、無頓着、優柔不断、卑屈、貧しさ、悲しさ、控え目。

赤：〈血〉、活性原理、〈霊〉、活動、霊的な火、熱意、愛情、勇気、エネルギー。

緋：霊性、理性、意志、支配。

青：大空、沈思、敬虔、忠誠、信仰、〈魂〉、穏やかさ、善意、感受性、感情、愛着、理想、〈空気〉△ 。

紫（赤と青の混合）：知性、分別、神秘主義、教育、理性と感情の調停。

黄（紫の補色）：光の放射、客観的顕現、〈体〉、固定、安定、収穫、蜂蜜、労働によって獲得された富。

橙もしくは深紅（青の補色）：炎、物質的な火、激しさ、情熱、獰猛、残忍さの本能、利己主義、活動欲求、火星 ♂ 。

緑（赤の補色）：植物、生命流体、活動的な火を育てる水、金星 ♀ 、好色、憂愁、怠惰。

　藍：瞑想、経験、知。

　茶〔褐色〕：木、生存、伝統、迷信、集中、孤立、遠慮、慎み。

　ピンク（肌色）：およそ人間的なもの、人間に関わることすべて。

　金：知的完成、〈霊〉の宝、明白な真実、不滅の財。

　銀：道徳的完成、〈魂〉の宝、正当化された信仰、心情の高貴さ、想像力の純粋性。

VI
タロットとヘブライ文字

———

　22という数字は、タロットのアルカナをヘブライ文字と明らかに結びつける。この数は他のどの系列にも対応しないからである。このことはタロットの表象がカバラ学者の聖なるアルファベットの形から着想を得たと考える理由になるだろうか。いくつか偶然の一致はあるにしても、意図して系統的に当てはめたと結論することはできないだろう。

　それでも、【奇術師】（1）の傾いた上半身は、両腕と共にアレフ 𐤀 を描いていることは指摘すべきである。

　一方、【神の家】（16）の上から落ちる王は、アイン 𐤏 の形を思い起こさせる。

【正義】（8）の天秤の中にヘット 𐤇 の形も見て取れた。

　それに対して、テット 𐤈 の中に【隠者】（9）の頭と右腕とランプを見るためには、いくぶん熱意が必要である。

【力】（11）が手なずけるライオンの空いた口は、カフ 𐤊 を確かに描いているが、逆向きである。これに重きを置くのは行きすぎであるように思われる。

【吊るされた男】（12）の両脚については、ラメッド 𐤋 の動きを強いて言えば再現しているが、本当に考慮に入れるべきだろうか。

　ただ、【死神】（13）が鎌に身を屈めている姿は、はっきりメム 𐤌 の形を描いている。

　しかし、【節制】（14）の両腕は、実際にヌン 𐤍 の形を示そうとしているだろうか。

　それならば、【星】（17）の娘はフェー 𐤐 の中に反映されていよう。

　さらに【月】（18）のザリガニは、ツァディ 𐤑 の中に形を見出してもいいだろう。

たとえこれらの対応が正しいとされたとしても、それはタロットが中世に始まることを示すのに貢献するだけである。というのも、これらは最も古いパレスティナのアルファベットではなく、方形ヘブライ文字の形に還元されているからである。しかるに、印刷術の発明によって最終的に定められた文字は、原初の形とは全く異なっている。

　ヘブライ文字が被った変形の概要を読者に示すため、紀元前9世紀から文字の形が変わっていった様子を示す表を掲げる。年代が分かる最も古い碑文は実際、紀元前895年頃、モアブ王メシャが刻ませた有名な石碑（ルーブル美術館所蔵）に遡る。

　表には文字の名と、この名に与えられた意味、さらに通常行われるアルファベット表記を付け加えた。

1	𐤀 𐤀 𐤀 𐤀 א	アレフ	牛		A
2	𐤁 𐤁 𐤁 𐤁 ב	ベイト	家		B
3	𐤂 𐤂 𐤂 𐤂 ג	ギメル	駱駝		G
4	𐤃 𐤃 𐤃 𐤃 ד	ダレット	門		D
5	𐤄 𐤄 𐤄 𐤄 ה	ヘー	窓		E
6	𐤅 𐤅 𐤅 𐤅 ו	ヴァヴ	鉤		V
7	𐤆 𐤆 𐤆 𐤆 ז	ザイン	武器		Z
8	𐤇 𐤇 𐤇 𐤇 ח	ヘット	垣		H
9	𐤈 𐤈 𐤈 𐤈 ט	テット	泥		Th
10	𐤉 𐤉 𐤉 𐤉 י	ヨッド	手		J
11	𐤊 𐤊 𐤊 𐤊 כ	カフ	掌		K
12	𐤋 𐤋 𐤋 𐤋 ל	ラメッド	付き棒		L
13	𐤌 𐤌 𐤌 𐤌 מ	メム	水		M
14	𐤍 𐤍 𐤍 𐤍 נ	ヌン	魚		N
15	𐤎 𐤎 𐤎 𐤎 ס	サメフ	柱		S
16	𐤏 𐤏 𐤏 𐤏 ע	アイン	眼		O
17	𐤐 𐤐 𐤐 𐤐 פ	フェー	口		P
18	𐤑 𐤑 𐤑 𐤑 צ	ツァディ	投げ槍		TS
19	𐤒 𐤒 𐤒 𐤒 ק	クフ	猿		Q
20	𐤓 𐤓 𐤓 𐤓 ר	レーシュ	頭		R
21	𐤔 𐤔 𐤔 𐤔 ש	シン	歯		Sch
22	𐤕 𐤕 𐤕 𐤕 ת	タヴ	十字		T

第 二 部

中世の
秘められた知恵に関わる
22のアルカナの
シンボリズム

象徴の言語

　ここまでタロット全体について行ってきた説明に照らして、読者は一つ一つのアルカナを個別に考察する分析に臨めば、得るところが多いと思われる。22の構図が謎を提示しているのに対して、読者は慧眼を以て細部のシンボリズムを自ら理解しなければならない。思考を促すための沈黙の絵図を前にして、自分自身の内に隠されたものを発見するのが読者の務めである。

　けれども、精神の目を閉ざしている者に、魔法の鏡は何も映し出してはくれない。哲学的な視点がなければ、霊的な知覚もあり得ない。この領域では、主体的な思考による連想を展開して初めて、人はものを知覚することができる。自分自身に見えていないものに人を近づけることはできない。ものを考え、思索し、とりわけ掘り下げることを、他人に代わって行うことはできないのだ。タロットのような象徴の集成について延々と語り続けることほど容易なことは無い。しかし無駄な饒舌は、沈黙せる書の著者たちの意に反するものである。

　そのような行為に身を委ねることは控えたい。渇きを覚えている人々に向かって水をふんだんに与えるよりも、源に導いて行って、そこで自ら心ゆくまで水を汲んでもらうことを我々は好む。

　包み隠さず言えば、本書が示す概要は、決定的に不完全であり、恣意的なものである。不完全だと言うのは、タロットがおよそ想像できるものすべてを暗示するからであり、恣意的だと言うのは、筆者の個人的視角からのみ調べ得たことだからである。よってタロットを調査せんとする者は、筆者の行った発見のみで満足してはならない。本書の探求の結果は、一つの道の杭打ちとなって表される。しかし神秘の探索を熱望する人にとって、その道の右にも左にも、魅力的な野が大きく拡がっている。各人が本書の道しるべを利用しつつ、自らの性向と好みに従ってそこに身を投じてもらいたい。

　これらの道しるべを能うかぎり立てるにあたって、自分が道に迷わぬよう

にしようという意図はあったが、我々がまっすぐに身を投じようとした膨大な領野全体を知らしめようという野望は持たなかった。我々の辿った道筋は安全性に配慮してある。というのも、手にしている制御手段をすべて援用して道を定めたからである。しかし、我々の後から受け身の姿勢で従うだけでは十分ではない。我々は「実行力のある参入志願者たち」のために本書を執筆したのであり、彼らの持つべき野心とは、必要不可欠な精神の作業に没頭して、秘儀に自らで参入することである。

　世俗の事柄であれば、教師の話に耳を傾けて学ぶことができる。しかしイニシエーションにおいてはそうではない。本当の秘儀は永遠に伝達不能なままであり、口伝えで教えられるものではない。秘儀を手にするためには、自分自身の内部にそれを発見して、霊的に吸収する必要がある。

　発見は象徴を通じてなされるが、人間の言葉による刺激を待たず、事物の沈黙せる外見を見ただけで思考が目覚める自律した思索家にとって、象徴は雄弁なものとなる。学校で多弁を用いて知識が教えられるようになって以来、人間は残念ながら、考えるという習慣を失ってしまった。事物は我々に何も語りかけず、我々は事物を前にして呆けたままである。我々が読み取れるのは文字に書かれたことだけであり、もはや図像の意味を見抜くには至らない。それは、精神を打ち負かした、死せる文字の勝利である。考えることを学ぶためには、教科書を閉じ、言葉の発する雑音から逃れるべきである。

　自然の表意文字たるヒエログリフを解読しようと熱中した古代の賢者たちの弟子は、沈黙から学んだ。彼らにとってすべての形体は表現力を持ち、単純至極な図から深遠な見解が喚起された。こうして彼らは、プラトンが好んだ哲学的幾何学を構想したのである。線と図形に関係付けられた抽象概念に、証明と定理が適用された。印刷術が支配する今の世、人間の精神が糧としている安易な読書とは異なる形で、点、十字、円、三角形などが沈思黙考の材料となり、思考の力を成長させたのである。

　貴重な百科事典の類がもたらしてくれる恩恵を捨てることなく、図像に立ち返ろう。それは本当の人間精神の尊厳にまで上昇するためであるが、物言う機械か学者ロボットのようにべらべらと教えを伝えるよう躾けられた鸚鵡は、そのようなものは顧みないであろう。借り物の思考の支配から精神を解き放ち、自分自身からのみ発する概念を手に入れんとする努力に、タロット

は人々を差し招く。

　我々を導き手に選ばれた読者にも、この努力を求めたい。我々が提示する解釈は、探求する者の精神のレンズに焦点を合わせるため、制御し、修正しなければならない。シンボリズムは本来、どこまでも暗示的なものに留まる。各人が、自分の視力で知覚できるものをそこに見て取るのである。洞察力がなければ、深遠な事柄は知覚できない。

　皮相な概念に比して、深遠な思考に通常宿る観念は、あやふやで不明確であるように思われる。そのことは甘受しなければならない。というのも、言葉をいくら使用しても、通常の平凡な知的交流に役立つものしか明確にはならないからである。表現法としてのシンボリズムは、実証的な作業や世俗の教えを拒むものがある。沈思黙考し、深く掘り下げることができる者にのみ、それは語りかける。ただし、理性で考えつつも、想像力を持ち、物事の詩的側面にも入り込むことが要求される。したがって、散文的にのみ考えようとする者にとって、象徴は不可解なままである。

　かつて、書を読むことが少なかった時代、人は今よりも心の内で黙して自らに語りかけていた。古代人の精神は、哲学的な夢想というペガサスに乗って、詩人たちとともに思想の天空に駆け上っていくことを好んだ。日頃の地上的な歩みとは全く異なる、精神の飛翔を取り戻さねばならない。厳密な議論を行う当代の実証主義と、論理的に予言を行える〔vaticiner〕繊細な詩人（ラテン語の vates〔預言者〕）とが結びつかなければならない。完全な思想家とは〈見者〉〔占者〕〔devin〕となり、俗人にとって理解不能で謎に留まっていることを〈透察する〉〔占う〕〔deviner〕のである。

　現代において占術を軽蔑するのではなく、その業を回復することが望ましい。たとえ子供じみた無駄話に限られていたとしても、それは知性に対し、万人に閉ざされた扉を開くのである。それゆえ、タロットを特に占術の観点から研究しようとする人々を落胆させるのは控えよう。占術は全ての学問、哲学、宗教の母である。その原理においては尊重すべきものがあり、真剣に取り組む価値がある。

　タロットの22のアルカナがカード占い師に向かって示唆する占術上の解釈を本書が無視しなかったのは、この理由からである。

　これらの図像全体の喚起力は膨大なものなので、占い師が慣れ親しんだ道

具に従って数字による分類を行うに際し、いかなる観念も除外されない。い
ざタロットに語らせるというのであれば、およそ頭で考え得るすべては、22
のカテゴリーに還元されねばならない。それは土占い師が16個の分類に重き
を置き、占星術師がすべての概念を七惑星と黄道十二宮に関係付けるのと同
じである。

　この必然的な関係付けは、人を当惑させるような衝突や混乱を引き起こさ
ずにはいない。どの視点を選び取るかによって、同じ象徴に矛盾した解明が
与えられることがある。たとえ前兆が好ましくないものと解釈されても、良
い方向に取れば、全く異なった意味が立ち現れる。占いの実践に慣れていな
い読者は、こうした矛盾に囚われないでもらいたい。これらの矛盾は実質的
なものでなく、表面的である。

　無限に拡大可能な解釈の混乱をできるかぎり解きほぐすため、それぞれの
アルカナに対して、まずは最も超越的なレベルの観念から示すこととする。
次いで形而上学から精神的・心理的領域に移り、美徳、長所、適性を並べる。
最後に最も物質的な意味に降りて行き、悪徳、不幸、欠点を述べて終わる。
天上から出発して、地獄に到達するのである。

　精神の柔軟体操と考えられる占術は、占い師にひたすら「透察する」〔もし
くは占う〕よう強制して、自分で考えること、よって暗闇に隠されたものを見
分けるべく探求することを強いる。すべての試みが成功するとは限らない。
しかし誠実な努力は称賛に値するのであり、我々は人間精神の進歩のために、
その努力を支えるよう全力を尽くすものである。

I
【奇術師】

LE BATELEVR

手品師のような存在が、どうしてタロットの先頭に置かれ、〈第一原因〉の数である〈1〉の印を付けられ得るのであろうか。クール・ド・ジェブランは『原初世界』の第8巻で、この人物の選択を本質的に哲学的なものと見なしている。目に見える世界は魔術か幻術に過ぎず、創造主は他ならぬイリュージョニストか偉大なマジシャンで、手品によって我々を幻惑させているのではないだろうか。万物の普遍的な渦動によって人間は現実を見ることを妨げられ、未知の力の働きから作り出される外見の玩具になっている。

　したがって〈第一原因〉は【奇術師】である。しかし、〈第一原因〉はすべて活動的なものに影響を及ぼすので、タロットの最初の人物は、全体として活動原理全体に対応する。この宇宙にあってそれは神であり、宇宙で達成されるすべての事柄を暗示する者と見なされる。人間にあってそれは個人的な主体性の基礎、知覚・意識・意志の中心である。それは人間の人格を作り上げるよう促される〈自我〉である。個人は自らで自らを作り上げる使命を持つからである。

　自己創造の原理は、すらりとしてしなやかで、極めて敏捷な若者の特徴で示される。【奇術師】は身体を動かし続けずにはいられないように見える。スティックを用い、観客の注意を一身に引きつけ、絶え間の無い軽業、曲芸、そして表情の変化で人を陶然とさせる。彼の眼には知性のきらめきがあり、長いまつげが光の放射を強調している。その上に被った幅広の帽子は、横に寝かせた数字の8（ ∞ ）を描いている。

　数学者が無限大の象徴としたこの記号は、【力】（11）の冠り物や、プリス・ダヴェンヌ(1)が示すアスタルト〔豊饒多産の女神〕のスフィンクスの頭にも見られる。

　この横向きの光量を、頭からの活動的な放散が作る生き

（ 1 ）Prisse d'Avennes, *Histoire de l'art égyptien*, p.90.（Maspero, *Histoire ancienne des peuples de l'Orient classique*, II, p.157 による再録）

た領域と関係付けることは許されよう。人間は自分の周りに精神的な天空を担っているが、その領域では理性の太陽が、人知の及ぶ狭い範囲に閉じ込められた軌道 ∞ を経巡っているのだ。

　奇術師の微笑む顔は、アポロンのような金髪の巻き毛で縁取られているが、それほど心を開いているようには見えず、繊細さに満ちた人物は、思考の奥底まではっきり顕わにしようとしていない。

　潑剌としながら慎み深く、この若者は長方形のテーブルの後で立ち振る舞っているが、机の脚は三本しか見えない。それらの脚には ♠ ⊖ ☿ （〈硫黄〉、〈塩〉、〈水銀〉）の記号を付しても良いだろう。というのもそれは、客観的世界の三つの柱、人間の感覚が捉える基本的物質の支えだからである。

　この現象世界を表す台の上には三つの物が載っている。銀の〈杯〉、鋼の〈剣〉、金貨すなわち〈硬貨〉である。

　この円盤には護符の印が見え、奇術師が右手の人差し指を向けていて、自らの活動的な放散を集中させているかのようである。しかし硬貨＝護符は魔法のスティックが周囲から汲み出した発散物をここに集積しない限り本来の力を発揮できない。魔術師の左手が棒を硬貨の方に真っ直ぐ向けている動作はこうして説明される。それはこの不思議な集積装置である棒の青い玉に捉えられた天の火が、赤い玉によって対象に向けて目に見えぬ磁気を放射するのだ〔1899年版のカードでは棒の上が青い玉、下が赤い玉になっていて、こちらの方が本書の記述と合致しているが、1926年版（本書収録）、1966年版共に上下が逆転している〕。

　このスティックが、魔術師の持つ道具の四項を完成させる。その四項は四つの動詞に対応する。すなわち、知る（杯）、敢行する（剣）、意志する（棒）、沈黙する（硬貨）である。下の表は、とりわけ小アルカナを支配する〈四〉の類比関係を示している。小アルカナとは本書が扱う大アルカナの22個の象徴的構図に付属する56枚のカードのことである。

硬貨	剣	杯	棒
ダイヤ	スペード	ハート	クラブ
土	空気	水	火
ה	י	ה	׳
牛	鷲	天使	獅子

これらの神秘的な道具を所有するためには、基本元素に関わる試練を経ていなければならない。

　〈土〉に対する勝利は〈硬貨〉すなわちすべての行動に必要な具体的な拠り所を授ける。

　〈空気〉に勇敢に立ち向かうことによって、〈真〉を求める騎士は〈言〉の象徴である〈剣〉を手にし、誤謬の亡霊を蹴散らす。

　〈水〉に勝利するということは〈知恵〉を飲む〈杯〉、聖杯を勝ち取ることである。

　〈火〉の試練を受けて、秘儀参入者はようやく最高指揮権の印、〈棒〉を獲得する。それは至高の〈意志〉と一体になった自らの意志によって治める王の笏である。

　フリーメイソンのロッジでこうした試練を受けたかのように、奇術師は両脚の位置が直角を形作るように立っている。巧妙な手品師の足下で地面から顔を出しているように見えるつぼみのままのチューリップと両脚とが、直角定規の形を描いている。この花はイニシエーションがまだ初期段階であることを意味しているようである。というのも、【皇帝】（4）の前では花が開いており、【節制】（14）の傍では萎れているものの、【狂人】（22）の前ではまだ命を保っている。

　奇術師の服装は色彩が豊富だが、活動の印としての赤が勝っている。上着には五つのボタンがあり、恐らく〈第五精髄〉（体を衣服として纏う）を暗示しているのであろう。

　両腕の動きと上半身の傾きで、この人物は方形ヘブライ文字のアレフ 𐤀 を描いている。ただ、もしタロットがヘブライ語アルファベットと同時代に生まれたものならば、アレフの初期形 ≮ か ∀ に関係付けるべきだったということは言っておかねばならない。

　さらに、アレフの形は何よりも《オリオン》の形を正確に再現している。オリオンは天の《牡牛》の傍で、《プレヤデス》〔ギリシア神話のアトラスとプレイオネの7人の娘〕を追いかけている巨人である。それは諸々の星座

の中で、最も良く【奇術師】に関係付けられる。奇術師はイタリアのタロットでは靴直し職人になる。

占術上の解釈

　セフィロートの樹の王冠〈ケテル〉。万物の始まり。第一原因、原理＝統一体、純粋霊、唯一にして普遍的な思考主体、すべての知的創造物の〈自我〉に反映。

　主体性、行動の中心、自発的知性、分別と理解の鋭さ、機転、自制、自律、外部からの示唆の徹底的拒絶、全偏見からの解放。

　器用、熟達、外交的洗練。巧妙なペテン師、法律家──策略、狡猾、扇動。臆面の無さ、野心家、陰謀家、嘘つき、悪戯小僧、詐欺師、山師、人の善意につけこむ者──良きにつけ悪しきにつけ水星の影響。

II

【女教皇】

あらゆる活動の初発原因を人格化した【奇術師】（1）が、絶えず身体を動かし、休むことができないため立っているのに対し、【女教皇】（2）は穏やかに、沈黙して、近寄りがたく、威厳をもって身じろぐことなく座している。それは神秘に関わる女祭司であり、深遠な夜を司る女神イシスであって、その闇に人間の精神は女神の助けなくして入り込めない。

　右手は秘儀の書を半ば開いていて、左手に握る鍵を授けられなければ誰も読み取ることができない。事物の内面（秘教）を開くこれらの鍵のうち、一つは金製で太陽 ⊙（〈言〉、理性）に関係し、もう一つは銀製で月 ☽（想像力、直感的明晰）と類縁性がある。自然が多くの人々の目から覆い隠している秘められた事柄を見抜くためには、厳密な論理と卓越した感受性を結びつけねばならぬことを意味している。

　女教皇が吹き込む透徹性は、可感的な外見の裏に隠された実在を見抜くことに適用される。イシスが好む直感的な人間にとって、諸々の現象は真理を明らかにするための外壁であり、肉体の眼を向けさせて、精神の視力を働かせるよう促すのである。

　すべてが混じり合っている〈一〉（第1アルカナ）から外に出ると、我々は〈二〉、区別の領域に近づく。それはヤキンとボアズの二つの柱が立つソロモンの神殿の正面であり、聖域への入口を隠している微妙な色彩の幕を背にして、二つの柱の間に女教皇が座している。

　二つの柱のうち、一本は赤で一本は青である。前者は〈火〉（激しい生の情熱、男性的活動、錬金術師の〈硫黄〉 🜍 ）、後者は〈空気〉（生命の糧となる息吹、女性的感性、賢者の〈水銀〉 ☿ ）に対応する。すべての被造物はこの基本的二項対立から発する。すなわち父―母、主体―客体、創造主―被造物、神―自然、オシリス―イシス等。

　神殿の豪壮な正面は全体として、すべての現象的顕現、万人が観照することを許された無限に多様な外観の中にある客観性を象徴する。聖域に入り込むために持ち上げなければならない幕は、思考の生きた図像を投影するスクリーンである。その像は複雑な色合いの布が輝いて我々の目に映るが、風が吹いて襞が波打つため、絶えず揺れ動く刺繍の輪郭までは把握するに至らない。

　これらの図像は、女予言者たちに倣って〈アストラル光(1)〉を読み取ろう

と努める見者たちを魅了する。しかし真に秘儀参入を果たした者は入口にあるこれらの些細な気晴らしには目を留めない。それらは枝葉末節に過ぎないのだ。大いなる女司祭は、相手がそれに値すると思えば、第二のヴェールを開いてやり、自分の顔、そして何よりも自分の目の中を覗き込んで読み取ることを許す。女神から秘密を委ねられた者は、いかなる幻影にも惑わされることがない。「正しく想像力を働かせる」訓練を行ったことによって、事物の秘密を所有するからである。

　女教皇の教えは、実際に想像力に基づいているが、それは銀製の冠の上に載る三日月が教えてくれることである。冠には宝石を埋め込まれた二つの輪が嵌められている。額に接する輪は隠秘哲学とヘルメス思想の精妙な教説を暗示し、上方のもっと小さい輪は、崇高きわまりない思索の結果生み出される知的信仰、グノーシスの表徴である。

　神秘に仕える女司祭は濃い青の服を纏っているが、白く輝くステラが胸の所で斜めに交差している。それによって十字が作られ、その枝の各々に小さい付随的な十字が記されている。この全体から連想するのは、二つの未知数の衝突から生み出される光のおかげで、隠されていたものを顕現させる相互干渉である(2)。

　事物の謎を探求するために役立つものを永久に待ち望む人間精神は、神秘の闇に走る稲妻はどんなものでも利用する。よって幅広い金の縁取りがあり、裏地が緑のゆったりとした緋のマントに女教皇が包まれていることも見て取るだろう。裏地の緑は、超越的真理を我々に伝えてくれる諸概念が持つ、内なる生命力の色である。それは人間の想像力に入り込みながら、実体化するには至らない、生きた概念である。それは人間の最も高尚な熱望（緋）を育て、諸々の宗教（金の縁）を生み出すが、人間の卑俗な観念にすぐさま届せずにはおかない。女教皇は自分の教えが誤って俗化してしまうことに対して

（1）この〈光〉は隠秘学者たちが頼りにするものであるが、惑星を取り巻き、明晰な人の想像力を照らす発光霧と似ている。それはアポロン（理性）が矢で貫いたピュトンの蛇によって象徴された。
（2）斜めの十字 × （剣の交差）は敵対的な出会いと衝撃を象徴し、そこから火花が出ることもあり得る。これに対して直立した十字 ＋ は豊饒な交合、結婚、結びつきを示している。上記93頁を参照のこと。

責任は無い。その教えが向けられる相手は盲目的な信者ではなく、絶えざる宗教的再生のために働く、思索家たちである。女教皇は永遠に三つの問いを投げかけるスフィンクスに支えられている。すなわち、人間はどこからやって来たのか、どんな存在なのか、どこへ行くのか、ということである。周囲には白と黒の敷石が互い違いになった床があり、人間の知覚がすべて対照の法則に従うことを意味しているようである。光は闇との対比によってのみ認められる。善は悪が無ければ知られぬままである。苦しみを経験しなければ幸福を味わうことができない、等。

　　　　女教皇が右足を乗せているクッションは、人間が神秘の領域で手に入れ得る実証的概念の僅かな蓄え（たくわ）を表している。時に無視されがちなこの付随品は、1500年にパリで発行されたタロット (1) に描かれている。これが重要な訳は、《カシオペア》の絵から借りたと思われるからである。『雅歌』の恋人のように黒いけれども愛らしい、天空のエチオピアの王妃である。それは占星術タロットの第2アルカナに対応する。

　　　　中世の絵師たちは、正統信仰に反して女の教皇を描くことになんら躊躇（ためら）いがなかった。後にブザンソンでは、タロットの教皇と女

教皇とをユピテルとユノーに換える方が望ましいと考えられた。その結果二つの神話的構図が与えられたが、それほど重要性はない。ただユノーは一方の腕で天を指し、もう一方の腕で地面を指していて、ヘルメス・トリスメギストスのエメラルド板〔ヘルメス思想の奥義が書かれているとされる起源不明の文書〕の教え、「上のものは下のもののように」を伝えているような趣がある。しかるに、〈不可視〉の象徴として立てられた〈可視〉は、女教皇の学問全体が基礎を置く、類比的手法の出発点である。幻想にまつわる女神マヤの鳥、2羽の孔雀がユノーに付

（1）フランス国立図書館の所蔵品を参照のこと。同じデッキでは【教皇】（5）の傍らにスフィンクスを置いている。

き従っているが、ユノーは現実世界における天空の人格化であり、カルデア人のアヌーであって、そこからアンナ──聖処女の母である聖アンナ──が生じる。この対比は、第2アルカナと第3アルカナの意味を明確化するのに貢献する。

占術上の解釈

〈ホクマー〉、知恵、創造的思考、三位一体の第2位格たる〈言〉、イシス、神の妻にして万物の母たる〈自然〉。無限の空間を満たす物質、〈動的知的原因〉の活動領域。万物が生じるための豊饒な対立。区別し、知覚し、つまりは認識し、知ることを可能にする差異化。

　五感に捉えられない事柄を対象とする聖なる学問。占い、直感の哲学、グノーシス、神秘の識別、自発的宗教、観想的信仰。

　沈黙、慎み、遠慮、瞑想。謙虚、忍耐、諦念、敬虔、聖なる事柄の尊重。──隠蔽、隠された意図、遺恨、無気力、怠惰、頑固、非寛容、狂信。受動的な土星の影響。

III
【女帝】

L'IMPÉRATRICE

万物の必然的・基本的統一体（第１アルカナ）は人間の精神にとって理解可能な形では現れない。無際限で無限で不確定なものは思い描くことができず、計り知れぬほど深い闇のイメージを喚起するしかないのである。その闇は神秘の女神イシスの領域であり、【女教皇】（２）が大祭司の役を務めている。しかし、人間の思考は宇宙創成論の底無しの淵（カルデア人のアプスー）に飛び込もうと努力しても無駄である。そこに見えるのは精神のカオスのみであり、宗教的なおののきに捉えられ、愕然としたまま沈黙するしかない。この混乱から人間の精神を引き上げるには、タロットの【女帝】の手助けが必要である。

　この光輝く女君主は諸々の形体、像、概念の母である〈創造的知性〉を表象している。それはキリスト教徒の無原罪の聖処女であり、ギリシア人であれば、混沌の大洋の暗い波間から輝かしい姿で生まれたウェヌス・ウラニア〔天のヴィーナス、アフロディーテ〕の姿をそこに見たであろう。

　それは〈天の女王〉〔『エレミア書』７章18節など〕であり、イデア界のいと高きところを舞い、客観的・偶発的事物を超絶していることは、先端を下に向けた三日月 ☽ に置いた足が示すところである。月下のこの世界——すべてが動き、永続的な変化、絶えざる変容が行われる世界——に対する支配がこれによって明示される。この下位の領域は【月】（18）が不確かで偽りの明るさしか広げないが、これと対照的に、女帝の領域は至高の〈知恵〉が宿る光の大洋、上なる〈水〉に対応する(1)。そこではすべてが必然的に完璧であるため、固定し、不動である。それは原型、つまりはあらゆる想像の基になる理想の形体、純粋なイデアの領域である。

　一切の変化を免れた事物の不変性を表現するため、女帝は真っ直ぐ正面を向き、ある種の厳粛な堅さが刻みつけられた態度を示している。それでも静かな微笑みが顔を生き生きとさせ、柔らかな金髪がその周りを優雅に縁取っている。軽い王冠は頭にそっと載るかのようで、周りに12個の星が取り巻き、そのうちの九つが見えている。これらの数字はこの世の自然な生産を調整す

（１）カルデア人によると、この天上の大洋は宇宙を包み、生命を与える水の神であるエアを信仰する者たちが、バビロニア人のノアとも言える洪水に関する英雄ウトナシュピウムのような存在をそこから思い描いた。

る天上の時計たる黄道十二宮と、誕生に必要な妊娠期間を思い起こさせる。

黄道十二宮の《乙女》と同じく女帝には翼があるが、持ち物〔アトリビュート〕は地上の収穫物である小麦の穂でも、人々に平和を勧めるオリーヴの枝でもない。天の女王は抗えぬ不変の支配を示す笏を持っている。というのも理想が力を持ち、イデアが支配して、類型があらゆる生産のかたちを定めているからである。紋章は、銀の鷲が描かれた緋色であって、霊性の中で高められた魂の表徴である。女帝の左で咲いている百合は、清らかさ、穏やかさ、美しさによってもたらされる魅力を象徴している。

女帝と女教皇はどちらも青と緋の衣装を纏っている。後者の司祭服の青は濃く、思考が入り込む深みを思い起こさせるのに対し、女帝のマントは輝かしい紺碧である。これは外側から受け取る印象を忠実に引き入れる穏やかな受容性を暗示しているのに対して、内側の赤いチュニックは、知性と理解力を生む内的な活動を表現している。女教皇は内側の暗い青から概念の原質を引き出し、金で縁取られた緋のマントが象徴する霊的神秘的な振動を外側に拡散させる。女帝の身体を覆う紺碧は生きた思考を捕らえ、知覚可能にするために拡散を停止させる。女教皇が揺り動かした〈隠されたもの〉を女帝が外に顕すが、たとえ霊的な形であれ、〈体〉を付与することは無い。〈一〉において、すべてはすべての内にあり、区別されることなく混じり合っている。〈二〉においては、能動者と受動者が生み出されるが、その活動は無限において行われ、何も知覚されない。〈隠れたるもの〉は神秘的にしか顕現しない（【女教皇】）。精神の中に光が作られるためには〈三〉が必要である。そのとき、知覚不能な振動が鏡に当たって反射し、収束して明瞭なものとなる。

全体として、第3アルカナは水銀の記号を逆転させたもの ☿ に還元される。それは優れて霊化され、かつ他を霊化する物質である[1]。

（1）上記92、93、94頁、岩塩 ⚹ とアンチモン ♁ の錬金術記号の解釈を参照のこと。

キリスト教徒の芸術家は、天の〈聖処女〉の足下に三日月を置くにあたって、錬金術からインスピレーションを受けたが、しばしば尖った方を上に向けて描く間違いを犯した。正しい伝統に留まった人々もいて、17世紀スペインの彫刻家がその証拠である。パリの聖トマス・アクィナス教会の聖具室に保存されていたオリジナルを基に、ここにスケッチした非常に象徴的な聖母マリア像は彼の作品である。

占術上の解釈

〈ビナー〉、知性、理解、概念や形体を生み出す抽象的な観念、至高のイデア、抱かれたが、まだ表現されていない考え。
　認識と理解が可能な領域。分別、省察、研究、観察、帰納学。教育、知、学識。
　愛想、優雅、魅力、魂の力、穏やかさによる支配、教化の力。礼儀、寛容。豊富、富、豊饒。
　仰々しさ、虚栄、軽薄、奢侈、浪費、嬌態、誘惑、浅薄な観念の誇示、気取り、わざとらしさ。

IV

【皇帝】

遥けき高みにいる金髪の輝かしい女帝の後に、タロットでは地獄の闇の君主が控えている。というのも【皇帝】は事物の中心に閉じ込められたプルトンである。それは錬金術師の〈硫黄〉（十字の上に三角形を載せた記号 🜍 ）を用いて燃える生命の〈火〉を人格化している。

　しかるに、皇帝の頭と腕で作り上げる三角形の下で、両脚が交差している。玉座は黄金の立方体で(1)、【女帝】の紋章の鷲と奇妙に対立する黒い鷲が浮き出ている。それはもはや上昇の極致に達した魂では無く、生命のエッセンスが化肉して暗くなり、物質の中に捕らえられ、そこから自由を獲得するためには物質を製錬するしかない状態を表している。この猛禽類は、あらゆる個人性を生み出す根源的エゴイズムにも関係する。

　実際、【皇帝】は〈この世の君〉〔サタン〕である。具象的なもの、有体化したものを支配し、下位の国〔アンフェリュール〕、すなわち地獄の領域〔アンフェルナル〕を治めており、その点で魂や純粋な霊に直接働きかける【女帝】の天上的支配と対照をなしている。【皇帝】は肉体に生命を与え、作り上げて支配し、従属させたままにする。【皇帝】はプラトン主義者の造物主〔デミウルゴス〕や、フリーメイソンの〈大いなる建築師〉に対応する。万物は【皇帝】がもたらす衝撃の下で組織され、成長する。それは万物の内なる神であり、固定、成長、活動の原理である。普遍の霊の客観的顕現である個別の霊であり、創造的本質においては〈一〉だが、被造物の多様性の中に分散している。

　【皇帝】の支配力は生きとし生けるものの中に分散している。彼は〈慈悲〉をもって万物に自らを委ねている（第4セフィラの〈ヘセド〉）。立方体の玉座だけは転覆させることができず、その安定性は錬金術師たちが〈哲学の石〉に与えた幾何学的形体から生じている。賢者たちの探求の対象となったこの神秘的な石は、各個人が行いうる完成の業とも関係する。各個人は種の〈類型〉に合致するよう努めなければならず、それは直角定規（ラテン語の「ノルマ」）の調整の下に四角く削られた塊、フリーメイソンの〈立方石〉によって象徴されているので、ここで目指される理想は厳密に〈ノーマルな〉人間の理想に他ならない。

（1）死者を裁判し、生者の運命を定める地獄の聖霊たるアヌンナキも、カルデア人の地獄の中央で金の立方体の上に座している。

【皇帝】がマクロコスモスにおいてもミクロコスモスにおいても不動のものに対応するのは、完全な立方体の上に座しているからであり、それはあらゆる建設的な〈結晶化〉の決定的出発点である。それは万物において、有機体を作り上げるために種子の内部で活動を始める固定原理（アルケ ♁ ）である。その構築は、生きた建物から正しく切り取られた最初の石によって基本元素を引き寄せ、それを集積して行われる。この石は被造物に分け与えられた生命を司る君主の玉座である。

皇帝が左手で持つ地球は、遍（あまね）き支配の表徴である。ただし、物理的世界ではなく、〈自然〉と〈技芸〉が行うすべての奇跡を支える〈世界霊魂〉の象徴である。皇帝の右手が持つどっしりとした王笏は、ヘラクレスの棍棒と類縁性がないわけではない。しかし、それは野蛮な武器ではなく、イニシエーションや魔術に関わる至高の力を表徴している。柄の近くにある三日月は、「月の影響を受けた」（占星術やヘルメス思想的な用語）もの、およそ不安定で、可動的で、気まぐれなもの全般に対する強力な支配を約束している。固定して不動のものは、曖昧で流動的な（〈月〉的な）状態の無秩序な物質すべてに決定的な作用を及ぼす。

王笏の先端が百合の花となっていることにも注目しよう。その基礎の部分には頂点を下にした三角 ▽ があって、これは〈水〉または〈魂〉を表現している。この三角形の上にある単純な十字が、〈大いなる作業〉（魂の至高の栄光化）の完成の記号 ▽ となっている。しかし、百合の花において、十字の横棒に二つの唐草文が付いて複雑化し、縦棒はまるで植物の生長のように天に向かって伸びている。

これは全体として、魂から放出される力が上に伸びると共に、（唐草文が示すとおり）拡散されることを暗示している。それは最も気高い熱望であって、理想を花開かせ、人間の思考の高き領域における抗いがたい支配力を与えている。

【皇帝】は自分の意志を恣意的に押しつける独裁者ではなく、その支配も残虐なものではない。というのも、崇高な理想的善性——紋章学者が〈フルール・ド・リス〔百合の花〕〉を引き出す基となったヘルメス思想的表意記号によって象徴される——を吹き込まれているからである。文明を広げ、博愛の

精神の模範をあらゆる国の民に広げようと切望するフランスにとって、この印が国家の紋章であり続けなかったのは残念なことである。我らが国民性の基礎を成す魂の気高さ、根本的な寛容性をこれほど良く表現する記号はない。およそ野蛮な帝国主義からは遠ざかり、知性と心情で統治することこそ我らに相応<ruby>相応<rt>ふさわ</rt></ruby>しい。なべてを理解し、いち早く他者への愛情においてひたすら誠実であろうとすべきである。そうすればフルール・ド・リスに近づく権利を手にするであろう。

　この神聖な記号の金色は青空から浮き立つが、純粋性の表徴である百合と意味が似通っている。ただし百合は【女帝】の花であり、受動的で女性的な特性を持ち、男性的な拡張作用とは対立する。個人性を生み出すエゴイズムの源たる地獄的な情熱を浄め、女性的な理想を実現するのが男性的エネルギーの役目である。

　イニシエーションは、自らの内部に下っていって、内なる火を制御することを教える。その火は、術の力のおかげで暗闇に潜むことを止め、立ちこめる煙を払いのけて、天上的な輝きで燃え立つのである。

　百合の花の飾りがついた王笏は、【女帝】のいとも高い熱望が【皇帝】に吹き込まれていることを示している。皇帝は神的な理想を地上に実現する者だからである。生きた力は、不純な源においていかに混乱していようとも、皇帝がこれをすべて働かせるが、その支配は正当で聖なるものである。

　プルトンに庇護される者たちは、この深淵の君主の兜に隠れることで姿を消すことができたが、彼らと同様、万物を作り上げる精力的なエネルギーは

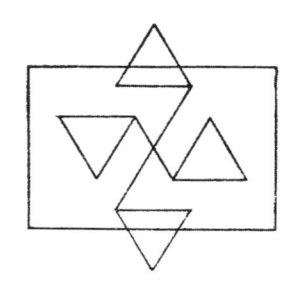

隠れた神のように、全く身を隠して働く。この隠れ兜の飾りには四つの黄金の三角形が載っており、四大元素による創造的実現に関係している。皇帝が物質を強権的に支配するのは、物質の生成に働きかけるからであり、それは〈火〉と〈水〉の合体に、〈空気〉と〈土〉の合体を結びつけることによる。それはここに描いた宇宙発生論に関わる十字が示す通りである。

　物質を作り上げる固定性は、物質に働きかけるにあたり、その反動として、利用する材料からの影響を被ることはない。生成の業は明確な計画を行使す

ることで完成するので、そうでなければならないのである。計画を乱すような外からの介入をすべて撥ね除けなければならないので、皇帝は常に胴鎧に守られる必要がある。しかしこの鎧によって無感覚にならないのは、胸の高さに太陽と月の絵が描かれていることからわかる。それは、すべて聖なる活動の展開を、理性と想像力が照らし出すことを示している。活動するために個性化した精神は、神の力強い太陽光線と、純粋な感性の穏やかな月光から、遮断されてはならないのである。

【女帝】が正面を向いているのに対して、【皇帝】は横顔が描かれる。その顔つきは精悍である。奥深い目にかかるしっかりとした眉は、密生する顎鬚と同じく漆黒である。皇帝の首飾りは三つ編みで、【正義】（8）を飾るものと同じである。それは厳密な秩序、統括、体系的連携、さらに確実性の表徴である。このような絆は断ち切られたり、緩んだりすることがない。皇帝が行う誓約は実現されねばならず、それは正義に裏打ちされた論理的裁定と同様である。

皇帝の衣装で目立つ赤は、皇帝が支配し、ものに活気と生命を与えるために操る刺激的な〈火〉と関係する。生命を与えるこの役割は、衣装の袖に現れる緑の正しさを示す。生命の顕現を促すべく振るわれる腕には、葉叢の色が相応しい。

生命エネルギーを恵み与える者の足下にはチューリップが咲いているが、これは【奇術師】（1）で蕾の状態で予告されていた。この花が開花の段階を過ぎた後、【節制】（14）が萎れるのを防いでくれるので、【狂人】（22）の歩む道でもまだ枯れていない。

第4アルカナを天空の領域で表現するのであれば、ネメアの獅子の皮を纏い、棍棒と、ヘスペリデスの黄金の林檎の枝を持ったヘラクレス〔《ヘルクレス》〕ほどふさわしいものはない。黄金の林檎はイニシエーションの知を表す。それは激戦の末に勝ち取るもので、12の作業を完成した英雄、換言すれば〈大いなる作業〉に没頭する熟達者に授けられる。

しかるに【皇帝】は最高位に上った〈職人〉に他

ならない。〈宇宙の大いなる建築師〉の計画を実行しつつ作業ができるからである。それは光を放つ三角形の中心にある目に表徴されている。

占術上の解釈

〈ヘセド〉、恩寵、慈悲、恩恵、もしくは〈ゲドゥラー〉すなわち偉大さ、荘厳、セフィロートつまりカバラの数の樹[1]の第4の枝の名。生命を与え、広げる力、万物に存在を促す創造的善性、活性化の原理、被造物の中に分有され、それぞれの個体の中央に凝縮する創造の光。アルケ、錬金術師の〈硫黄〉 ♄ 、胚種の中に閉じ込められた生命の〈火〉、具現化を行う受肉した〈言〉、活発な〈火〉、生命物質（《乙女》、【女帝】（3））の神秘的な夫と子[2]。

　エネルギー、力、権力、意志、固定性、集中、数学的演繹による絶対的確実性、恒常性、堅固、厳密、正確、公平、実証主義。

　他者から影響を受けずに影響を与える支配的精神、推論と実証的観察のみに信を置く計算家。決断すると揺らがぬ性格、頑固。理想や直感の不足。愛想の無い寛容性、強力な保護者もしくは恐るべき敵。暴君。反動で弱者から影響を被る専制君主。女性的な穏やかさに間接的に従う粗暴な男性性。

（1）上記71頁参照。
（2）秘教はあらゆる通常概念を揺り動かす。唯一神は同時に大いなる女神の父であり夫であり子である。奇妙な形で表現され、我々に精神の洞察力を求める象徴に対して、覚悟を決めなければならない。象徴同士の矛盾は謎を提供するが、その答えを探す必要がある。そこで意気阻喪してしまえば、イニシエーションは得られない。

V

【教皇】

5 LE PAPE 7

タロットを描いた芸術家たちは対照の妙を楽しんだ。忙しく立って働く金髪の若者【奇術師】の傍らに、座して神秘性を纏う沈鬱な【女教皇】を配置した。それから天上的な光に輝き、真っ直ぐに正面を向いた【女帝】が続き、厳しい横顔と黒い顎鬚の【皇帝】との違いを強調している。さらに今度はこの君主の厳めしい顔つきが、快活さと優しさに溢れた【教皇】の顔を浮き立たせている。顔色も良く、ふくよかで、人間の弱さに対する寛大さに満ち溢れている。彼はすべてを理解する。というのも、太く白い眉の下、くっきり澄み切った青い目の、穏やかな眼差しから逃れられるものはないからである。その上、短く丁寧に切りそろえられた白い顎鬚は、情熱が鎮められた年齢を指し示している。それによって知性は極めて明晰になり、複雑で錯綜した問題に対しても、躊躇無く答えられるようになっている。

　実際、信者たちから投げかけられる厄介な問いに答えることが、教皇の属性の内にある。教皇は教義を立てて信仰を確定し、宗教に関わる教えを伝えるが、その相手は教皇座の前に跪く二人の人物が代表する2種類の信者たちである。一人は腕を広げて頭を上げ、「分かりました」と言っているかのようである。もう一人は手を合わせて頭を垂れ、霊的な事柄に関する自らの無力を自覚して、謙虚に教義を受け入れている。

　前者は信仰の領域において能動的である。何が信じられるかという問題に関心を抱き、伝えられる教説を無闇に受け入れない。しかし、信仰全体と絆を断つことは無く、自らの頭で知るところに適合させようと努める。こうしてより広い信仰が育ち、伝統的教えを徐々に拡大するためには、教権側でもこれを考慮に入れることがある。

　教会を支配する人々は、光を求めて止まぬ信者たちを残念ながら恐れ、検証せずに受動的に屈する従順な信徒の方を好む。そうした傾向によって信仰は害を被り、至高の教えを担う椅子の右支柱に象徴される能動的で活性的な側面が麻痺してしまう。左支柱だけに結びつけられた教えには不備が生ずる。

　2本の真っ直ぐな支柱は不変の伝統に関係するが、その緑色はこの伝統が生きたものであり、自らに忠実であり続けつつ、信仰の生命とも調和を保つべきことを意味している。二項対立のシンボリズムは、秘儀参入者にとってソロモンの神殿のヤキンとボアズの柱の秘儀によって明らかになる。両者の対立は人間の精神の働くべき境界を示しており、【女教皇】（2）の椅子の両

側にあるのも当然である。教皇座の二つの支柱も、信仰の領域の両極を同様に象徴している。すなわち、宗教的真理の飽くなき探求と、尊重すべき信仰の確実な信奉と、である。

　2本の支柱の間に座り、互いに正反対の気質を持った相手に語りかけることによって、教皇は複合的対立の四項を調停することを求められている。右側の伝統（理性的神学）と左側の要求（敬虔な魂の感情）のちょうど真ん中にいて、教皇は宗教の学びを謙虚な信者の要求に適合させる。また、素朴な人々でも高尚きわまりない真理に近づけるようにしなければならない。そこから、彼の〈四〉（右と左、上と下）に対する中心的な位置が生じる。それは十字の中心で花開く薔薇を表すが、フリーメイソンの炎状星（グノーシス

——知識、秘儀参入の教え——を意味するＧが記された五芒星）と同じ花である。こうして〈薔薇十字〉が描く計画に合致すべく、教皇は宗教的にものを考え、感じる人々すべてと交歓し、自らに聖霊の光を引き寄せなければならない。〈真〉を求める知性と、情熱的な無私の愛に近づこうとする魂に対し、神の善性はこの光を寛大にも分け与えているのだから。

　至高の教えを述べ伝える人は、周囲に散らばる光を受け取り、それを集めることによって、世に遍く光を放つ灯台となる。そのとき知性と精神によって教会を照らし、メイソンの神殿の中心で光輝く賢者の星のようになるのだ。

　この星は、イニシエーションの教えを授ける人々を教え導く。その穏やかな輝きは、太陽やさらには月の光のようにまばゆいものではなく、秘儀参入者の知る星から発散され、対象に染み通る光である。その輝きは事物の表面に留まることはない。それは第五精髄を巧みに抽出しようとしてきた人々が追い求めてきた〈秘 儀〉_{エゾテリスム}を明らかにする。教皇は、可感的外見の仮面の下に隠された知的な実在を知らしめることを使命としているので、これに関わるすべてを承知している。タロットにおいて、次のような漸進的段階を標すべく、それは第5番目の位置を占めている。

Ⅰ　【奇術師】　広がりの無い数学的な点。

Ⅱ　【女教皇】　一次元的な直線。

Ⅲ　【女帝】　二次元的な平面。

ⅢⅠ　【皇帝】　三次元的な個体（立方体）。

Ⅴ　【教皇】　形体の内容物。知覚はできないが想像はできる第五精髄、四次元の領域。

しかるに数字の 5 は、神と宇宙の仲介者と見なされる〈人間〉の数である。これによって人間の姿は五芒星の中に組み込まれる。霊が四大元素を統べるように、人間の頭が四肢を支配するからである。〈意志〉の五芒星たる〈ミクロコスモスの星〉はこのように特徴付けられる。

通俗的な魔術はこの記号の持つ力に幻想を抱いているが、これ自体はいかなる力も授けてはくれない。個人の意志は、より広い力と協調してはじめて、強力になるのである。力は高貴なものであればあるほど、それを恣意的に用いるのは正しくない。すべては序列化されており、命令を下す権利には責任が伴うのである。勝手気ままに行使すれば、その権利は取り上げられる。指揮権を濫用する軍人は失職か降格の憂き目に遭う。魔法の力を欲しがっても無駄である。野心家はその力を空しく切望するが、それは自らもあずかり知らぬ功績に対して、自ずと与えられるものである。不自然な形で意志を拡大して意志の世界の運動家に変身しようなどとはせぬ方が良い。力を意のままにするためにはその力の主人となり、それを抑えることができなければならない。不適切な意志の行使を控えるということは、決定的な瞬間に個人的な影響力を働かせるための、大いなる秘訣である。用いることのなかった意志を蓄積することによって、意志の力が何とも恐るべきものとなるだろう。それでもなお、より高い次元の名において行動しなければならない。というのも、万物の統一体においてすべては関係しているから、相手を従わせようと思えば、自分自身が従わなければならないのである。

【教皇】がしている白手袋は、世俗の事柄に携わっても、手が浄いままで、決して汚れることがないことを示している。両方の手袋には、魂と忠実性の

色である青の十字が記されている。それは教皇の活動が専ら霊的なものであるからだが、それは三つの面で働きかけるのであり、冠に三つの輪があり、手に持つ十字に3本の横棒が付いていることに示唆されている。

　冠は教皇の頭にどっしりとした重みをかけていて、教皇が通常の選良に勝る脳の力を持っていなければ、押しつぶされてしまうだろう。宗教と信仰に関わる事柄で、彼の意識を逃れるものはない。よって、礼拝の細部、伝統的な典礼、印象深い壮麗さ、感動的な荘重さをわきまえていなければ、きらびやかな宝石で輝く、額にかかる第1の輪を担うことはできないだろう。しかし、外なるもの、表情、身体は、その上にある第2の輪が象徴する魂によってしか価値を持たない。第1の輪に劣らず豪華で、わずかに大きい第2の輪は、神の律法についての完全な知識に関係するが、これは教皇が人間の行為や感情を正確に判断するために必要である。第3の輪は最も高いところにあるが最も小さく、最も質素である。それはその簡素さにおいて、通常の神学よりも、人間の精神に認められ、普遍的信仰を考慮に入れた抽象的真実の認識に関係している。それは信徒たる全人類の真の最高聖職者を長とする「統合主義的カトリシズム」を実現するための、宗教教義の基礎となるものである。

　冠が教皇の至上の権利を映すものだとすれば、霊的な力を示す笏は3本の横棒を持つ十字である。この〈三〉から、これら3本と十字の先にある丸みを帯びた先端によって、〈七〉がここで生み出される。7は調和の数字であり、世界を統べる二次原因の数でもある。これらの二次原因は、七惑星からの影響と、人間の音楽の七音階に対応する。

　人間の持つ生来の様々な傾向を互いに対立させつつ、これらを融和均衡させて、どれも悪徳に堕さないように支配するのが教皇の役目である。自分の本性の推進力に任せられると、人間は七つの大罪(1)の支配下に落ちることになる。霊的な力は、自らを抑えるための手助けをして自我を保つことを教え、我々を自由で有徳な人間たち(2)の交歓に加わらせるのだ。

（1）　☉ 高慢、虚栄心─ ☽ 怠惰─ ☿ 嫉妬─ ♂ 慎怒─ ♀ 色欲─ ♃ 貪食─ ♄ 物欲。
（2）フリーメイソンは自らを「自由にして公序良俗を守る」人間と規定している。情念を支配することでそのくびきから逃れたと主張しているからである。彼らの自由は、自らの意志で課した道徳律の結果から生じる。タロットの【教皇】に従うのは、教皇が各人の中の穏健な良心を表しているからである。

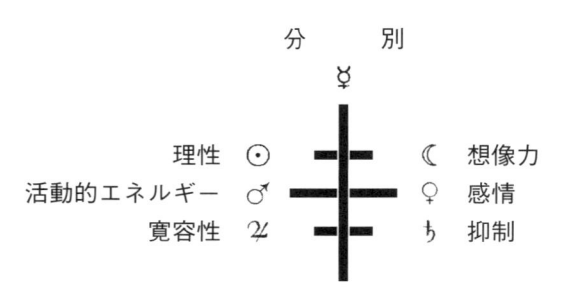

分　　別

理性　⊙　　　　　　　　　☾　想像力
活動的エネルギー　♂　　　　　　♀　感情
寛容性　♃　　　　　　　　ℏ　抑制

　　教皇の持つ十字架は、既に問題にしたセフィロートの樹も思い起こさせる。【女教皇】と同じく、【教皇】も青と緋という聖職者の色（理想と霊性）を纏っている。彼の前に跪く2人の信徒のうち、教皇の右にいる者は赤（活動性）、左は黒（服従、受容性、受動的盲信）を纏う。

　　天球の表象で【教皇】に直接結びつけられるものはないが、ユピテル・アメン（牡羊の頭を持つ神）の大祭司は想定に入れるべきである。よって、この第5アルカナは、黄道十二宮の《牡羊座》──春分を標し付ける〈火〉の星座であり太陽が高揚する星座──と対応させることができる。ここで言う〈火〉は命と知性の火であり、天から降って、儀式が完成するやヴェーダの十字すなわちまんじ〔卐〕の中心に火をつける古代のアグニ神である。アグ

ニ（Agni）はアグニス（*Agnis*）となり、こうして過越の子羊（agneau pascal）が遥か古代の秘儀と我々を結びつけてくれるのだ。

　　ブザンソンのタロットが【教皇】の代わりに置いた【ユピテル】は天上の火の主人であり、知的・精神的そして肉体的生命を分け与える者である。地上において秩序、正義、恩愛、好意、善性が支配するよう、良心を目覚めさせておく者でもある。したがってこの神の性格は第5アルカナと一致する。

占術上の解釈

〈ゲヴラー〉、厳密、厳格。〈ペカド〉、罰、恐れ。〈ディン〉、審判(1)、与えられた生命を保ち、支配する意志。良心、義務、道徳律、抑制、制限——善の業に積極的に専心する前に、悪しき行いを控えなければならないからである。

聖職、宗教学、形而上学、カバラ、教え、学問（権力に対立するものとして）、権威、確信、自信、疑いの無さ、他人の感情や思考に及ぼす暗示の力。愛想、好意、善意、適切な寛容。

良心の導き手、魂の医者、道徳的助言、気取った人物。自説を曲げぬ大御所、威光をもたらす役割、良きにつけ悪しきにつけ土星的影響。

悪い方に解釈すると、不道徳。アルカナが否定的になると、欠点が長所に取って代わるからである。

（1）【皇帝】のどちらかというと険しい相貌と、【教皇】の明るい顔だけを考慮に入れると、タロットはセフィロートの順序を逆転しているようにも思われる。4番目の〈恵み〉や〈慈悲〉は、〈恐れ〉や〈厳粛〉を吹き込む第4アルカナよりも、第5アルカナの人物と調和するように思えるからである。

実際のところ、〈生命を広げる善性〉（ヘセド）と〈与えられた生命を支配する厳しさ〉（ゲヴラー）は、互いに互いを緩和し合っていて、そこから世俗上と宗教上の最高権力者2人の表情と、第4アルカナと第5アルカナの全体の意味との間の意図的な矛盾が生じている。

VI
【恋する男】

ヘラクレスは青年期を過ぎ、ケンタウロス族のケイロンの学舎での教育（イニシエーションの訓練）を終えると、申し分なく発達した強い能力を実生活でどう用いるか考える必要を感じた。孤独のうちに思念に没頭していると、世にも稀な 2 人の美女が突然現れ、それぞれ自分についてくるよう促した。最初の女性は〈美徳〉で、勇気と精力によって勝利を摑むべく、戦いと、不断の努力を行う生活を垣間見せた。もう 1 人は〈悪徳〉とは言わぬまでも〈逸楽〉であって、穏やかな生活に耽り、野心を抑えた人間が手にできる利点を生かして、人生を穏やかに楽しむよう勧めた。

　この神話の一場面に着想を得て、タロットの第 6 アルカナは二つの道が交わる場所に立ち止まる若者を描いている。両腕を胸のところで組み合わせ、視線を下げ、どちらの方向に進むべきか迷っている。ヘラクレスと同じく、道徳的満足しか約束してくれない峻厳な女王と、安易な快楽を与えてくれる巫女とに唆（そそのか）され、【恋する男】は躊躇（ためら）っている。彼の選択は予め決まっている訳ではない。12の功業を完成させるよう定められた英雄ヘラクレスのような勇気は持っていないのだ。彼は弱い人間であり、ありとあらゆる誘惑に駆られ、様々な気分に引き裂かれている。それは赤と緑が互い違いになった衣装が示すところである――赤は血（精力、勇気）の色であり、緑は植物（受動的生命活動、沈滞、不活動）の色である。

【女教皇】や【女帝】と同じく、若者の右手（活動性）にいる女性は赤と青を纏い（霊と魂、霊性）、巫女は黄色と緑（物質性、生命の樹液）の薄布を被っている。

【恋する男】の衣装と同じく、 3 人の人物の上に漂う後光の光線は、赤と緑が交互に現れている。この光輝く楕円の上には赤と青の翼を持つクピド〔キューピッド〕が浮かび上がり、困惑した若者の頭に向けて、今にも矢を放とうとしている〔クピドが赤と青の翼を持つのは1889年版デッキのみ〕。

　こうして、第 6 アルカナの全体は、【恋する男】に表徴される自覚的人間の意志行為のメカニズムを表現している。それはクロード・ド・サン＝マルタンの〈渇望する人〉〔サン＝マルタンの主著（1790年刊）のタイトル〕である。

　この人物は己の感性（衣装の緑色）のおかげで物理的世界から印象を受け取り、次いでこれに反応する（赤色、運動性）。しかるに、無意識的もしくは自動的（いわゆる反射的）な行為ではないため、これと決めた行為を開始

する前に、熟慮と選択がある。

　クピドは人間の上方で、我々が用いることのできる意志エネルギーを蓄積しているが、この決断を待ち構えている。我々が意志することによって合図を送るとすぐ、クピドは力の強さ弱さの違いはあれ、矢を放つ。しかし、我々が第5アルカナの教える通りに意志を節約することなく、無分別に浪費してしまえば、意欲は力強いものとなり得ない。

　我々の意志がヘラクレスに匹敵するものとなるためには——そのような野心を持つことは禁じられていない——後戻りすることなく、険しい美徳の小道へ踏み出さねばならない。それは正に、人生の快楽や些細な娯楽に自らの意欲を浪費しないためである。与えられる喜びを味わい、英雄を気取らずに流されて生きることは賢明だと判断されるかもしれない。しかし、それは、人生を豊かな行動、有用な功業（ヘラクレス的な）と同一視する秘儀参入者たちの考える賢明さではない。ただ生きるために生きるのは彼らの理想ではない。彼らは自分たちを〈術士〉〔芸術家〕だと自任していて、業を実現〔作品を創造〕するために人生が与えられていると考えているからである。

　ここで行うのは精神の勇敢な働き手のみが没頭できる人道主義的な〈大いなる作業〉なので、〈意志すること〉と〈愛すること〉を学んでおかねばならない。その意味で【恋する男】は修業を終えた秘儀参入者なのである。胸のところで腕を組んで、薔薇十字の騎士たちに知られた〈良き羊飼い〉の指示に従っているのは、我が身を顧みないことに集中しているからである。己の個人的利益のために欲することを止め、他者の益のみを願っている。それは第6のセフィラ——〈ティフェレト〉——に対応する道徳的な美の実現であり、その表徴は二つの三角形を絡み合わせた〈ソロモンの封印〉である。そこには人間の魂（▽〈水〉）と、神の霊（△〈火〉）との結合への暗示を見るべきである。それは至高の魔力の記号たる〈マクロコスモスの星〉であり、徹底的な自己犠牲によって、〈全体〉に奉仕する人が獲得できる。他人のためにのみ存在するまでに愛すること、それが【恋〔愛〕する男】の目標である。

　タロットでは、この人物は動的統一体（【奇術師】）の別の姿に他ならない。

統一体は様々な外観を纏って現れることを定められており、【恋する男】は〈愛〉によって人を〈一〉に立ち返らせる。人間は神のように愛することで、自らを神化するのである。

ここで、最初の六つのアルカナを互いに結びつける解釈を振り返っておこう。

I　【奇術師】　能動的思考原理、放出の中心において捉えられる思考、それゆえ潜在的な状態で、まだ表明されていない思考。

II　【女教皇】　行為としての思考、〈言葉〉（能動的思考原理の思考活動）。

III　【女帝】　思考、結果、純粋概念、元の本質にあって、表明することで変化しない観念。

IIII　【皇帝】　実現者、意志原理。

V　【教皇】　意欲の放出、意志する行為。

VI　【恋する男】　渇望、切望、表明された意志。

　意志の様々な活動様式の点から見ると、【皇帝】は高圧的で、激しく、乱暴な指令を行う。【教皇】は抑制が持つ力によって穏やかで忍耐強い意思を発する。【恋する男】はと言うと、深い愛情を込めて、強く渇望することだけで満足する。愛が意思を飲み込んでしまう。命令することは控え、渇望しつつも、イニシエーション的な意味で〈祈る〉のである。

　第6アルカナと天文との対応を見つけるためには、クピドの弓と矢だけに注目すれば良い。これは《射手座》によって天空に描かれた武器である。カルデア人は、天上の射手を双頭のケンタウロスとし、ギリシア人はここにケイロンの姿を見ようとした。ヘラクレスのように、功業によって自らの栄光を高めるよう促された英雄たちの教育係である。確かに、【恋する男】の上を飛ぶ〈愛の神〉は蠍(さそり)の尾を持つ人頭馬身〔《射手》〕とはあまり合致しない。それでもこの怪物的な集合体は第6アルカナに適用できる解釈を許している。というのも、弓を引き絞っている人間の部分は、意思の使用を監視する〈霊的意識〉に対応し、馬は人間が結びついている獣的部分たる身体だからである。最後に《蠍》は、活動するよう人間を駆り立てる、高尚とは言いがたい動機を暗示している（上記82頁参照）。

占術上の解釈

〈ティフェレト〉、精神的な美しさ、愛、万物を結びつける絆。感受性。引力と斥力、同情と反感を被る生命の領域、肉欲とは無縁の純粋な愛情。

切望、魂の美を支える渇望、祈願、望み。自由、選択、選定、自由意志。誘惑、試練、疑念、不確実性、優柔不断、躊躇。

感傷、困惑、逡巡、一時的に止まったままの案件、約束、果たされぬ渇望。

VII

【戦車】

LE CHARIOT

1671年、アムステルダムで発刊された錬金術論考のタイトルは、タロット
の第7アルカナの本当の呼び名を明かしているのではないかと考えても良い。
その場合、ただの車は、バシリウス・ウァレンティヌス〔Basilius Valentinus, 15世
紀〕の『アンチモンの凱旋車』となる。確かなことは、アンチモンが【戦
車】の乗り手によって非常に良く表現されているということである。この若
者は【奇術師】や【恋する男】のように無髭ですらりとして金髪であって、
【皇帝】と同じく胴鎧を着て王笏を手にしている。彼は〈知的魂〉（♂ アン
チモン）(1)を表現するために、人格の上位原理を体現しており、この魂の中
に、能動的思考原理（【奇術師】）、意志エネルギーの中心（【皇帝】）、愛情が
拡散される源（【恋する男】）の三つが総合されている。しかし、【皇帝】が
不変の固定性において動かない立方体に座しているのに対して、凱旋者は、
やはり立方体であることは同じだが、乗り物に乗って世界を経巡る。
　この形体は常に有形的実現を指し示す。活動する霊性の可動的玉座に適用
されれば、純粋な霊の活発な顕現を助ける魂の精妙体という概念を暗示する。
それは無形と有形、非具体と具体の間の仲介役を果たすエーテル的物質であ
る。それは強いて言えば、パラケルスス〔Paracelsus, 1493-1541〕や隠秘学者たち
の〈星辰体〉もしくは〈アストラル体〉、フーリエ〔Charles Fourier, 1772-1837〕の
〈芳香体〉、仏教の密教における〈リンガ・シャリラ〉〔微細体〕、おそらくは
〈カーマ・ルーパ〉である。
　この神秘的実体ほど単純なものは無い。そこにはまず、あらゆる有機体の
基礎となる知覚不能な組織が見て取れる。それは物質を包み込む非物質的枠
組であり、体が造られるに際しての足場であるが、なべて生きているものの
生存を保証するために残り続ける。それがなければすべては崩壊してしまう
からである。【戦車】の立方体は、この可視的なものの不可視の支えに相当
する。そのエーテル的な性質は、車の羽目板を飾っているエジプト人の有翼
の球によって確証される。物質の昇華を示すこの表徴は、両性の結合の神秘
に関わる東洋の象徴の上に現れている。それは天が地に働きかけるためには、
愛によって両者が結び付かねばならぬことを示しているかのようである。
　幻影体すなわちギリシア人の「エイドロン」は、物質と直接的に接触しな

（1）上記94頁参照。

い。それゆえ、戦車は車輪を介してのみ地面に触れる。車輪の輻は赤で、エゼキエルの見たヴィジョンにおいて、神の〈玉座＝車〉を支える火の旋風を思い起こさせる――カバラ学者たちが膨大な注釈を行った有名な〈メルカバー〉である〔『エゼキエル書』1章〕。二つの車輪は、運動によって維持され、摩擦によって物質から放出される生命熱を表現している。

　車輪は青い天蓋と対照をなしているが、天蓋は〈相対〉と〈絶対〉を分離する天空の表象である。人間の活動的霊性が到達できる天空は限られている。天空は人間を守り、人間の思考、感情、切望の野心的過ぎる飛躍を効果的に抑える。凱旋者は車を操って真っ直ぐ前を向き、不毛な神秘主義の雲の中に入り込まないようにしている。頭の上には惑星に相当する星々の中心に、太陽の表徴 ☉ が輝いている。

　こうして星と太陽で形作られる〈七〉は、主として七つの星で構成される《大熊座》の民間呼称たる〈ダヴィデの車〉を思い起こさせる。ローマ人はこれを7頭の牛セプテム・トリオネス Septem triones とし、そこから北方の領域を示すセプテントリオン septentrion という名が生じた。

　戦車の四隅からは天蓋の4本の柱が立っている。前の2本は黄色、後の2本は緑である。これらは第6アルカナの巫女が纏っていた色であった。したがって凱旋者が〈四〉の中央にいるということは、諸々の誘惑に屈してはならないということと関係している。それらの誘惑に対しては、赤い胴鎧で守られており、さらに三重の直角定規が山形に並べられて五つの金の釘で留められている。赤は示された目標（戦車が進むべき途）に向かって展開される活動を表す。直角定規は、胴鎧の上で、石工の作業を指揮する〈棟梁〉の印の代わりとなっている。この道具は、築き上げる建物の石の標準の大きさを整える（直角定規はラテン語でノルマ Norma である）。社会という建物に加わるために、人間は隣人にまっすぐ素直に合わせなければならない。三つの直角定規に飾られた戦車の乗り手は、霊と魂と体に適用される道徳的完成の理想を追求するのである。彼は対立する意見を調停し、敵対者を互いに理解し合うよう仕向け、知に関わる不和を終結させることで、善意と友愛の感情を生み出させるのである。さらに、常に他人に細心の気配りをするよう心がけ、どのような些細な行為にも正義が行きわたるようにする。換言すれば、あらゆる真正の文明の母たる礼儀正しさを維持するよう留意するのである。

直角定規の五つの金の釘は、万物の魂を表す〈第五精髄〉によって、四つの基本元素が支配されることと関係する。戦車の乗り手が十全に自らを制御し、邪魔な影響にかき乱されることなく車を進ませるためには、〈五〉が自らの内で〈四〉を〈一〉なる支配に還元する必要がある。

　しかし、太陽が一点に留まっているところから、彼自身は外からの影響を受けないので、彼の指導的な作用は、〈月的〉なもの、すなわち気まぐれで可動的なものに対して強く働いているのが感じられる。それゆえ、感情に関わる潮の満ち干は、凱旋者の支配下にあり、その肩には対立する二つの三日月が載っている。あたかも右腕には成長するものに向ける力を、左腕には衰退するものに向ける力を授けるように[1]。

　人間の心の不安定さを考慮に入れることができ、支配の業を実践する戦車の乗り手は、三つの五芒星を付けた秘儀参入者の王冠を与えられている。これらの星は三つの方向を向いている。中央は戦車が向かう道を照らし、残り二つの星はその道の右と左の端を知らせる。人生の途を進んで行くためには、あまりに限られた視野では満足できないからである。

　頭の上に輝く三つの五芒星には、胴鎧の下部にある波形の部分が対応し、人間の内部の卑小なものがうごめく腹部を守っている。この〈三〉が低次の本能を抑制し、粗暴な衝動を撃退し、太古の野蛮性が密かに反抗するのを抑えている。イニシエーションの習熟において、〈知恵〉の王笏を担った〈熟達者〉は、己の内ですべてを服従させるよう求められる。

　指揮権の象徴たる王笏は、普通の棒で、先端に卵形の球がいくつか付いていて、互いに互いを生み出しているようだが、これは各人が胚種のかたちで持っている徳の開花を、戦車の乗り手が司っていることを示すものである。この王笏に代わって、集会所に集まるメイソンの作業を指揮する人々の手には木槌が握られる。作業場の議長は、戦車に似た、星が飾られた天蓋の下に坐す。その前には四角の祭壇があり、第7アルカナの人物との類似が完成する。その胸に飾られた直角定規は、〈尊崇すべき棟梁〉を示す宝飾である。

（1）エリファス・レヴィは『高等魔術の教理と祭儀』の中で、第7アルカナについてこう語る。「このヒエログリフは、タロットの鍵を構成するものの中で、恐らく最も美しく、最も完璧である」この有名な隠秘学者は凱旋者の肩に、「ゲドゥラーとゲヴラーの二つの三日月によって表象される至高の祭司職の印ウリムとトンミム」を見る〔『祭儀篇』291頁〕。

　　しかし、建設の作業が完成する〈ロッジ〉と、〈前進する戦車〉の類似は、これを牽引する2頭のスフィンクスを考慮に入れるといよいよ際立つものとなる。これらの2頭はヤキンとボアズの柱が表象する二つの力のようである(1)。それは別々の存在では無く、ある種の双頭の蛇アムヒスバイナのように一体である。このような怪物は、二つの方向に歩むことができるため、もし体の真ん中で戦車に繋がれなければ、動けなくなってしまうだろう。凱旋者の功績は、これらを繋ぎ得たということである。これにより、もしも自分たちで動くに任せていたら、互いに打ち消し合って無力となる推進力を利用できるようになったのである。それは〈賢者の水銀〉の固定という、ヘルメスによる作業の完成を指す。互いに呑み込もうと戦い合う二匹の蛇の間に棒を差し入れて、「カドゥケウス」〔ヘルメスが持つ杖〕を作ったときのことである。指導的な知性は、生命の対立を調停することを使命とする。統治の業というのは、〈大いなる作業〉と同じく、普遍的動因の対立する流れを集めることに基づいていて、それはバシリウス・ウァレンティヌスの『哲学者のアゾート』(2)の中で表象されている。月と太陽を取り巻く一匹の蛇の形で、その両端が獅子（固定性）と鷲（揮発性）であり、怒りを鎮められて互いに近づいている。

　　第7アルカナにおいて、白のスフィンクスは、建設的な善意を象徴しており、それは混乱無く穏やかに実現される全体の善を切望するものである。黒のスフィンクスは、じれったそうにして、激しい勢いで左に引っ張っている。そのおかげで戦車は溝に落ちる危険があるが、実際は白いスフィンクスを刺激して、さらに強く右に引くよう促すだけに終わる。こうして、力のベクトルの機械的法則により、

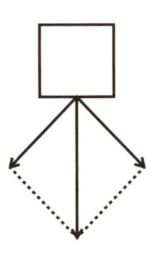

（1）　2頭のスフィンクスは、エリファス・レヴィによって2頭の馬の代わりに置かれたものである。古代のタロットは、プラトン的な引き馬の喩え──狂った馬が、まともな馬を引きずろうとする──から着想を得たように思われる〔『パイドロス』〕。
（2）　Frère Basile Valentin, *L'Azoth, ou le moyen de faire l'or caché des Philosophes*, Paris, 1660, 2e Partie.

乗り物はさらに速く走るのである。

占術上の解釈

〈ネツァハ〉、勝利、制覇、堅固——活動する霊性、意識的進歩、知的進化、宇宙の建設原理、〈大いなる建築師〉。

　平静、絶対的な自制、指導、支配、知性と直感の至高性、調停する分別、平和と文明をもたらす融和。

　才能、個人的功績による成功、正当な成就、誠実な交渉、敵対する作用から益を得る巧みさ、野心、昇進、長またはリーダーの地位。

　否定的な意味：無能、才能・直感・交渉力・調停精神の欠如、不品行、悪しき支配。

VIII

【正義】

第7アルカナが、タロットの最初の二つの〈三項〉を、〈霊〉に対応する第1〈七項〉からなる統一体に還元する。したがって、第8アルカナは〈魂〉に関係する第2〈七項〉の始まりとなる（第3〈七項〉は〈体〉に関係する）[1]。しかるに、〈七項〉の最初の項目は必然的に生成の役割を果たす。〈霊〉が第一原因（第1アルカナ）から発するように、〈魂〉は第8アルカナから、〈体〉は第15アルカナから発する。

　しかし第8アルカナはまた、三つ目の〈三項〉の第二項目とも見なすべきで、そのため直前の第7アルカナに対しては受動的になる。しかるに、〈七〉が動的な霊性、普遍的動的原理を表現するのに対し、〈八〉は生命、秩序、組織を生み出す運動となる[2]。こうして、〈混沌〉を調整して解きほぐす【正義】の役割が説明される。【正義】が無ければ、なにものも生きられない。万物はこれを統べる法則の力によってのみ存在するからである。無秩序は虚無の同義語である。

　タロットでは、テミス〔正義を象徴するギリシア神話の女神〕は【女帝】（3）を思い起こさせる。それは厳かな物腰、真正面を向いた顔、金髪、赤いチュニックと青いマントによるものだが、ここではもはや天空の女王——いと高きところにあって、永遠の若さを保つアストライア〔ゼウスの娘ともされる正義の女神〕ではない。ここで天秤と剣をもつ女性は年齢を重ねているようで、顔立ちが厳しくなっている。自らの活動の場に降りて来て、翼を失っている。玉座は【皇帝】（4）の黄金の立方体のように大きく堅固で、どっしりとしている。それは世界を経巡る戦車では無く、床に固定した堂々たる椅子である。両脇の支柱は白と緑が交互になった半円盤で飾られている。その形は、滋養ある乳と生命の樹液とを分け与えるエフェソスのディアナ〔ギリシア神話のアルテミス。エフェソスの神殿が有名〕の乳房を思い起こさせる。ソロモンの神殿のヤキンとボアズの柱との類比から、【正義】の玉座の枠は物理的生命の境界を

（1）　先に説明した〈七項〉の理論を参照。78頁以下。
（2）　第8アルカナは永久運動に関係する。それは宇宙の機能が実現している運動であり、そこではすべての力が相補的交替によって働いていて、あたかも同じ力を持つ二つのバネがあって、片方が緩むともう片方が張られ、片方が張るともう片方が緩むかのようである。人間の作る装置ではあり得ぬことが、宇宙の働きでは実現される。そこではエネルギー保存の原則のおかげでなにものも失われることがないからである。

示している。その二つの間に、活性化作用の限られた領域が広がっている。貝殻状の先端は、輪切りになった石榴（ざくろ）——豊饒性と同時に、融和的な調整の象徴——に置き換えることもできよう。

　自然＝正義の作用は、感情と生命の二つの領域で行使されるので、テミスの両袖は青と緑になっている。

　タロットの第1列の中央にある第6アルカナを挟んで、第4と第8は対応しており、意味の上でも密接な関係がある(1)。事実、正義を持たぬ皇帝とは、いかなる存在になるだろうか。法は具体的な領域に実際的に適用されなければ理論と仮想に留まってしまう。それは抽象的な数学上の厳密さと同様であり、応用して初めて豊かなものになるのである。生命の数学的発生原理を人格化した【皇帝】が放出する生命は、物事を調整する【正義】によって受け止められなければ、無駄になってしまう。神が与えたものを受け取る〈自然〉は、すべてを秩序正しく、数と大きさの法則に従って分配することで、生命を組織し取り扱う管理者として振る舞う。

　第4と第8の間の緊密な繋がりを証明するものとして、【皇帝】と【正義】を飾る共通の印がある。それは、三つ編みの形をした首飾りであり、環が切れることのある鎖よりも、しっかりと絡み合った生命繊維のしなやかな連携を表徴している。

【正義】が被っている法官帽には太陽の記号 ☉ が付いている。それは霊的な太陽が大いなる調整者であり、すべての生命に役割を、すべての事物に位置を割り当てるからである。しかも数字の8は、カルデア人の昼の神たるサマスの表徴が示す通り、人間の光たる理性＝太陽の数字である。中央の点から4本の二重の光線が発していて、光と熱を表している。フリーメイソンは伝統に忠実に、法の遵守を呼びかけることを託された詠唱官 F∴〔フリーメイソンの〈兄弟〉frère〕を8本の光線を持つ太陽で飾っている。

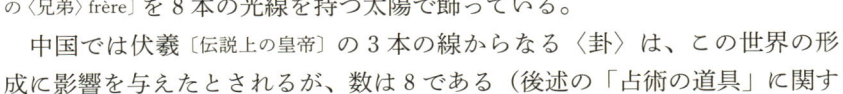

　中国では伏羲〔伝説上の皇帝〕の3本の線からなる〈卦〉は、この世界の形成に影響を与えたとされるが、数は8である（後述の「占術の道具」に関す

（1）上記51-52頁を参照。

る章を参照のこと）。

垂直と斜めに置かれた二つの十字からつくられる星 ✳ も、アッシリア＝バビロニアの文字において、神の名を示す記号であったことを忘れてはならない。それに対して等しい8本の光線を持つ本来の星は、生命の女神たるイシュタル〔バビロニアの代表的な女神〕の象徴で、様々な点で【正義】に反映されているが、特に第17アルカナのシンボリズムと一致する。

テミスの法官帽の上には、鎗の穂先の装飾が付いた王冠が載っている。それは肉体を刺し貫く鎗先のような、冷酷に適用される厳格な法を暗示している。

さらに、女神は右手に恐ろしい剣を捧げ持っているが、これはいかなる法の違反も罰せずにはおかないという、宿命の剣である。均衡が破られたとき、たとえ報復は行われなくとも、これを何としても回復するために、〈内在的正義〉による不可避の反応が遅かれ早かれ促される。これに第8アルカナが関係している。

しかし、犯された過失を修復するための道具は〈天秤〉であり、揺れ動くことで均衡を回復させる。あらゆる活動、感情、渇望は天秤の竿に影響を与える。これらに相当する重みが蓄積していき、善もしくは悪に関わる決定的な影響が生じる。用いられたエネルギーが貯えられ、寛大な善性から発したものは魂を豊かにする。人を愛する者は、愛されるに値する者となるのである。同情は、どんな物質的富よりも貴重である。心の面で奮闘することを拒むエゴイストほど貧しい者は無い。豊かになるために、与えることを学ぶべきである。

各人が自分の持てる力に応じた分だけ仕事を求められるべく、運命は計量されている。喜びと苦しみは平等に配分されていて、それらは互いに釣り合っている。我々は対照を通じて初めて価値が分かるのである。それゆえ、幸福になるためには予め苦しんでいなければならない。自分の体験を細かく計ることによって、人生では万事が正確に均衡していることが分かるだろう。

生命力もこのように働き、高揚と衰弱の交替を強いられている。この生理

学的法則を表現する古代の浅浮彫りがあり、ラファエロがヴァティカン宮殿の装飾のために参考にしたが、そこでは男女のサテュロスが描かれている。二人はエレウシス〔古代ギリシアにおけるデメテル信仰の中心地〕の秘儀参入者が運ぶ聖なる籠のそばで、シーソーに興じている。それは生命のリズムへの暗示であり、エネルギーを用いる際にはいつでもこのリズムに従うべきであることを物語っている。活動によって過度に興奮するような事態が起きたときは、回復のための受動性によって均衡を取り、相殺する必要がある。努力を行う前に休息を取って準備すること、頭脳を消耗させる前に睡眠か瞑想を行うことが望ましい。人工的に興奮を引き起こすことは誤りであり、自然（第8アルカナ）が罰して取り返しのつかない不均衡をもたらす。

　天体との関係で言えば、【正義】は黄道上の《乙女座》となったアストライアであり、秋分点の《天秤》を手にしている。その点から言うと、玉座の支柱は夏至と冬至を表している。占星術師は《天秤座》を〈空気〉の星座として、金星（ウェヌス）の昼の〈居所〉に割り当てた。昼の活動は、ウェヌスに穏やかな、日々の秩序立った作業を強い、美しいアドニス〔アフロディテ＝ウェヌスに愛された美青年〕を狂おしく求める恋の情熱を抑えつけているようである。

占術上の解釈

〈ホド〉、光輝、栄光、自然の秩序と調和によって顕現する神性、万物の保存力。法、均衡、生きた安定性、諸々の概念・感覚・行為の論理的かつ必然的連関、成就の結果生じる宿命性。内在的正義、すべての行為の不可避の結果。

　論理、確実な判断、公正、精神の独立、誠実、廉潔、均整、規律、序列の尊重、しきたり・慣習への服従。断定、決定、決断、断固たる言葉、行動規

範。

　体系性、正確さ、細心。管理者、大臣、支配人、判事、法律家もしくは秩
序の番人。空理空論に長(た)け、些細な区別にこだわる理屈屋。慣例、保守的精
神、守旧。従順だが自発性のない部下。

IX

【隠者】

L'ERMITE

【戦車】（7）の主は若者で、前進を行いたくてじりじりしているが、秩序を好み、変動を嫌う【正義】（8）がそれを遅らせている。

【隠者】は性急と停滞のどちらをも避けることで、この対立を調停している。それは過去を知る経験豊かな老人であり、過去から着想を得て未来を準備している。その物腰は慎重であり、七つの神秘的な節を持つ竹を持って地面を探り、ゆっくりと、しかし立ち止まることなく進んでいる。途上、利己主義的な欲望に駆られた蛇に出会っても、『黙示録』の翼のある女を真似て蛇の頭を踏みつけたりはしない（この女はすべての動物性を征服しようともくろむ神秘主義を暗示している）。賢者は蛇に魔法をかける方を好み、アスクレピオス〔ギリシア神話の医神〕の杖のように、自分の持つ棒に巻き付かせる。それは、秘儀参入者の医療を行うため、魔術師が手に入れる生命潮流なのである。

　隠者は無闇に地面を探っている訳ではなく、ほのかな光が絶えざる確かな歩みを照らしている。というのも大きなマントの裾で一部を隠したランプを右手で掲げており、それはこのささやかな光すらも直視できない人の眼を眩（くら）ませぬためのようである。

　己の知を輝かせるのは、自らが進んで行く便宜のためだけである。この哲学者は謙虚であり、自らの知識は己の知らぬことに比べれば取るに足らないものであることをわきまえているので、一切の幻想を抱かない。知性に関わる傲慢すぎる野心は放棄し、地上の務めを達成するために不可欠な観念を、謙虚に集めることで満足している。

　その使命は教義を作り上げて信仰を固定することではない。【隠者】は【教皇】（5）ではないのだ。大衆に訴えかけることはなく、自らの隠棲の場に入らんとする真理の探究者にのみ、近づくことを許す。彼らが理解できると確信して初めて、意中を打ち明ける。賢者は豚に真珠を投げ与えたりはしないのである。

　しかも、隠者が手にする明かりは、表面を照らすだけに限らない。それは物事の内面に入り込み、掘り下げ、暴き出すのである。本物の人間かどうか見極めるため、ディオゲネスもタロットの【隠者】と似たようなランプを用いねばならなかった。

　この人物のマントは外側が暗い色で、褐色（厳格性）を帯びているが、裏

地は青く、有名な〈アポロニウスのマント〉〔Apollonius of Tyana, 紀元1世紀のピタゴラス派哲学者〕が持つという絶縁性を帯びた、ふんわりとした着衣のようである。フリーメイソンたちは、効果的に作業を行うためには〈身を覆う〉必要があることを知っており、錬金術における〈大いなる作業〉は密閉したレトルトの内部で行われなければならない。外界から孤立することなしに、いかなるものも凝縮せず、前もって凝縮されていなければ、いかなる魔術的作用も行使できない。邪魔な侵入から守られて、忍耐強く、沈黙の内に蓄積されたエネルギーが、時至れば抗しがたい力を展開するだろう。およそ実体化すべきものは、すべて謎めいた陰謀家たちの秘められた作業が行われる部屋で、秘密裏に生成されるのである。

　隠者は世俗の些事を遠ざけてくれる厳めしい心理的環境に守られて秘事を行う。己の隠れ家で、保ち続ける意志を強化し、大いなる切望をあらん限りの無私の愛で磁化させて、自らの考えを成熟させていく。こうして、この夢見る人は素晴らしい成果を用意することができる。というのも、同時代人からは知られずとも、未来を確かに作る職人となるからである。今の世の些事から逃れて、今後成就すべきことの糸を献身的に織り上げている。〈秘密の棟梁〉として、人から見えぬように、胚胎する未来を方向付けるべく働いている。変化をもたらす人間として、目先の結果などには心奪われず、未来の形を生み出すエネルギーにのみ執着しているのである。

　人との交渉を避けて己の思考の内奥に生きることは、〈イデア〉と神秘的合一を行うことであり、それはタロットにおいて第3アルカナと第8アルカナの女性（【女帝】と【正義】）によって表徴されていて、【隠者】はその夫となるのである。かくして、第9アルカナの老人は大工のヨゼフと近づき、ヴェーダではトヴァシュトリの名が与えられている。それはエミール・ビュルヌフによると [1]、この宇宙に広がり、とりわけ生物の中に顕現する造形力の人格化である。したがって、生命の形成にとってなくてはならぬ不可視の足場を造る、神秘の職工の姿をそこに見ることは許されよう。客観的存在の非物質的基礎たる〈イェソド〉の中に、特定の実在化に適用される潜在的創

（1）Émile Burnouf, *Le Vase Sacré et ce qu'il contient dans l'Inde, la Perse, la Grèce et dans l'Église chrétienne*, p.14.

造エネルギーが集積される。万物は実体化する前に、抽象概念、意図、定められた計画、実現化の活力によって生かされるイメージとして予め存在している。

　現実的ではあるが秘められた生成の神秘に第9アルカナは関係し、そこには霊と魂しか参加しない。【隠者】は製図板の上で、建築計画の正確な設計図を定める〈棟梁〉である。

　この台の上に一般に現れる図は、正方形の辺を延ばし、九つに分割して、1から9までの数字を熟達者たちが魔方陣にして並べられるようになっている。ここでは、中央で奇数が非常に意義深い十字を描き、偶数が角に追いやられて、四つの基本元素と関係させられているかのようである。説明が拡がり過ぎないように、ここでは以下のことだけを指摘しておこう。潜在的存在の生命の核は5（第五精髄）によって表され、両脇に3（造形力を持つイデア）と7（指導的魂）があって、1（純粋霊）によって支配されて9（実現される潜在性の総合）に支えられている。

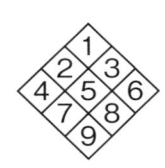

8	1	6
3	5	7
4	9	2

　カバラの〈九項〉は通常の順番で並べられて菱形を構成し、9は下の角に置かれ、こうして全体の基礎、支えとしてのセフィロートの樹の幹を表徴する。

　天空における人物で【隠者】に最も良く相当するのは《牛飼》であり、7頭の牛——セプテム・トリオネス（《大熊座》の七つ星もしくは《ダヴィデの車》の古い呼び名）——の番人である。実際は収穫をする農夫であって、近代の天文学者が《髪座》（かみのけ）とした麦の束の上に半月鎌をふるっている。黄道上の《乙女座》が沈むと、《牛飼座》も低くなって追いかけているように見え、収穫を司る乙女エリゴネの夫、もしくは父と見なされた。こうして、既に指摘した第3アルカナと第9アルカナの類縁性が確証される。

　ボローニャのタロットは【隠者】の代わりに、2本の松葉杖にもたれかかって辛そうに歩く有翼の長老を置いた。腰帯には巾着が下がっており、過去の遺産が入っている。

宇宙の運動の一つの極を示す柱から出発しているが、この柱から万物は回転しつつ遠ざかる。翼があるにも関わらずゆっくりとしか歩けぬこの老人は、時間の神であるサトゥルヌスを思い起こさせる。それは過去から少しずつ開花させる未来を征服すべく、常に歩き続ける永遠の継続者と見なされている。この点について、シャルル6世のデッキでは、【隠者】にランプではなく、砂時計を持たせていることを指摘しておこう。

占術上の解釈

〈イェソド〉、基礎。潜在的に生成する存在、胚種の中に凝縮した可能性。客観化以前に存在する生きた計画。造られる組織の目に見えぬ枠。個体に種の性格を刻みつける造物規範。隠秘学者の〈アストラル体〉。

　伝統。経験。過去の不滅の遺産。深められた知。賢慮。用心深さ。内省。沈黙。慎み。遠慮。孤立。節制。貞潔。禁欲。厳格。

　世俗から離れ、情念や卑小な野心を顧みぬ賢者。浮薄とは無縁の、深遠で瞑想的な精神。霊と魂と体の経験豊かな医師。普遍の医療を実践する熟達者。〈賢者の石〉の秘密を手にしたヘルメス哲学者。秘儀伝授者。他人の作業を指導し、人間の生成の次元で胚胎するものを識別できる師。産科医。

　土星的で、真面目で、寡黙で、しかめ面の、疑い深い性格。心配性で、小心で、重々しい精神。悲哀、人間嫌い、懐疑、失意、吝嗇、貧しさ。

X
【運命の輪】

10　LA ROVE DE FORTVNE

聖書の『エゼキエル書』第1章に描かれたヴィジョンについては、無数の
カバラ学者が膨大な分析を行ってきた。空が開け、予言者は四つずつの奇妙
な生きものを見、その傍らに四つの火の車輪があり、それぞれが二重になっ
ていた。タロットの第10アルカナのシンボリズムについてはエリファス・レ
ヴィが明らかにしたが、個々の生命を発生させる二重の渦のイメージたる二
つの同心円は[1]、聖書に着想を得ている。

　この生命は、外周の回転運動と反対方向に、内側に閉じ込められた旋回が
行われるとき、電流のようにして生み出される。個体は、自らが属している
全体との対立によって生じる。全体と反抗することによってのみ、中心とな
ることができる。個体が独占しようとした、より広い生命から命が発するの
である。その達成には限界があって、そこから個体存在の短命性が生じるの
であり、【運命の輪】──生成もしくは宿命の輪でもあるが──はそのこと
を暗示している。

　この運命の輪に機動力を与える手回しのクランクがあり、その回転は最初
は速く、徐々にゆっくりになっていって、最後は死を標し付ける停止に至る。
若年の生命リズムが性急であるのに対して、その後熟年の穏やかな規則正し
さが続き、老年の沈滞となって、決定的で致命的な停滞に達する。

〈生成の輪〉は、並列する赤と緑の舟のマストに載って、混沌の生命の暗い
海を漂っている。舟の形は万物の母である大いなる形成者イシスの三日月を
思い起こさせる。

　それぞれの舟から蛇が屹立していて、1匹は雄、1匹は雌である。両者は
生命潮流の正と負の原理に相当し、それぞれ運動性（赤）と感受性（緑）と
なって表現される。

【運命の輪】の運動は、上昇においてヘルメスのカドゥケウスを持ったヘル
マヌビスを運び、下降において三つ叉の矛を手にした怪物テュポンを運ぶ。
こうして、一方は個体の成長を促して生命の放射を刺激する建設的で有用な
エネルギー全般を象徴し、もう一方は生命体が抵抗すべき破壊要因全般を象

（1）外側の赤い輪は圧縮的振動を生み出し、内側の青い輪の拡張的振動がこれに抵抗していると
考えることができる（スタニスラス・ド・ガイタの『黒魔術の鍵』*Clef de la Magie Noire* の「均衡
とその動因」l'Équilibre et son agent という章にある、〈エレブ〉と〈イオナ〉という名で描かれる
二つの動因を参照のこと）。

徴している。

　二つの対立する存在は、生命に適した暑熱を持つ夏と、生命放射全体を抑制する冬を表徴している。犬の頭をした人物はシリウスを主星とする《大犬座》に対応する。対抗者は《山羊座》〔《魔羯宮》〕に関係するが、それは山羊と魚、〈水〉と〈土〉が混ざり合った存在で、泥と関係する混沌の怪物であり、そのことを体の土気色の緑が示している。この冬の怪物の顔と煙の形をした布はくすんだ赤色だが、それは内部で鈍く火が燃えているからである。利己主義的な情念の火であるが、それは混沌質料ヒュレーの精であり、規則と規律に従う調和のとれた有機体を混沌の状態に戻そうとするからである。しかし、圧縮し、有体化する〈冷〉は、悪い方にばかり解釈すべきではない。それがなければ、創造的な客体化はあり得ず、したがって〈言〉の受肉も贖罪もないからである。それゆえ、《山羊》はカタコンベのキリスト教徒たちには悪魔的なものと見なされず、アルデアティーネ〔ローマにある洞窟〕の礼拝堂の壁画では、ネプチューンの三つ叉の矛と関係付けられている。恐らく、失墜したが、洗礼の水の力で再生する人間の象徴をそこに見たのだろう。

　ヘルマヌビスは体が青いところから〈空気〉の存在であり、賢者の〈アゾート〉に相当する。万物に入り込み、生命運動を掻き立て、維持し、必要に応じて活性化する精妙な原質である。こうした種類の神秘的流体は同時に、〈混沌〉を調整する神々のメッセンジャーたる大いなる〈水銀〉、形成的知性の媒体でもある[1]。

　造物的な神の数は 7 であり、占星術における惑星の影響となって現れ、ありとしあるものに及ぶ。そこから、生成の輪の可視的な 7 本の輻が突き抜け

(1)　ヘルマヌビスの頭と衣の黄色は、有体化された、換言すれば凝縮し固定した光に関係している。

る、様々な色の七つの領域が生じる。

　輪の上には、不動の台の上にスフィンクスがどっしりと坐している。それは個々の形体の束の間の安定性を保証する、均衡と固定の原理である。【正義】（8）のように剣を持っているが、それは、利己的に小さくなろうとする凝縮力と、外界への情熱を広げすぎる拡張力との間の葛藤に介入し、明確に決断を下す使命があるからである。それはヘルメス学者の〈アルケ〉であり、〈個体性〉の確たる決定的な核で、その中心に〈硫黄〉🜍 が燃えている。この統一原理が基本元素間の引力を支配し、統合して、生命エネルギーに変換する。こうして、基本元素に対応するスフィンクスの4色が説明できる——赤い顔は〈火〉、青い翼は〈空気〉、緑色の胸と前足は〈水〉、黒い後軀は〈土〉である。さらにスフィンクスは、顔は人間で胸は女性、翼は鷲で、爪は獅子、腹は牡牛である。そこにはエゼキエルのヴィジョンに現れた生きものが見て取れ、それは四福音史家のシンボルとなった——人間もしくは天使が聖マタイ、牛は聖ルカ、獅子は聖マルコ、鷲は聖ヨハネ。

　天体に関連させると、夏至と冬至に対応する《山羊》＝テュポンと《大犬》＝ヘルマヌビスに対し、スフィンクスは【正義】（8）が捧げる黄道上の《天秤》の位置を占める。それは運命の輪の柱をカドゥケウスに変える蛇たちと対立している。蛇は《牡羊》に代わるものだが、同じように春の生命力の目覚めを象徴している。蛇は混沌の海から姿を現していて、《エリダヌス》の河口からほど近く、《魚》と《鯨》が泳ぐ天の領域がこの海を表徴している。『創世記』に語られているように、神の霊は宇宙発生の輪の渦と隔絶した支配者として、闇の水の上を漂っている。永遠のスフィンクスは、厳めしく物静かで、永久に謎めいていて、秘密を守り抜いている。その秘密とは大いなる神秘であり、被造物に隠された創造の〈言葉〉であり、神のテトラグラマトンの最初の文字ヨッド〔ﬠ〕である。

占術上の解釈

〈マルクト〉、王国。意志の至高性の領域。個体化の原理。退化。胚種、種子、精液。豊饒化のエネルギー。ヨッド、ヤキンの柱。

　主体性、洞察力、機知、自発性、創意の能力。実践的な占術。機会を適切に捉えたことによる成功。

　幸運、富や成功に導く偶然の発見。実際の個人的長所とは別に成功に繋がる好都合な運命。偶然から引き出した特典。羨望の的だが不安定な立場。上と下の交替。不安定性。土占いの〈小幸運〉。一時的利益。

XI
【力】

どんな荒々しさをも打ち負かす至高のエネルギーは、タロットにおいて金髪の優雅な女王の姿をとって現れる。いきり立つ獅子を、見たところ苦もなく抑えつけ、口を大きく開かせている。枢要徳としての〈剛毅〔力〕〉についてのこうした着想は、棍棒にもたれかかり、ネメアの獅子の皮を纏った通常のヘラクレスの表象とはかけ離れている。第11アルカナが讃えているのは肉体的な、筋肉の力強さではない。穏やかで繊細であるだけに、いかなる怒りや暴力の爆発よりも抗いがたい、女性的な力の行使である。抑えられぬ血気や、激しい情念の化身たる猛獣は、黄道上の荒々しい《獅子》であって、1年における回帰は、太陽が焼け付くようになり、植物を枯らして死なせてしまう時期の到来を示している。収穫物を実らせた後、《乙女》（【女帝】（3））に打ち負かされる。

　獰猛であるにも関わらず、それは害を与える獣ではない。したい放題にさせれば、相手を荒々しく利己的に独り占めし、食らいつくし、破壊する。しかし、抑えつけさえすれば事情は変わる。【戦車】（7）の黒いスフィンクス

のように、飼い馴らせる人に対しては、大きな奉仕を行うのである。

　よって、我々は苦行者よろしく自分の人格の内にある獣を殺すよう求められているのではない。たとえ危険なものであっても、すべてのエネルギーを賢者は尊重する。それらは取り込まれ、しかる後に正しく用いられるために存在していると考えるからである。

　既にカルデアの英雄ギルガメシュも、砂を詰めた革袋で作った武器で獅子を気絶させた後、胸のところに押しつけて窒息させないようにしている。この秘儀参入者は下等なものを決して軽蔑しない。どんなに卑しい本能でも神聖なものと考える。それはあらゆる活動に必要な刺激剤だからである。生命を制御するには、悪に向かう力を有益なエネルギーへと変化させなければならない。下劣なものは破壊するのではなく、

変成によって高貴なものにしなければならない。あたかも、〈鉛〉を〈金〉の価値に高められねばならぬように。

　この規則はあらゆる分野に適用可能である。普通の人間に美徳、無私、義務の厳格な達成を要求しても無駄である。ありとあらゆる形の利己主義こそ、この地上の君主である。賢者はそのことを受け入れ、悪魔の存在を考慮に入れて、悪魔を心ならずも〈大いなる作業〉に協力するよう仕向けるのである。これが第11アルカナの教えである。

　このように男性的・〈ドーリア的〉イニシエーションの計画を実現する女魔術師は、〈知性〉と呼ばれる。学問の勝利、文明の進歩はこの〈妖精〉のおかげである。しかし、彼女が目に見えぬ形で行う驚異は、客観的に目立つ驚異よりも素晴らしいものがある。それは一つ一つの組織の中で活躍している。さもなければ、意識を持たない細胞が全体の救済に協力することはできない。それはあらゆる集団性の魂に影響を与えている。生命の個別性は相対的なものでしかないからであり、最も単純だと考えられている存在も複合的である。別々に捉えられた個人であれ、国家であれ、その生命はすべて、互いに見知らぬ多種多様な存在の協働に基づいており、かつ上位の利益のために調停されることを求めている。この不可欠の調整は、至る所どこでも神秘的な力のなせる業であり、タロットでは【力】によって表現されている。【女帝】（3）と【正義】（8）が合体した堂々たる女調教師の強力な介入がなければ、解き放たれた利己主義はあらゆる集団的生命に対立するだろう。組織が構成要素間の不和に抵抗できるのは、組織の魂を有しているからであって、その中に狭量な占有行為を打ち負かす力が宿っている。市民たちが自分のことしか考えなければ、国は当然危機に陥る。個人的な欲望の大群に抵抗できるのは、国の魂による純然たる奇跡のなせる業であって、それはタロットにおいて、猛獣に打ち勝つ女性によって象徴されている。

　反抗するエネルギーを穏やかに制御する女王は、【女教皇】（2）と同じ色の服を着ている。ドレスは青く、マントは赤で、これは彼女の働きが〈イシス＝自然〉の働きと同じく神秘的だからである。しかし【力】の青は、【女帝】（3）では空色になっている。袖には【正義】（8）と同じく、黄色と結び付いて緑が現れている。というのも、獅子を手なずける女性は、最高のイデア（【3】）から着想を得、普遍の秩序の法（【8】）に合致しつつ、凝固し

た光（黄）を介して、生命性（緑）を支配するからである。３＋８＝11とい
う数字が、神智学的簡約によって２に還元されることは注目すべきである。

ちなみに11はイニシエーションにおいて主要な
数字であり、特にその倍数の22、33、77、またそ
れを分解した５と６——五芒星とソロモンの封印、
すなわちミクロコスモスとマクロコスモスの星に
関係する——は重要である。これら二つの星の合
体は魔力を持つ護符を形成し、人間の精神（五芒
星）が普遍の魂（六芒星）の作用の中心となって
この力を行使するのである。

　人間による制御がはっきり働くのはミクロコスモスの限定された領域だけ
である。それは人間の流出源（【１】）であるマクロコスモスに包含されてい
て、それに仕えるべく人間の努力（【11】）が用いられるのである。

【奇術師】（１）と同じく、【力】の冠り物は横に寝た８の形 ∞ をしている
が、これは継続する運動を表現する記号であり、数学者が無限大の象徴とし
た。

　最初の11枚のアルカナの能動的な列(1)の最後にこの記号が戻ってきたとい
うことは、意識的・意図的なドーリア的活動の源と終点に、無限を当てはめ
たということである。

【奇術師】の帽子は【力】の帽子よりも単純で、王冠もきらびやかな羽毛飾
りもない。これは霊的な力（王冠）はそれを行使することによってしか手に
入れられず、実践的な知は生まれつきのものではないからである。【奇術
師】は何でも手に入れる能力を持っているが、男性的もしくはドーリア的次
元の秘儀参入の途において、教えと訓練を受けて初めて潜在的な力を十全に
発揮できる。第11アルカナはその点で、彼が到達できる理想を標し付けてい
る。賢明な人間は、正しく考え、個別の意志を〈至高の意志〉と一体化すれ
ば、巨大な力を用いることができる。彼は温和さをもって暴力を手なずける。
およそ真正な熟達者が切望すべき魔術的な力を行使できれば、いかなる荒々
しさも彼に抵抗できない。どんな力よりも本当に強く高尚な〈力〉を切望す

（１）上記49頁を参照。

るのであれば、すべからく己の内にある支配欲に凝り固まった情念や利己的な本能という獅子を手なずけるべきである。

占術上の解釈

　心理的エネルギー。有機体の内部で葛藤し合う衝動を支配し、調整する有体的魂の力。本能を服従させるために結びつく理性と感情。個別の〈言葉〉。個人が発する意志＝思考の拡散。野蛮さに対する知性の勝利。〈自然〉の無分別な力を従わせる人間の知恵と学問。

　美徳、勇気、平静、大胆。粗暴な力と利己的情念に勝る道徳の力。

　絶対的自制。力強い魂。精力的で活動的な〈自然〉。労働、知的活動。調教師。

　熱情的で怒りっぽく、激しやすい性格。苛立ち、怒り、無鉄砲。火星の影響。自慢、虚勢。冷淡、粗野、粗雑、残酷性、激怒。

XII
【吊るされた男】

12 LE PENDU

〈能動的イニシエーション〉、いわゆる〈男性的〉で〈ドーリア的〉なイニシエーションは、個人がエネルギーを自らの内から汲み出し、これを錬成して展開させることに基づいており、タロットでは最初の11枚のアルカナに関係している。それは【1】から出発して【11】に到達する。気高く正当な個人的野心に駆り立てられる参入者は、自らがそれに値することを示せば、最終的に至高の魔術的な力を手にすることになる。そのとき、絶対的主人として、自らと自らの影響下にあるすべてとを支配する〈魔術師〉の理想を実現するのである。これ以上先には進めないと考えたくなるが、タロットは第11アルカナでは止まらず、第12アルカナによって、まったく異なった領域に近づくことになる。それは、〈受動的もしくは神秘主義的イニシエーション〉であり、〈女性的〉、〈イオニア的〉とも言われる。この後、人は固有のエネルギーを発揚させることを断念する。自律的な活動の中心として行動するのではなく、外からの影響を従順に受けるべく自分の存在を消すのである。〈魔術師〉は自分自身と己の知性、意志に信を置く。自らを君主と捉え、自分の王国を征服しようと躍起になっている。それに対して〈神秘家〉は、自分ひとりは無力な、中身を欠く〈殻〉以外の何ものでもないと確信している。受動的な自己放棄によって、自らに働きかけるものの手に委ねられる。足と手を縛られて身を任せる【吊るされた男】と同じ状態にあるが、この人物はタロットでは【奇術師】と同一人物であるように見える。実際、第1アルカナの金髪のすらりとした若者が、第12アルカナに戻ってきているのである。しかし、指を器用に操る軽業師と、右足しか自由にならない受刑者との間には、何という隔たりがあることか。その右足は左足のうしろに曲げられ、腕と頭で作る逆三角形の上に十字を作り上げている。

こうして、全体の姿は〈大いなる作業の完遂〉🜍 という錬金術的記号を思い起こさせる。それは、〈硫黄〉の表意記号 🜍（【皇帝】（4）のシルエット）を逆転させたものである。ここで明るみに出されるのは〈火〉と〈水〉の対立、内なる、もしくは文字通りの〈地獄的な〔下の〕〈火〉と高められた天上的な〈水〉との対立である。〈硫黄〉的な熱情は個人の〈アルケ〉であり、自らの高揚と主権を示す原理（〈ドーリア主義〉）である。外面化された〈水〉は純化された生命物質を表し、その中で上から到達する力が屈折する。【吊るされた男】は体が不活発で無力であるが、それは肉体的組織を精

妙な気体で包み込むために魂が体から離れたからであり、この気体の中で最も純粋な霊的放射が屈折する。それに対して【皇帝】は自らに集中している。秘儀参入者の行う自己への下降を実践し、個性の中心に沈潜している。〈自己の中に入ること〉はドーリア主義 △ の〈乾いた〉途によって〈大いなる作業〉に繋がるのに対して、〈自己から外に出ること〉はイオニア主義 ▽ の〈湿った〉途によってそこに向かわせる。

　普通の人間が支えとすべき地面を踏みしめていない【吊るされた男】は、厳密に言えば、もはや地上的存在ではない。物質的実在性が失われているからである。枝を払った2本の木に枯れ木を渡して作った不思議な刑台に支えられて、己の理想の夢の中に生きているのである。その横梁の黄色は、凝縮された光、言い換えれば体系としてはっきり確立した思想によって作られていることを示している。それは【吊るされた男】が我が物とした教説で、そこに全人格を依存させるほど信奉しているのである。それはいと高き信仰の観念で、凡人には到達できないほど崇高であり、かつ本当に実現することは不可能なほど高尚な理想である。諸々の教会や宗派の教えは地上において、人間の弱さに合わせて作られているが、それよりも高度な、選ばれし魂の持ち主たちの宗教である。

　【吊るされた男】は、本能的な、もしくは盲目的な信者としてではなく、個人的な野心の空しさをわきまえ、己を完全に忘れた英雄的な犠牲がいかに豊かなものであるかを知る賢者として、その宗教に帰依している。通俗的な神秘主義とは異なり、その無私の態度は、個人的な救済への思いを完全に排除するに至っている。純粋な献身は、報酬をいっさい期待しないのである。しかも【吊るされた男】の野望が天の征服でないことは、頭が地に向かっていることに示されている。彼の関心は地上的なものであり、無知や利己的情念の犠牲になっている哀れな人間たちを贖（あがな）うことにあるのだ。

　【吊るされた男】の両側にある2本の木は、すべての秘儀参入者の右と左に立つヤキンとボアズの柱に相当する。それらは、人間から粗雑な物質性を除こうとする感情的切望全体を表象している。青から徐々に緑に変わっていく樹皮は、最初に静かな観想、文化的習慣に忠実な信仰を得た後、宗教の道徳的で本当に生き生きとした側面を徐々に引き出そうとする活性化を示している。2本の木を生長させる熱い樹液は、枝を払った後の12個の切り口を緋色

に染めている(1)。このように活動的な霊性（緋）が〈12〉において現れているのは、黄道十二宮を経巡る太陽の前で、宗教的領域全体に生命を与えているからである。【吊るされた男】の宗教にはいっさい狭量な部分がない。それは個々の宗派を超越し、あらゆる時代、あらゆる民族に共通した純粋な宗教感情から発する、統合主義的カトリシズムを目指すのである。

【吊るされた男】の胴着は赤と白が交錯していて、【恋する男】（6）の服の赤と緑と同様である。赤が意味する能動性は、この人物の受動性と矛盾しているようだが、彼はすべての面で受動的になれる訳ではない。有害な影響を押し返し、良い影響を求めるためには能動的でなければならないのである。白は、正しい思想の懐胎と寛容な心の育成に不可欠な、魂と想像力の純粋性に関係している。裾の部分にある二つの三日月のうち、一つは赤で一つは白、すなわち対立状態にある。それらは〈凱旋者〉【7】の肩を守っていた同種の三日月を思い起こさせる。しかしここで三日月が司っているのは腕ではなく脚であり、ある意味で【吊るされた男】の〈空気〉的な部分である。というのもこの男は歩いておらず、左の踝で吊るされており、右脚で空を叩いている。この状況で、左裾の赤い下弦の月は神秘家のへりくだりの心に関係していて（その自己放棄は能動的なものであるから）、右側の白い三日月は、想像的印象を歪曲せずに受け止め、正しく解釈する直感能力に関係している〔この記述は1889年版の図と合致しているが、1926年版（および1966年版）では赤白が交替している。次のボタンについても同じ〕。

　胴着のボタンは二つが赤で四つが白である。この細部は意味のないものではない。というのも2は【女教皇】、つまりは神秘家において能動的な信仰に繋がるのに対して、4は【皇帝】、つまりは意志の主人を示すからである。意志は女性的・〈イオニア的〉イニシエーションにおいては純粋で無私なものでなければならない。熟達者は自分自身によって、とりわけ自分自身のために意志することをやめるからである。自分が仕えている神秘的な〈力〉が望むもののみを欲する。〈魔術師〉が〈支配する〉ことを主張するのに対し

（1）ヴェーダの犠牲の火であるアグニは、普遍の生命の木から切られた枝のおかげで保たれる（参照、Émile Burnouf, *Le Vase sacré et ce qu'il contient dans l'Inde, la Perse, la Grèce et dans l'Église chrétienne*, p.15）。

て、〈神秘家〉は〈従う〉ことしか願わない。

　信頼しきった放棄は、無頓着な平静さとなって現れ、そこから奇妙な受刑者【吊るされた男】の穏やかで笑みを浮かべた顔が生じる。縛られた両腕は袋を抱えていて、金貨と銀貨がこぼれ落ちている。それは知性の面で豊かになった熟達者が貯えた霊的な宝である。何事にも執着していないので、自分が抱くことのできた正しい思想や、獲得しようと努めてきた貴重な認識という黄金を気前よくばらまいている（☉ 金、霊、理性）。自らの左側に散乱している銀によって象徴される、己の感情、善意、有益な渇望についても惜しみはしない（☽ 銀、魂、感受性）。

　第12アルカナと最も良く合致する神話の英雄は《ペルセウス》であるように思われる。なぜならペルセウスは、天上の生命付与者ユピテルと、有体的な青銅の塔に閉じ込められた魂であるダナエの間の息子であって、嘘と中傷を打ち砕くために、目に見えぬ形で遠くまで運ばれる動的な思考の人格化だからである。ペルセウスが首を切り落としたメドゥーサは、精神を麻痺させる誤謬と悪意である（見たものを石に変える恐ろしい力はそこから発している）。これに打ち勝つために、ペルセウスは姉のミネルヴァ〔アテナ〕から鏡の盾、プルトン〔ハデス〕からウルカヌス〔ヘパイストス〕の作った隠れ兜、メルクリウス〔ヘルメス〕から翼のあるサンダルを借りねばならなかった。こうした武器を身に着けて、姿を見せずに秘めたる精神感応的な作用を行使するため、遠く離れた場所に移動することができたのである。危険で恐ろしい愚行に打ち勝ち、彼は物質の岩に繋ぎ止められた魂である《アンドロメダ》を救い出した。その岩礁は物質的な生の恐るべき海にあって、荒れ狂った波濤が立てる泡から顔を出した、黒い物質であった。

　これらすべての偉業をなした人物は、身動き出来ない【吊るされた男】とは対応しないように思われる。しかしこの外見上の不活動に惑わされてはいけない。肉体的には無力であっても、より大きな、隠れた霊的な力を所持しているのである。身体は活動していなくとも、内部から流出する精妙なエネルギーのおかげで、抗いがたい心的な影響力を行使している。彼の思考、切望、感情は、ペルセウスの働きのように、遠く離れたところでも感じられる

のである。

占術上の解釈

　身体を包む、解放された魂。神秘性。聖職。神との関係に入る人間。悪か
ら善への普遍的変成という〈大いなる作業〉への協力。神的なものまで上昇
するために、本能的利己主義から解放された個人。贖罪をもたらす犠牲。魂
の活動。遠隔的介入。精神感応。

　道徳的完成。自己放棄。自分を完全に忘れること。献身。絶対的無私。高
次の大義のための意志的犠牲。愛国主義。

　司祭、預言者、幻視者。ユートピア主義者、現実感覚を欠いた夢想家。幻
想に駆られた熱狂家。〈美〉を構想しながら、作品として表現できない芸術
家。実現不可能な計画。高潔だが不毛な願望。片恋。

XIII

【死神】

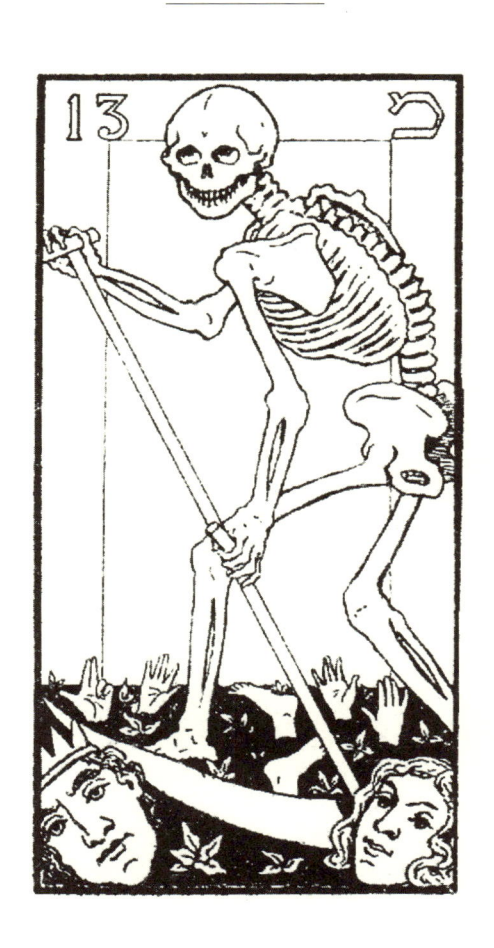

タロットの構図においては、タイトルがすべて文字で書かれている——「奇術師」「女教皇」「女帝」等。ところが第13アルカナだけは意図的に何も書かれておらず、あたかも中世の絵師たちが人間の頭を刈り取る骸骨を名指しするのを嫌ったかのようである。とすれば、【死神】〔「死神」と「死」はいずれも la Mort〕を滅ぶべき形体の破壊者とのみ見なすことを拒んだのであろうか。存在するのは〈生〉だけだと考え、〈死〉も〈虚無〉も信じなかったように思われる。〈在る〉ものは外見を変えるが、決して破壊されない。すべては個々の存在の源となっている大いなる〈変成者〉の作用の下、いつまでも変化しつつ残存している。使い古され、与えられた使命に応えられなくなった形体を溶解することで、この動因は新たな生命的結合を行うべきエネルギーを解放し、若返りの業を行う。人間は束の間の存在を〈死〉と呼ばれるものに負っている。〈死〉のおかげで人間は生まれ、ただ再生に導かれるのである。

　タロットにおいて、2個目の〈三項〉の第1項と5個目の〈三項〉の第1項、すなわち【4】と【13】の間には正確な対応がある(1)。【皇帝】(4)は錬金術師の〈硫黄〉♁、すなわち内的な火、個々の生命の動的原理を表象する。この火は蓄えが尽きるまで燃えていくので(2)、熱が徐々に減じていき、最終的に【死】(13)と呼ばれる消滅に至る。しかしそれは実際には何も消滅させておらず、物質が活性をどんどん失うにつれて、物質に押しつぶされていたエネルギーを解放するのである。〈死〉は「殺す」のではなく、もはや生きられぬものを切り離すことで、再び「生かす」のである。その介入が無ければ、すべては衰弱し、最終的には一般に〈死〉について考えられているイメージと、〈生〉とが区別できなくなる。したがって、第13アルカナは、普遍の生命、永遠の生命の動的生成者と関係し、その循環的活力を【節制】(14)が、また静的蓄積を【悪魔】(15)が、象徴している。

　イニシエーションによって授けられる上位の生に生まれ変わるために、俗人は死ななければならない。自らの未完成な状態において死ぬことがなければ、イニシエーションによる進歩はいっさい望めない。したがって、「死ぬ

（1）第一部 III 章、73頁と75頁を参照。
（2）生命の火を育てるこの蓄えは、ヘルメス学者の〈根源湿〉に相当する。

ことを知ること」は参入者にとって大いなる秘儀である。というのも死ぬことによって、自らを崇高なものとなすために、低位のものを取り除くのである。よって真の賢者はより良く生きるために絶えず死ぬよう努める。かといってそれは、不毛な苦行を実践することを意味しない。知的な自立性を手に入れたいと思うなら、後生大事に守ってきた偏見と縁を切り、習慣となった思考方法において〈死ぬ〉べきではないだろうか。思考の自由の中に生まれるために、死ぬことによって厳密に公正な判断と対立する万事から解放される必要がある。この自発的な死がフリーメイソンに要求されるのは、神殿の扉を叩いて「自由の身として生まれた」と思えるようにするためである。だが新入会員が〈反省の小部屋〉と言われる地下墓所を通過することにどういう意味があるか、たいていは全く理解できないため、シンボリズムは残念ながら無意味になってしまっている。

　錬金術において〈哲学の石〉の材料を提供するよう定められた人間、言い換えればイニシエーションを受けることを認められた俗人も、死を余儀なくされる．密封された容器に閉じ込められ、つまりは外部の活性的影響から完全に隔絶して、対象者は死に、腐敗する。そのとき、サトゥルヌスの鴉が象徴する黒色が現れ、それは〈大いなる作業〉の初期段階としては良い兆候になる。

「他の確たる色が現れる前に、まずは黒が見えなければ、作業に失敗したと悟り、最初からやり直せ」——ニコラ・フラメル〔Nicolas Flamel, 1330-1418〕はこのように熟達者を目指す者に向かって言う。それはすべてのヘルメス哲学者と同じく、世界から身を引き、世の些事において死に、真のイニシエーションに導く己の漸進的変成の途に入ることを勧めているのである。

　真のイニシエーションは実際には2段階の死を含んでいる。第1は、鶏の雛が最終的に殻を破る孵化に似ている。奥義の参入者は光と自由を獲得するために、〈哲学の卵〉の闇の中で、体を丸めなければならない。自立した明るい生に再生するために、暗い牢獄で死ななければならないのである。

　手に入れた新たな生は、勝ち誇った安寧の生ではない。休みのない、しか

し豊かで輝かしい作業が課されるのであり、その報酬が第2の死である。卑俗極まりない殻から解放されただけで満足せず、熟達者は最初のイニシエーションよりも今度はもっと深い死を経験する。というのも彼は、自らに対して、自分自身の個性と根本的利己主義に対して、死ぬのである。しかしそれは、自らの運命にも他者の運命にも無関心となった苦行者の自己放棄ではない。2度にわたって死んだ熟達者が、人々を無視することなどできるだろうか。ひたすら人々のために生きるべく蘇ったのだから。人間の内で個となった〈大いなる存在〉と合一したのは、その無限の愛を分かち持つためである。理想的賢者を特徴付けるのは、自分自身を完全に忘れるまでに他者を熱烈に愛せるということである。高潔な無私に到達した者は、強大な力を手に入れ、〈哲学の石〉を所有する。この至上の栄光に導いてくれるのは、イニシエーションによる二重の死だけなのである。

　普通のやり方と違って、ここでは体の左側で刈り取りが行われている。その変則性のおかげで、骸骨と鎌がヘブライ文字のメム 𐤌 の形を描いている。鎌の柄が赤いのは、生命の樹液がもう流れていない藁、すなわち枯れた力を焼き尽くす火を【死神】が持っているからである。骸骨の骨が白ではなく肌色であるのも注目すべきである。それは感受性と同情を持つ人間的なものに特徴的な色である。とすれば、すべてを滅ぼす〈運命の女神〉は、巷間言われる残酷性を持っていないということであろうか。鎌は、内に取り込もうと待ち構えている土に肉体を返すが、頭と手と足はそこから除いているように思われる。頭はまるで生きているかのように、表情を保っている。向かって左側の頭は王冠をかぶっていて、死んだ後も譲り渡しはしない知性と意志の主権を象徴している。右の顔の特徴は女性的な魅力を失っていない。愛情は死ぬことがなく、魂は墓の彼方からも愛することができるからである。地面から出ている手は活動を行おうとしているようで、〈業〉を途切れさせるわけにはいかないことを物語っている。緑の芽の間に現れている足は、思想を前進させようという意志を示している。個人が滅しても、その人が達成している務めには害が及ばない。何事も立ち止まらず、すべては進み続けるのだ。

　シヴァ神はヴィシュヌ神から、ブラフマーによって与えられた生命を取り上げたが、それは命を破壊するためではなく、若返らせるためであった。サトゥルヌスが生命の樹を刈り込むのは、樹液の活性を高めるためであるよう

に、再生の精は人類を末永く豊穣多産なものとするために剪定する。秘儀参入者は、鎌を持つしかめ面の骸骨の中に、〈進歩〉にとって不可欠な存在を見る。だからそれが近づいてきても恐れることはまったくない。イニシエーションとしての生を生きるため、死ぬことに同意すべきである。【死神】は至高の〈解放者〉である。賢者は、過去を惜しむことなく墓に向かって歩む。物質に閉じ込められていた霊を縛っていた絆が緩んでいくことを喜び、穏やかな老年を受け入れる。情念が静まることによって知性には完全な自由が与えられ、犀利な明晰性、ひいては予言的な洞察力となって顕れる。ただし〈棟梁〉が持つ特権は、心情において若くあり続けた老人にのみ与えられる。〈棟梁〉の力は、同情心に基づいているからである。愛情以外の力はもう持たないが、献身的に愛する術を知っている。魂の持てる全エネルギーを用いて振動することで、〈すべての力の中の力〉を持ち、〈唯一なるもの〉〔いずれも「エメラルド板」中の表現〕の奇跡を達成できる真の〈哲学の石〉を手に入れる。低次の引力をもう被らず、それでいて高潔な強い情熱に燃え上がれる人は幸いである。その人はより高くより美しい生に入るために死ぬのである。もしキリスト教徒であれば、その人の内で復活が行われる。フリーメイソンであれば、霊的な飛躍を妨げていたものをすべてヒラム〔ソロモン神殿の建築に携わったとされるフリーメイソン伝説の中核的人物。ヒラム・アビフ〕の墓所で捨てて分解した後、真実なる〈腐敗の子〉だと自称できるようになる。

　天空で【死神】に関係するものはない。しかしながら、《極の竜》〔《竜座》〕は生命の敵、もしくは少なくとも束の間の命を与えられた形体の敵として現れる。それは生きたものを飽くことなく呑み込み、新たな姿をとる前に混沌に戻るべきものがその中で解体されるのである。ヘラクレス〔《ヘルクレス》〕【4】は、ヘスペリデスの園で、黄金の林檎を守るこの怪物と出会った。しかしこの恐ろしい竜が退けるのは、イニシエーションの宝に近づく資格のない俗人だけである。死んで復活した秘儀参入者を前にすれば引き下がる。

占術上の解釈

　万物を新しくする変成原理。避けられぬ必然性。進化の決定的歩み。あらゆる停止、あらゆる決定的固定化、すなわち本当に死んだものに対抗する永遠の運動。〈進歩〉の霊（グノーシス主義者の聖霊）。霊を物質のくびきから解放する〈慰め主〉。解放、霊化、非物質化。シヴァ神。

　幻想からの覚醒。知的洞察力。可感的装飾を取り去った現実の知覚。判断力の絶対的明晰性。全面的イニシエーション。イニシエーションによる死。超然。苦行。不屈性。非腐敗性。腐敗した環境を蘇らせる変成の力。〈棟梁〉の位。

　必然的終結。宿命。本人の責任によらない失敗。根本的変成、改新。遺産。死者たちの影響。隔世遺伝。降霊術。交霊術。

　憂鬱、哀悼、悲嘆、老い、衰退、解体、腐敗、分解。

XIIII

【節制】

イニシエーションが「死ぬこと」を教えるといっても、消滅を促している訳ではない。消滅というのはどう考えてもあり得ない。それは〈虚無〉なのである。そのようなものに憧れるのは、およそ考え得る中で最も誤った理想である。なぜなら何ものも破壊されることはなく、すべては変成するからである。死は生を滅ぼすどころか、生の永遠の若返りを用意する。死は〈中身〉を解放するために〈入れ物〉を解体する。〈中身〉とは、滅ぶべき容器から別の容器に絶えず移し替えられながら、一滴も失われぬ液体のようなものと考えることができる。

　タロットの第14アルカナはこの生命流体を示し、普遍の生命の天使となる【節制】によって銀の壺から金の壺へと注がれている。

　貴金属で作られた二つのアンフォラ〔両耳付きの壺〕は、肉体の粗野な覆いに相当するものではない。それらは二様の心理的環境を暗示しており、物質的な組織はそこに詰め込まれた地上的な重しに過ぎない。これら求心的影響力のうち、片方の体に近い方は〈太陽的〉で活動的である（〈金〉、良心、理性）。それは個人を直接的に導き、意志的エネルギーを支える。もう片方はこれよりも広い影響力を持ち、〈月的〉で感性的である（〈銀〉）。それはより神秘的で、感受性、曖昧な印象、想像力、高次の無意識の領域である。その精妙な領域は同種の人々に共通する生命の振動を捕らえるが、それは永遠の生命の貯蔵所であり、そこから人間は生命力を汲み取って個性化する。銀の壺に集められたものは金の壺に流れ込み、肉体的生命の維持のため、凝縮が完成するのである。

　二つの壺の神秘は、普遍的流体の助けを借りて行われる奇跡の魔術的病気治療全体を支配している。治療術の初心者は、溢れんばかりの流体を入れた金の壺をたいていは所持している。他人に対して個人的流体を伝達し、生命潮流を制御することで、磁気治療を実践する。しかし、銀の壺が与えられないと、治療師見習いに留まり、もっと効果的で継続的な作業は行えない。根本的に高潔で純粋な魂であれば、真の奇跡を行えるが、それは自らの感情領域の大きさ次第である。できる限り広大な愛の環境を作るために、己の全存在をかけて他者の苦しみに同情し、己の愛情を外に出すことが必要である。そうすれば、最も精妙な振動波を集められる生命屈折環境を手に入れることになり、それを用いて聖人や賢者が行う真の医学を実践するのである。

【節制】の精は両性具有というか、より正確には雌雄同体である。【悪魔】（15）もまた両性的であるが、【死神】（13）は性を持たない。とすれば、タロットの5番目の〈三項〉（【13】、【14】、【15】）は、個別化していない集団的生命、性的両極化は可能だが未だ分化していない普遍的流体に関係している。

【女帝】（3）、【正義】（8）、【審判】（20）の天使と同様、【節制】は金髪である。その上、赤のドレス、緑の裏地を付けた青いマントという、服の色の点でもこの3人の人物と近づいている。赤は内なる霊的活動、青は静謐な生命、緑は活性化に向かう傾向を意味する。

【節制】の精は【女帝】（3）と同じく翼を持っているが、それは〈天の女王〉に類似しているからである。しかし、後者のように手の届かない理想の高みに籠もることはなく、肉体的生と霊的生を支えてやっている生者たちのもとに降ることを好む。しかしながら、【奇術師】（1）のように生命を生み出したり、【皇帝】（4）のように生命を強めたりするのではなく、生命を維持することに留めている。生命の液体を注ぎかけることで、枯れかけている花を生き返らせる。昼の暑さに耐えられるように、水をかけるか、花の上に朝露を置く。四つの枢要徳の中で〈剛毅〉〔力〕は激しい活動を展開するので、【節制】が働きかけて蘇らせないと、生命の水分（ヘルメス学者の言う〈根源湿〉）を使い尽くしてしまう。【節制】は《獅子》の旺盛な暑さに痛めつけられた植物に新たな樹液を回復させる。《獅子》は黄道十二宮では《水瓶》に対立するが、これは〈聖マタイの天使〉、もしくはエゼキエルのヴィジョンの中の牡牛、獅子、鷲に結びつけられた人間にあたる。

《水瓶》は植物を肥沃にする雨の神であるインドラ〔『リグ・ヴェーダ』における最大の神、天空の神でもある〕の役割を果たすが、これはカルデアの神々の中ではエアにあたり、至高の知恵を湛えた天上の海の主である。その知恵は高みから落ちてくる水の容器に運ばれて人間に分配される。そこから清めの水の聖なる性質と、イニシエーションにおける浄化で果た

す役割が生じる。キリスト教徒が志願者に洗礼の水に浸かるよう強いたのは、古代の秘儀から着想を得たものである。それは道徳的な汚れをすべて洗い流し、水の中に沈んで異教の生を絶ち切った後に再生する、つまりはキリスト教徒としての生に生まれ変わるためであった。

　錬金術において、望み通りに〈黒〉くなった、つまりは死んで腐敗した者[1]には〈洗滌〉が行われる。その作業には次々と降りかかる水滴が用いられるが、これは外側の火を強めたり弱めたりして適度に調整し、その作用で死体から出る蒸気を液化させたものである。この連続して落ちる水滴によって物質の段階的洗滌が行われ、色が黒から灰色へ、そして最終的に白になる。〈白〉は〈大いなる作業〉の第1段階が成功した徴である。熟達者がその段階に達するためには、魂全体をかき乱す要素をすべて魂から追い払わなければならない。本当の意味で己を捨て、あやふやな欲望から解放されると、純粋な意志の理想に近づき、奇跡的な行為が可能になる。

　神秘的な力を借りた治療行為は、治療する側の魂の純粋さに基本的に基づいている。自己放棄と他者への献身によって聖化されれば、まったく自然に真の奇跡を行うことになる。しかし、そのためには、自己への関心を捨てて自己から離れ、心の中にある卑小な情念の火をことごとく消す〈冷〉の試練を受けなければならない。

【節制】の精の中に大天使ラファエルの姿を見ることは許されよう。この精の額に付けられた太陽の記号は、【正義】（8）の法官帽にも既に見られ、【審判】（20）の天使もこの記号の下に現れる。この表意記号は、建設的なエネルギーの調整的理性（【8】）、生命力の明晰な分配（【14】）、望むところどこにでも息を吹きかける再生霊の明るい作用（【20】）、これらのいずれに適用されるにせよ、分別を示す印である。

　第14アルカナが、タロットの2個目の（すなわち中央の）〈七項〉を総括するものであることを忘れてはならない。三つの〈七項〉はそれぞれが纏まって〈霊〉と〈魂〉と〈体〉に関係するのだから、2個目の〈七項〉は魂に関係している。したがって、その総合的項目（【14】）は〈普遍的魂〉の神秘を暗示し、秘儀参入者による高度な医療を実践するためにはその中に入り込

（1）第13アルカナを参照。

まなければならない。

　タロットのアルカナを2列に並べたとき、〈賢慮〉を擬人化した【隠者】（9）は、【節制】（14）の相方になる。孤独な哲学者が〈能動〉において顕わにしていることを、この精は〈受動〉に移し替えている。経験と学習を積んだ賢者は、大衆に与えられる示唆とは距離を置いている。探求の領域を限定し、人間の知の狭い分野に留まるよう心がけて、慌てずに真理を求める。その遠慮が【節制】には穏健さとなって表現される。それは突飛さや誇張を嫌う消極的な徳である。ただし、それは抽象的な思索よりも実践的な生に関わっている。太陽の精が移し替える流体に身を浸した熟達者は、もはや普通の人間を襲う熱には動揺しない。卑小な野心、利己主義的な情熱を捨て、我が身を脅かす困窮にも無関心に、他人の弱点には鷹揚に、穏やかな知恵の美しい静謐の中にゆったりと生きている。

占術上の解釈

〈普遍的生命〉、その絶えざる運動、万物の間の巡回。失われた力を回復する活性化の流体。消耗・衰弱したものを回復し、立て直す動因。自然の治癒エネルギー。生命潮流の受容と支配に基づいた魔術的治療。生命力の注入、磁気治療、隠秘的・神秘的医学。生命の次元の変成。心の錬金術。再生。〈水〉と〈冷〉の秘儀。奇跡。〈若返りの泉〉。

　哲学的無頓着、人間の困窮を超越する精神の平静さ。人生の卑小さへの無関心。気分の安定、穏やかな冷静さ、健康、良い血行、規則的交換作用、延命に好都合な条件、無私、平然、諦念。

　適応の容易さ、柔軟さ、従順さ。外的影響への感受性。受動的敏感さ。冷たさ、無関心、可動性、不安定で変化する性質。休息、休暇、交替、変化、無頓着、放棄、流通、慎みの欠如。受動性、怠惰、無思慮、軽率な出費、浪費。

XV

【悪魔】

生きとし生けるものに共通した本質において考えれば、普遍の生命は常に変わることなく、一つの容器から別の容器へと無差別に、絶えず循環し続けている。この穏やかな流れの規則性を掻き乱すものがなければ、生命は楽園的理想に合致し続けるだろう。しかし、〈蛇〉が介入し、その唆しによって、共有財産を各々が独り占めしようとして、個人的な益のため、自らの周りに生命を凝縮させようと願った。さらに、万物の普遍的秩序に対する反抗もあった。【悪魔】によって擬人化される根源的利己主義によって全体の生命循環が掻き乱され、その内部に個別的な渦動が生じた。この敵対者（ヘブライ語の〈サタン〉）が〈物質世界の君〉であり(1)、物質世界は【悪魔】がいなければ存在できない。それはすべての個体化・差異化の基礎だからである。これによって一様に精妙な原質の代わりに、原子が構成されるようになる。それは統一体に敵対する差異化の動因であり、諸々の世界を〈世界〉に、また万物を相互に、対立させる。神と似たものになることを願わしめ、あたかもすべてが自分を中心に回るべく引き寄せようという本能を植え付けるのである。

　タロットにおいて悪魔はテンプル騎士団〔中世の神殿騎士修道会〕のバフォメット〔異端審問の際、テンプル騎士団が奉じていたとされた像〕の姿をとって現れ、頭と脚が牡山羊、胸と腕が女である。この怪物的偶像はメンデスの〈山羊〉〔古代エジプトのメンデスで山羊の姿をした神が崇拝されていたという伝説から〕、グノーシス派の両性具有の〈大パン〉〔牧羊神〕から発している。ギリシアのスフィンクスと同様、四つの基本元素を集め、悪魔がその活性原理になっている。黒い脚は〈土〉であり、中世の〈グノーム〉、カルデア人の恐れたアヌンナキ〔神々の集団〕(2)が表象する深い暗闇の精霊に対応する。腹部を覆う緑の鱗は〈水〉を活性化する〈ウンディーネ〉を想起させ、青い翼は〈空気〉の霊である〈シルフ〉に関係する。赤い頭部は、〈火〉の精霊である〈サラマンダー〉が好む猛火を表象している。

（1）【皇帝】（4）も既に〈この世の君〉と呼ばれていたが（128頁参照）、【悪魔】(15) とはその正当性によって区別される。【皇帝】はなべて体を持つものを、神の意志によって支配しているのに対し、【悪魔】は簒奪者と見なされる。それは人間がくびきを振り払うべき専制君主である。
（2）参照、Oswald Wirth, *Le Poème d'Ishtar mythe babylonien interpreté dans son ésotérisme*, Collection du Symbolisme.

隠秘学者たちは四大の精の存在を確信している。魔術は精たちを支配することを教えるが、人間と結ぶ関係には危険性があることも隠さない。少なくとも言えるのは、精たちが自分を服従させようとする者に対して要求の多い下僕であるということであり、偽りの呪文の力で彼らを従わせようなどと望む自称魔術師は、却って最低の隷属状態に置かれてしまうのである。

　賢者は己の低次元な性向を抑え、謙虚に自らを律することを願っているので、見えざる精霊を支配することは呪術師や似非熟達者、子供じみた虚栄心を示す肩書きを付けたがる隠秘学者たちに任せている。我々も命令を下す相手は自分の身体だけとし、大した益をもたらさぬ妖術に手を染めるのは控えよう。グノームには土に埋もれた宝を後生大事に守るに任せ、金属の鉱脈を発見するのは地質学に頼ろう。料理の見張りにサラマンダーを、庭の水やりにウンディーネを当てにするのはよそう。そして航海のために順風を待つならば、往時の船乗りのようにシルフを口笛で呼ぼうなどと骨折るのは控えるべきである。

　魔術では無私というものが厳密に求められる。自然が自らの秘密を覗かせる相手としては、単純素朴に交歓できる純真な魂の方が好ましい。手に入れた結果に基づいて学説を思いつくことなど全くできない〈心貧しき人〉に対してこそ、自然は己の秘密を明かすことを好む。こうした謙虚な魔術師たちは、自分に独自の力があるなどとは思わず、高次の存在に仕えるつましい僕（しもべ）に過ぎないと考える。聖なる務めを果たし、慈愛に満ちた敬虔をもって世に知られるようになるのである。彼らが誠実で真剣であるならば、インディアンの医師兼僧侶の極彩色の羽根飾りか、アフリカの呪術医の奇妙な衣装を身に纏うがいい。これら自然の子らは、自然からのみ学び、いかさま魔術師と手を組むことを拒む真の熟達者の、尊敬すべき仲間たちである。

　本物の熟達者は、悪魔が大いなる魔術師的存在で、純粋に霊的な次元以外なら奇跡を行えることを知っている。純粋な霊が〈霊〉に直接働きかける限り、悪魔の介入の余地はない。だが、〈体〉に関わることとなると、悪魔なしに何も成し遂げることはできない。人間は物質的存在を悪魔に負っている。我々が生まれたとき、悪魔に発する生存欲と自己保存本能によって支配されなければ、幼少期を性格付ける排他的利己主義をもって、生にしがみつくことなどできなかっただろう。

人間がこの世に生まれるとき、悪魔は間違いなく人間を所有しているし、またそうでなければならない。しかしこの所有は決定的なものではない。人間は生まれつきの本能による専制から徐々に逃れるよう定められているのだ。生物としての組織に縛りつけられている間も、体を統べる霊を忘れることはできない。騎士が馬に気を配るように、我が身の下で自らの権利を主張する動物のことを考えなければならない。悪魔は人が考えるほど暗黒の存在ではなく、現世の生活において、我々になくてはならぬ仲間である。それゆえ、不倶戴天の敵としてではなく、貴重な奉仕をしてくれる目下の存在として公正に扱うことを知るべきである。

　人間を物質的に生かし続けているのは悪魔であることを忘れてはならない。人の生は絶えざる闘争であり、そこで求められる備えを授けてくれるのも悪魔である。そこから人間の様々な衝動性が生まれるが、それ自体は悪いものではなく、それらの間に調和が打ち立てられなければならない。それ

は、いわゆる〈地獄の政府〉の様々な部門を分かち持つ七つの大罪の支配に屈しないために必要なことである(1)。何事においても自制すること、そうすれば、不調和（これのみが悪魔的になり得る）に対抗するようになろう。己の〈高慢〉を抑え、それが威厳に変じ、またすべての堕落を嫌悪させる自負となって、現れるべく努めよう。〈憤怒〉を手なずけ、勇気と活発なエネルギーとに変換させよう。〈怠惰〉に身を委ねず、しかし用いた力を回復するに必要な休息は自らに与えよう。行うべき努力のため、前もって休むことも恐れてはならない。芸術家や詩人は実り多い怠惰な生活を送ることもある。〈貪食〉は食べるためにのみ生きるような堕落に通じるから避けるべきである。健康に生きるためには食べ物を選び、そのおいしさを味わおう。〈嫉妬〉は他者の幸福を見て苦しむことになるから、この忌むべき魔を撥ね付け、全体の利益のために、不法な占有や、権力者の悪に対抗しよ

（1）参照、A. Siouville, *Le Prince de ce Monde et le Péché Originel*, Introduction, p.IX, Collection du Symbolisme.

う。〈物欲〉に陥ることなく、かつ労働の有効な刺激となる利益を誠実に求めること自体は軽蔑せず、先見の明を持って、倹約を行おう。〈色欲〉は悪魔の支配が最も強力に行使されるが、両性の結合の厳かな玄義への宗教的尊重をこれに対抗させよう。聖なるものを冒瀆してはならない。

魔術的な力の行使が貞潔さを要求するのは、隠れた影響が働く中で生殖本能が主要な役割を果たすからである。雌に欲望する雄は興奮し、条件が整い次第影響力を行使する生理的電気を発散する。自分を恋する相手に向かって媚びを売る自信満々の娘は、まったく思いがけぬときに相手に屈することがある。危険な力をもてあそんだことで身を委ねてしまった自然の魔力の犠牲になったのである。不思議な酩酊にとらえられ、彼女は一瞬逆上して、同意しないと決めていた行為に及んでしまう。異性を誘惑する者たちは、本能的であるだけにいっそう効果的な、初歩的魔術を実践している。彼らは魔法書に頼らず、意識的に祈ることもまったくせずに、悪魔の力を借りる才能を持っている。日常生活において、似たような反応が行われる他の多くの行為と同様、本能の力だけで十分である。ジュルダン氏〔モリエール『町人貴族』の登場人物〕が我知らず「散文」を作ったように、意識せずに呪術を実践する呪術師はたくさんいるのである。

確たる意志を持てば、難なく悪魔に働きかけることになる。バフォメットの額を飾る白い五芒星がそのことを促している。〈自然〉においてすべては階層化されており、意識せざる力は、それより高次のものの指示に従っている。しかし、不当な命令を下すために、偽りの優位性を持っていると思い上がるのは危険である。悪魔はそんなことに騙されず、驕り高ぶる自惚れ屋を残酷にたぶらかす。悪魔は命令に従うにあたって、五芒星が完全に白いこと、言い換えれば意志が純粋で、利己主義に汚れておらず、下される命令が正当なものであることを要求する。結局のところ、悪魔は神に仕えているのであり、人間に無闇矢鱈に使われたりはしないからである。混乱を引き起こすとしても、決定的なものではない。その混乱は秩序の中にあり、秩序は回復される。なぜなら悪魔は普遍の法に従っているのであり、【正義】（8）がその適用を確実にしている。しかるに22枚のアルカナを 2 列に並べると、【8】は【15】を支配している（47頁を参照）。

第15アルカナの主役を図示した三重の五芒星（ 3 × 5 ＝15）ほど、このこ

とを良く理解させてくれるものはない。中央の白い小さな五芒星によって表現される人間の知性エネルギーは、山羊の頭の両角と両耳と髭を表す反転された黒い五芒星の中に閉じ込められているが、それは自らの作用で大きな五芒星を外に顕すために他ならない。この最後の五芒星は、自らの内で獣を手なずけることができた人間が手にする、善き魔力のシンボルである。人間の内にある神の火花は、卑俗な本能に打ち勝ち、この勝利から〈栄光〉すなわち、我々の秘められた力の道具である周縁体、光暈（オーラ）が生じるのである。

　このオーラの振動圧の強さは、我々の内で燃えている地獄の火の激しさにかかっている（バフォメットの赤い顔と、図の黒い五芒星）。悪魔的な熱が

なければ、我々は冷たく、無力なままである。他人に影響を及ぼし、自分の外に働きかけるためには、〈肉体に悪魔〉を宿さなければならない〔活力に満ちていることを指すフランス語の言い回し〕。その作用は、霊気を発する悪魔の四肢、特に腕によって行使されるのであり、そこに COAGULA〔凝固セヨ〕と SOLVE〔溶解セヨ〕の文字が彫られているのも意味が

ないことではない〔solve et coagula は錬金術における最も古い公理の一つ〕。

　というのも、魔術の手順は、〈アストラル光〉すなわち〈中心火〉の作用で惑星を包み込む燐光の大気を〈凝固〉することからなっている。生者たちは、已の本能性を照らすこの散乱光の中でうごめいている。バフォメットの左手を借りることで、目に見えぬ形で気化した周囲の生命性を自らに引き寄せ、蛍光の度合いがまちまちな霧状の形に凝縮させる。これは〈生殖極〉のために行われる〈凝固〉であり、そのことは悪魔が左手で掲げている両性の合一を表すヒンドゥー教のシンボルが示している。

　凝固した流体は、電池のように術士を〈充電〉する。しかし、〈放電〉つまりは〈溶解〉がなければ何の結果も生じない。ここにおいて火の着いたトーチを持つバフォメットの右手が介入する。その火は恐るべき激しい燃焼のイメージである。混乱と、当惑と、呆然と、狂気さえも引き起こしかねない爆発を避けるため、蓄積された流体から徐々に流れ出す電流を捕捉することが必要である。巧みな磁気治療師は、〈凝固〉〈溶解〉という表現を賢く実践に移すことによって、この流体を利用する。

　バフォメットは赤い小悪魔と、緑の小悪魔を交互に使うが、彼らは自らが立つ四角い祭壇に留められた金の輪に、縄で繋がれている。

　これらの小さなサテュロスと若いニンフは、普遍流体の正極化と負極化を表している。普遍流体自体は中性というか、正確には両性的で、それは大パンの性を特徴付ける両性具有の記号 ☿ (1) が示している。それは性別によって息子と娘とに二重化し、その両者とも伸ばした手の薬指と小指を曲げて、秘教の印を作っている。悪魔の右にいる小悪魔は左手を挙げ、サタンの右腿に触れているが、それは正の流体を引き出し、結びつけている縄を通して左の雌小悪魔に伝えるためである。この緑（金星の色）のニンフが右手で親の左蹄を触っているのは、過剰に受け取った流体を戻すためである。この接触によって魔術的な隷属状態が打ち立てられ、それを支えているのが、一方はありとあらゆる形の男性的興奮と傲慢さであり、もう一方は女性的な好色である。

　偶像の台座は、【皇帝】（４）の玉座と違って純金の完璧な立方体ではない。

（１）☿という記号は、男性的な太陽 ☉ を女性的な月 ☽ と結びつけている。

その平たさは錬金術師の〈酒石〉 🜊 の記号を思い起こさせるが、それはフリーメイソンの〈粗石〉同様、脆い残滓に過ぎなくとも、利用価値のあるものである。青色は〈空気〉的な物質を示し、似通っているが対立する二つの活力（台座の基礎と上板によって表現される）の間の緊張から生じている。下部にある三段の板と、上にあるこれと正反対の板の赤色は、〈火〉的な活動を示しており、〈中心火〉によって引き起こされた下界の両極化が、大気中に同様の蓄電を求めているかのようである。悪魔の祭壇は秘められた法則によって作られており、もっと正確に研究することが必要であろう。

山羊の姿をした悪魔の角と二股の蹄（ひづめ）が金色なのは、悪魔から生じるものが貴重だからである。ユピテルに乳を与えたアマルテイアの山羊からは、有名

な〈豊饒の角〉が生えていて、ニンフたちに望むものすべてを授けたと言われている。悪魔の角を所有する者も、同様にそこから欲しいものを引き出すであろう。一方で、バフォメットの乳房から出る乳はどのような力を持つだろうか。伝承にはその点が書かれていない。しかしユピテルを育てた《山羊》は天空では 2 匹の子山羊を連れて〔一等星のカペラとその近くにあるペアの星を指す〕《馭者》の背に乗っており、第15アルカナの三者と正確に対応している。天上の《馭者》は鞭と手綱を持っていて、動物性を導くことができる。それは本能的な生に従う万物の守護者たるパンである。

ヘブライ語の15番目の文字はサメフで、通常の書法では円形である 🜊(1)。そこに〈ウロボロス〉すなわち尻尾を噛む宇宙創成の蛇を見る人々もいる。あるいはむしろ、アダムの転落の原因になった誘惑者〔の蛇〕のことを考える人々もいる。もしもタロットがヘブライのアルファベットと同じくらい古くからあるとすれば、その比較は全く正当化できないだろう。というのも、初期のサメフは三つの十字からできていて、第 5 アルカナの教皇が持っているものと同じだからである。シンボルの皮肉な暗合を利用したいなら、悪魔は自らの執行権を表す笏を、恭（うやうや）しく教会の支配者に渡していると考えること

（1）ヘブライ文字の形の変遷を示す表については104頁を参照。

もできよう。全体の結論としては、〈この世の君〉と結ぶことなくして地上を支配することはできないということである。

占術上の解釈

　生きとし生けるものの生命力の貯水池と見なされる〈世界霊魂〉。隠秘学者たちのアストラル光。正負両極における静的な生命電気。動物性に結び付いた隠れた力。本能、下位の無意識、下意識、衝動性。

　魔術的な業、魔法、魅惑、幻惑、人間磁気の実践。暗示、秘められた形で働く影響。他者の無意識への作用。大衆の支配。呪文、心を掻き乱す雄弁。欲望、粗野な本能、卑しい情念を掻き立てること。扇動、革命、動乱。

　混乱、不均衡、無秩序。熱狂、狂乱。発情、淫欲、色欲、淫乱、ヒステリー。策略、陰謀、不正手段の使用。腐敗。悪用、強欲、ありとあらゆる形の不節制。

XVI

【神の家】

16　LA MAISON·DIEV

第16アルカナの塔はタロットで現れる最初の建物であり、同様の建築物はこの後【月】（18）にしか見られない。しかるに【16】【17】【18】は 6 個目の〈三項〉を構成し、これは地上のアダムの〈体〉、つまり人間の個体性によって作られた有機体、もしくは人類を総体としてとらえた場合の有機体に相当する。この〈三項〉の最初の【16】には〈体を与える霊〉と呼べるものがあり、最後の【18】には行われた有体化の結果がある。有体化が行われるには限定化・個別化の影響の下、まずはエーテル的もしくは流体的な凝縮が生じなければならない。その影響を与えるのは悪魔と考えるのが妥当なので、悪魔は最小の分子と無限大の宇宙体系、その両方の霊的な父ということになる。というのも、その両者の根源で、必然的に利己主義的で独占的な引力の中心の周りに、激しい渦動が生じるからである。小さいものでも大きいものでも、すべて具現化するのは漠然とした固体化本能のためであって、それは万物の普遍的秩序への反抗の形を取って現れる。そこからルシファーの神話と原罪の神話が生まれるのであって、それらは再考の必要がある。なぜなら神は、カルデア人の〈底無しの淵〉ではない。無限の中に眠る無限として、そこから出て創造を行うことを拒否している年老いたアプスーではないのである。この怠惰な、しかし形而上学的には首尾一貫している神を人間は見限り、創造原因を崇拝するようになった。創造原因はまず差異化から出発し、自らの計画を実行するために不可欠な、物質化のための反抗を恐れない。我々は必然的な統一体の中に、非論理的な二元性を持ち込むべきではない。すべては〈一〉のままであり、我らが唯一の神は、存在するものについて究極的責任をただひとり負っている。神は創造を冒瀆することを許さない。それは自らの理想に適った完璧なものであり、その実現は続いている。〈大いなる作業〉はまだ実行中であり、完成しない限り評価は下せない。建物の美しさは、それを建てるのに役立った足場を取り払って初めて顕わになる。この不完全な世界は、その世界が目指す完成形を思い浮かべて初めて賛美し、正当に評価できるのである。

　すべては建てられるものであるから、その技術に関わる秘密は、建築する者たちに尋ねるべきである。彼らは〈宇宙の大いなる建築師〉を讃えるべく建てた神殿の前にある、 2 本の柱の下に我々を連れて行くであろう。右側の 1 本目の柱は、ヘブライ語の名が書いてあり、そのイニシャルはヨッド

〔 ヽ 〕で「彼は築く、彼は建てる」という意味である。万物の存在を手始めにすべての主導権を握り、自ら活動するよう活気づかせる内的な〈火〉に、この柱は捧げられている。よってそれは個体化された創造力であり、古代人が山の上に建てることを好んだ陽物状のモニュメントとして表現される[1]。

　第16アルカナは【神の家】としてこのような塔のイメージを提示していて、この呼び名は特徴を良く表している〔原語の Maison-Dieu は「神なる家」とも訳せる〕。というのも、これは神の住処である神殿と言うよりも、誤って神と同一視された〈体〉、神格化された建物なのである。

　その同一視は原罪の結果であり、それは物質を精錬するために物質の中に降った霊を覆い隠してしまった。失墜は受肉に由来するものだが、受肉自体は必ずしも原初の罪の結果ではない。アダムの罪の影響は限定的であって、分別を失った人間にのみ関係する。彼らは労働を余儀なくされたと嘆くが、創造の永遠の業に自ら進んで加わることで、自らを神となすことを理解していない。

　しかし、彼らが一時的に分別を失うことも、神の計画に合致している。人間に課せられる変成の業のため、我々は物質と同化するためにいったん神を忘れる必要がある。人間が受肉するときに神はそのことを命じる。人間が天上を懐かしがって、当初の務めから気を逸らすことを神は望まない。子供は最初、単なる純粋な動物である。絶対的な無意識的利己主義によって、自分のことにしか気を配らず、自らの組織を作り上げる。人間の体という建造物は、バベルの建造者たちを活気づけた霊の中に建てられる。バベルの塔については、第16アルカナが象徴的に正しいイメージを提示している[2]。

　この塔を作り上げている煉瓦は総体として肌色であり、感性を備えた生き

（1）ヤキンとボアズのシンボリズムについては48、92、99頁で扱った。【16】の雷が落ちた塔は、個別に捉えたヤキン、つまりは個人が自らの内から引き出すエネルギーのみに関わる。しかるに、〈固めて維持する力〉がなければ、持続的なものは何ら打ち立てられず、この力を貯えているのはボアズの方である。利己主義によって生じた塔と違い、2本の柱の後ろに立つ恒久的な建物である神殿は、一時的な隠れ家ではない。
（2）バベルの塔は七つの立方体を積み上げて造られていた。創造は〈七〉の法則に従うからである。宇宙のハーモニーの音階には七つの音程があり、小宇宙（ミクロコスモス）である人間に反映している。バベルの塔はマクロコスモスを讃えていたのに対して、第16アルカナの崩れかかった建物にはミクロコスモスのみが関わっている。

た建築物であることを示している。それは大きくは人間社会であり、小さく
は人間の個々の体である。体は互いに生み出し合う細胞が集まって器官とな
った集合体であり、石と石が不思議な引力に従って建物を造り、結び付き合
うかのごとくである。塔の開口部を縁取る煉瓦は鮮やかな赤であり、最も耐
久力と堅固さを必要とする部分において、活動性が支配的であるべきことを
示すかのようである。開口部は四つあり、一つは入口、三つは窓である。窓
のうち二つは霊の住処たる建物の２階に、三つ目は最も上の部屋に光を入れ
ている。地上階は開いたままの入口によって十分に明るくなっている。

　苦労なく近づける低い部分は、受動的な事実確認で明らかになる月並みな
観念に相当する。２階からの眺めはもっと広がり、左側の窓からの観察が意
識的になる。実験による成果を積み重ねて構成される学問である。右の窓か
らは論証の光が差し込み、獲得した観念を調整して、そこから哲学を引き出
す。しかしもっと高く上って聖域に達することも可能である。そこは一つの
窓からしか光が入らないが、それは信仰、もしくは総合を目指す抽象的思索
という窓である。

　それだけではない。塔の天辺は、天を眺めるための、金の銃眼壁のあるテ
ラスである。その下には、まずは緑の石、次いで赤の煉瓦でできた二重の基
盤があって、【神の家】の冠状の最上部を支えている。金星的な緑は神秘家
的感情を暗示し、赤は至福直感と超越的観想に通じる高潔な情熱を暗示する。

　あまりに高く上ることには危険があり、そのことは太陽から発して塔の上
部を切り取る雷の矢印によって知らされる。ここで太陽は人間を支配し、人
間の逸脱に対抗する〈理性〉のシンボルである。我々が実現不能の事業を行
おうとするとき、破滅は不可避だが、それは我々の失策によって引き起こさ
れるものでありながら、知性を照らす光の働きでその結果が決められている
のである。理性に反する事柄は、己で己の崩壊を定めている。天辺が雷を引
き寄せることに思い至らず、高く上ろうとひたすら骨を折る野心家は哀れで
ある。

　第16アルカナの２人の人物は、己の思い上がりの罰を受けている。彼らは
塔から剝がれ落ちた材料と共に落下している。最初の男は王で、落下しなが
ら未だに冠を着けている。彼は神の家が建てられた目的である不滅の霊を表
象している。落下しながら描く体の形は聖なるアルファベットの第16文字ア

イン〔♪〕を思い起こさせる。しかし、ここでもサメフについて行った指摘が当てはまる。初期のアインは円であり、ヘブライ語の碑銘学が明らかにした一連の変遷を経て、現在の方形ヘブライ文字が派生したのである(1)。

　塔の主が着ている服は不調和な色彩で、意味を付与するのが難しい。青が支配的なのは理想性の印である。右腕に活動性を与える赤と、心臓の部分に限定され、女性の魅力を感受する緑がそこに結び付いている。最後に青の右脚に黄色の左脚が対立しているのは、敬虔、忠実（青）と、物質的財を望む欲（黄）の二つに分かれた歩みを示している可能性がある。

　第2の人物が赤い服を着ているのは、塔の建築師であり、〈体〉を造る者として〈体〉と共に死ぬからであり、うなじに致命的な衝撃を受けている。この有機体の作り手は、束の間の存在である自分の作品と一体化していたが、たとえこの世から消えても、持続的な伝統によって働きかけることに変わりはない。各個人は、己の空想によってではなく、種全体の恒久的計画に従って自らを作り上げるからである。種は自らに固有の生命的構築物のおかげで存続する。胚種が成長するとき、段階的組織化が行われるが、まずは属の一般的類型、次いで種族の固有性、先祖の型、最後に個々の性格に倣うのである。こうして人間は、我々の霊的な王位に奉仕する造物主的存在、肉体という塔の建築師によって、体が作られるのである。

【神の家】の爆発が周囲の空間にばらまいたと思われる多色彩の球について、まだ言及していない。これは生命によって蓄積されたエネルギーの凝縮物であって、赤は〈硫黄〉的もしくは〈火〉的なるもの、緑は〈水銀〉の次元で受動的に生命化されたもの、黄は〈塩〉的・アストラル的な殻として、藁のように枯れたものを示す。

　活動的な生命が失われたこれらの幽霊的な形体は、過去についての証人として留まっている残骸である。我々の周りにはこうした亡霊が取り巻いており、生命を与えることも可能だが、これらと結び付けば、アストラル的に生命を吸い取られることを許す軽率な人々の轍を踏むことになる。

　こうした目に見えぬ存在の奉仕を受けられると思っている自惚れた隠秘学者に災いあれ。この怪しげな下僕たちは、彼らを使う者を犠牲にして生きて

（1）104頁、ヘブライ語アルファベットの段階的変遷の表を参照。

いるのであり、自ら縛られている程度に応じて相手を縛っている。自分が相手を所有していると思っていると、同じように所有されているのである。したがって、隠秘学者の側で隷属化と自己喪失が二つながら生じ、理性を失う危険までも冒すことになる。これこそ第16アルカナが危険性を示している破滅である。

【神の家】の不吉な意味は、天上では《蠍》の中に対応するものを見出す。《蠍座》は太陽を南天の領域に落下させる星座で、神話では油断のならない有毒な存在の役割を果たす。しかしこの有毒な生物は《蛇遣》を助けるもの

であることに変わりはない。《蛇遣》はアスクレピオスの蛇を天上に持ち上げたところから、治療のための流体を操ることができる。アスクレピオスの蛇は、地上の泥の中を這い回ることを拒み、大いなる魔術的媒体、つまり生者の利己主義的な領域から逃れたことで昇華された生命流体を暗示する。我々が生理学的活力を他人のために用いるとき、古代の聖なる医学を実践していることになる。そのとき、本能の《蠍》から、すべての生命エネルギーを生み出す《蛇》の地位に我々は上昇するのである。

第16アルカナは全体として、すべての物質化の決定原理、および対象を物質化させる傾向と関係している。この傾向は、〈霊〉の乗り物の役割を果たす形体を鈍重なものにしがちである。こうして独断的な教義が生まれるが、それは生きた真理を閉じ込め、歪曲する不透明な外皮となる。そこからまた

人間の貪欲さも生まれ、ありとあらゆる専横の源となる。それは当代が誇る土地や人間の力の集中的搾取を見ても分かるとおり、小さいレベルでも大きいレベルでも現れるものである。節度をことごとく軽視することによって、恐ろしい社会的破滅に向かうということがどうして理解できないのだろうか。願わくは、タロットの知恵を前にして、我らの驕り高ぶりがへりくだりに変わらんことを。【神の家】はいくつかのタロットでは「地獄」に変えられており、悪魔が掻き集めた悪人たちを貪り喰らう、豚

の鼻を持った怪物によって表徴されている。

占術上の解釈

　物質化。凝縮引力。活発な根源的利己主義。制限的占有。物質に閉じ込められた霊。あらゆる有機体の源となる生命構築。

　驕り、思い上がり、空想の追求。卑俗な外観に執着する唯物主義、獲得欲、物質的富の偏愛。誇大妄想、財産の度を超した拡大。飽くことを知らない野心と欲。過度な征服。常軌を逸した搾取。反抗や動乱に繋がる行き過ぎや濫用。不信仰の源となる狭隘なドグマ主義。

　卑俗な金を欲しがるふいご吹きの無知な錬金術。無分別な企ての当然の失敗。行き過ぎから生じた罰。病気、崩壊、機能低下、硬化、生きていて柔軟だったものの石化。横暴な力で打ち立てられ、維持された帝国の崩壊。無謬を宣言した非寛容な教会の瓦解。持てる力を超える企てをし、適度なところで立ち止まれない思い上がった人物の誤謬。

　このアルカナが不都合な意味を失うとき、脅威に対する警戒となる。思いがけぬ危険から身を守る有益な恐れ、慎重、遠慮。学問の愚かさから距離を置く素朴な精神、凡俗な良識、サンチョ・パンサの賢明さ。

XVII

【星】

17　LES ETOILES

人間は個人としての存在と自律性を欲して、〈大いなる存在〉の遍き生命
から離れたが、未だにその一部であり続けている。人間は〈大いなる存在〉
の内に生きていながら、その固有の生ではなく、己の感覚領域に限定された
狭い生に満足している。感覚が我々に提示しているものは、我々を包み込ん
でいる計り知れない未知の存在に比べれば取るに足らない。我々は深い闇に
沈んでいるが、天に向かって視線を向ければ、【星】たちがまたたいている。
　頭上から注ぐこれらの光は我々を励まし、我々が見捨てられてはいないこ
とを感じさせてくれる。なぜなら、原初〈輝かしきものたち〉と呼ばれた
神々は、今も我々に気を配っているからである。彼らは人間の使命の成就の
ため、人間を導いている。人間は限られた生の中で務めを負っており、受肉
にあたって大まかな計画が立てられぬこと、また地上を行く旅人に目標が示
されぬことは、あり得ないからである。道筋を書いた不思議な紙が、我々の
巡礼の主要な旅程を指し示すが、それはあたかもアヌンナキ(1)の法廷が、
我々の運命を定めて裁定を下したかのようである。
　我々が己の計画を忠実に実行するならば、我々にとって生はあるべき形と
なる。これに従わないと生は複雑なものとなり、苛酷な目に遭って嘆きの声
を発するようになる。生はその原理自体が残酷な訳ではないが、生の目的が
我々の安楽にあるわけではない。生には生の務めがあり、我々に我々の務め
を果たすよう求めている。それは第17アルカナの裸の娘のように、穏やかで
美しい女神である。彼女は池のほとりに跪き、金の壺の中身を池に注ぎかけ
ている。それは淀んだ水を活性化する、熱い液体である。右手で持ったこの
アンフォラには、左手が傾けているもう一つが対応し、乾燥した土地を肥沃
にする冷たい水を注いでいる。この二つ目の入れ物は銀製であり、一つ目と
同様、涸れることがない。絶えず水をやり続けることで植生は保たれ、その
ことは特にアカシアの枝と花開いた薔薇で表現されている。
「砂漠のミモザ」とも呼ばれるアカシアは乾燥に耐えられる。いつまでも変
わらぬ緑は、消滅を拒む命を表していて、そこから不死性への希望の象徴と
しての性格が生じている。棟梁ヒラムの伝説において、失われた伝承を保持
していた彼の墓は、この植物のおかげで見出された。それは古代のイニシエ

（1）拙著 *Poème d'Ishtar*（『イシュタルの詩』）を参照のこと。

ーションにおける金の枝に相当する。「アカシアを知る」とは、棟梁の秘密の発見に繋がるイニシエーションの観念を所持しているという意味である。この秘密を我が物とするためには、熟達者は失われた知恵を自らの内で蘇らせなければならない。そのためには、夫〔オシリス〕の遺体の残骸を求めて全地上を経巡ったイシスの行為を真似なければならない。真理は過去から伝えられた迷信の蓄積の下に隠れており、それを見分けられる思想家は、この貴重な名残を手に入れることができる。かつてこの世界を照らしていた神の霊的な遺体は今も残り、公認の正統教義に対立しながら生き残る信仰の形で、無知の大衆の中に分け与えられた。秘儀参入者は、失われた英知の歪曲された残存を軽蔑することなく恭しく集め、滅びてしまった教義の〈体〉を全体として再構成するのである。総合によって回復したこの教義は、ヒラムやオシリスのように、生き返らせることが可能となる。しかし目印を与えてくれるアカシアがなければ、どこの地面を探れば良いかどうやって知ることができよう。

　東洋で、打ち捨てられた墓を飾る地味な緑葉は、西洋の庭で喜ばしげに咲いている薔薇と好対照である。この美と愛の花は、地上の生活を麗しくするすべてのもののシンボルであるが、生命流体を貯めた池に姿を映している。プシュケの蝶〔プシュケはギリシア神話に登場する娘の名で、「心・魂・蝶」の意味がある〕が、繊細な感情の甘美な香りを漂わせる花冠の上にとまっているが、それを照らすのは、卑俗性を完全に脱した洗練された知性である。第17アルカナの薔薇は霊の騎士の花であり、アカシアの木で作った十字架の上に載せられる。そのとき、信仰は盲目的であることをやめ、宗教感情と哲学的思索が調和し、分別を持って信仰したいと願う人々を満足させるのである(1)。

　闇夜の星々は、その内の一つ、〈光をもたらす者〉ルシファー、言い換え

（1）薔薇十字のシンボリズムについては、そこに含まれる展開も含めてここで述べることはできない。専門の書一冊分の材料がある。

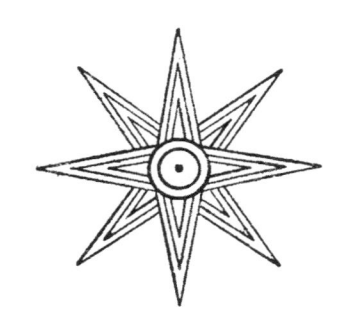

れば明けの明星〈金星〉の輝きを前にして光を失いかけてはいるが、秘儀参入者に許された理解の曙は、人間の知性の闇をまだ晴らしていない。この天体こそ、第17アルカナの大きな星であり、八つの金の光線の間で、緑の火を放射している。こうして金星の色はカルデア人の代表的な女神であるイシュタルの八芒星と結び付く。カルデア人たちは星々を神格化し、原始的な書体で表意文字 ✳ は「神」と読まれた。この記号はアッシリア人も保持し、神の名の前に付ける限定記号の役割をした。だが、八芒星は、人々の極めて篤い崇拝を独り占めするイシュタル神の、聖なる表徴であり続けた。人々は優しく寛大なイシュタルから生命を授けられていると信じていたので、それも当然のことであった。魅力的なこの女神は、魂たちに対し、〈体〉を手に入れたいという渇望を吹き込む。彼女に魅惑されて、人間は地上の生の試練に立ち向かうことを受け入れ、地上の生の魅力を味わうために受肉するよう促されるのである。イシュタルは自らに従う者たちに生きる勇気を求め、生存のための闘争に勇敢に立ち向かうことを願う。女神からの報酬はそれに値する人、精力的な人に与えられるが、苦労せず手に入れようと願う無気力な人間には与えられない。その上、各人が各人なりに味わうことのできる喜びが与えられる。俗人には、束の間の動物的な享楽を、洗練された人々には極めて高尚な、永続的満足を与える。イシュタルに選ばれし者は、神のように愛するために、物質よりも上にのぼって、自らを神となすのである。

　イシュタルは二重の存在であることに注意しよう。つまり朝は勇ましく、夜は物憂げである。朝早く、彼女は眠っている者たちを起こし、無気力に陥っている精神を揺り動かし、支配的なドグマの専制に対してルシファー的な反抗を行うよう促す(1)。日が暮れると、彼女は夕焼けの中に再び現れる。そのとき、彼女の放つ光は気持を和らげる穏やかな白色である。疲れた人間は、

（1）ギリシア人は、金星（ウェヌス）を目覚めとともに始まる生命の女神とは見なさなかった。彼らは水星（メルクリウス）に夜明けを告げる鶏を捧げ、人間の活動を刺激する務めを与えた。

感謝と共に彼女を眺める。当然与えられるべき休息
と、あふれ出す優しさと、静かな瞑想へと、女神は人
間を差し招いているように思われる。彼女は万物の美
を顕わにする女神ではなかっただろうか。詩人たちが
この時間の彼女に見るのは、もはや激しい情念を持っ
た恐るべき熱情的な恋人、賢明なギルガメシュから求
愛を拒まれたイシュタルではない。女神は今やシドゥ
リ、西の海を見渡す閉じられた楽園にいる貞潔な守り神である。その楽園に
吹くそよ風は、宝石をたわわに実らせる木々をなでている(1)。第17アルカナ
の娘もまた、我らが遠い祖先が崇拝した大いなる女神の化身であるように思
われる。人を引きつける魅力において、それは地上の生を人格化したもので
ある。それは生者たちの優しい恋人となった永遠に若い母、愛らしさと慈し
みと美に満ちた〈自然〉である。

　この地上的な生を我々は何よりも愛しているが、我々は物質的な隷属状態
に閉じ込められ、天空から注ぐ光が無ければ完璧な闇の中に沈んだままであ
る。霊的な切望を抱くつましい人々に与えられる、微かな明るさを星々は象
徴している。自然の子らは、自発的な敬虔さをもって理想に目を向け、地上
での務めを達成するよう励まされる。生に関わるものを聖化することで、
人々は生を神とする。彼らの宗教観念は、人を不安に陥れる形而上学の複雑
化した仰々しい体系よりも、その単純性においてより真実なのであり、その
健全な美しさを評価できることが望ましい。

　第17アルカナの星の数は八つで、【正義】(8)すなわち自然の作用と反作
用を調整する知性と関係する。しかしここで〈八〉は大きな星の〈一〉に、
それ以外のもっと地味な七つの星を還元させる。そのうち四角く並んだ四つ
の星は黄色く、その他の三つは青い。その全体は、人間の人格が天体から受
ける影響に関係している。しかし中世の絵師たちは、今日の占星術では古典
的になっている観念を抱え込んではいなかった。金星に従わせた〈七〉は、

(1)5000年以上昔に遡るカルデアの『ギルガメシュ叙事詩』の第5歌を参照のこと。
　注解付きの拙訳 *Serpent vert*（『緑の蛇』、Editions du Monde-Nouveau, 1923）の物語の中で、ゲー
テは葉が生い茂っていながら花も実も付けない不毛な木々が生えた庭を想像している。そこに美
しいリリアがいるが、この完璧な美女に触れる者は死ぬ。

占星術が考慮する惑星の〈七〉では必ずしもない。《魚》が《アンドロメダ》および《ペガサス》の四辺形に隣接した一角で、金星が〈高揚〉する。この四辺形の恒星が、《アンドロメダ》の明るい三つの星と結び付いて、イシュタルの〈七〉を構成しており、この点は考察に値する。

　難解すぎる占星術的解釈は除外して、シンボリズムが直接に示唆するところだけを採り入れることとし、まずは最も大きな星と最も小さな星の二つのみに注目しよう。最小の星は、構図の中央で、大きな星の下、裸の娘の金髪の頭のちょうど真上に輝いている。この娘には、受肉した人間を体現したイヴを見ることが許されよう。人間に近づいているこの小さな星は、各々の人格に固有の星を表現している。というのも、我々はそれぞれ自分の星を持っていて、その受容器を通して星辰的な影響が伝わり、我々の中に集められるからである。

　この個人的な星の少し上、右と左にはもう少し大きな星が置かれていて、これらはいずれも青である。それは魂に神秘的な光を投げかけ、魂に働きかける影響を凝縮する役割を果たしている。右の青い星は意識と理性（太陽）に働きかけるものを受け取り、左の星は感情と想像力（月）の直感を受け取る。

　黄色の星々は水星、火星、木星、土星に与えられた傾斜角を共有している。しかし第17アルカナにおける金星の優越性は際立っていて、手相術で、〈金星丘〉〔親指の付け根の隆起〕が他の丘よりもずっと大きいのと軌を一にする。

　黄道十二宮の《魚》は、エア（カルデア人の至高の知恵の神）の海を泳いでいるので、この星座の住民たちは《アンドロメダ》にも近く、第17アルカナとも無縁ではない。《ケフェウス》と《カシオペア》の娘であるこの王女

は、波の打ち付ける岩に鎖で裸のまま繋がれており、《ペルセウス》が助け出さなければ海の怪物に食べられるところであった。それは物質に繋がれた魂として、タロットの若いイヴであり、神話によればエチオピアの女王である母は、実は【女教皇】（2）によって表象される〈能産的自然〉である。その父は〈無限〉の測り知れぬ深淵を支配する黒い王であり、【狂人】（22）となって人間の理性から逸脱した領域にある。

《アンドロメダ》を妻とする《ペルセウス》は、霊的な魂（ネシャマ）に相当し、体的な魂（ネフェシュ・ハイア）の命と結び付いて、これを霊性の高みへと持ち上げるのである。

　第17アルカナはタロットを2列に並べた場合の、下列中央にあり、その上にある第6アルカナと全く同様に、イニシエーションの一つの局面から次の局面への移行を標し付ける。しかるに、【恋する男】が活動的な領域で理論から実践へ移るとすると、【星】に導かれた神秘家の魂は、〈非＝自我〉と実践的な関係に入った後、理論的な見識に到達する。【12】から【16】まで、自己忘却は単に教えられ、勧められるだけではなく、文字通り実現するよう課せられる。【17】まで到達すると、熟達者はもはや、第6アルカナのヘラクレスのように、二つの途のどちらかを決然と選ぶ必要はなくなる。それはあらかじめ定められているのである。星々が運命を描いて見せ、そこから彼は脱れようなどと考えたりはしない。神秘的な照明に導いてくれるはずの天体の影響に、従順に身を委ねているからである。神秘的照明は、心の衝動によって成就した業の報いであって、ドーリア的な秘儀参入者に課されるような、体系的研究の結果によるものではない。後者の行為は、前もって獲得された知から着想を得ているのである。【奇術師】（1）は理論的に学び（【2】【3】【4】【5】）、次いで道徳的な試練を受け（【6】）、それから自らの知を適用して（【7】【8】【9】【10】）、己の十全なる力に到達する（【11】）。自己の意識的統御と人格の全面的成長に基づいたドーリア主義と反対に、イオニア主義は自我の全面的放棄から進む。【吊るされた男】（12）は、個人的主体性を無くすまで犠牲を推し進め（【13】）、自分の外にあるものと交歓する（【14】【15】【16】）。こうして自然の子らの受容性を表象する【17】にまで到達し、それは神の国に受け入れられる人にとって不可欠な魂と霊の単純さを示す。【18】【19】【20】【21】によって段階が標し付けられる神秘的照明は、思い上がった知による観念などには掻き乱されない、聖なる無知を照らし出す。裸の娘に教えを垂れるのは天である。娘は人間の教えには汚されていないのである。

　第17アルカナの秘儀は眠りと夜の秘儀である。我々が眠るとき、体は諸器官の自律的機能に委ねられて休息し、霊的な魂がそこから抜け出る。

　夜の間、自由になった自我が行う仕事とは何だろうか。人間は部分的に二

重の存在で、受肉した後、定期的に肉の絆から解放されるのではないだろうか。眠りの欲求ほど抗いがたいものがあるだろうか。我々は睡眠なしに生きることはできない。人間は二つの存在に分けられていて、一つは未知の存在である。毎朝我々は、成り行きの分からない旅から帰還する。夜の間の無意識の活動について、我々の脳がイメージを記録していれば、せいぜい夢の形で、その反響が残っているに過ぎない。そうした名残に我々は気を留めることはないが、少なくとも何らかの機能障害によって引き起こされた感情がそれによって顕わになる。病人の夢の内容は、かつて医師の診断を導いていた。アスクレピオスの神殿には病を癒やしてもらいたい者たちが眠りに来て、神は治療に役立つ薬を彼らの夢の中で示した。今日でも、眠り込んだ患者は、自分に必要な医療について、とりわけ明晰になる。よって睡眠は一つの情報源として、軽んじられてはならない。睡眠によって神秘のカーテンが開き、かすかな洞察が一瞬許されて曖昧な予感に形が与えられ、別の世界を覗かせてくれるのである。夢は人類の最初の秘儀伝授者であった。

　夜、周囲に向かって目を閉じ、未知の世界に旅立つとき、何が起こるであろうか。水中での仕事を終え、潜水服を脱いだ潜水夫に我々を喩えてみよう。水の底で、目と鼻の先のものしか見られない潜水夫の視野と、外気を吸った瞬間に拡がる、輝ける広大な水平線は、何と対照的であろうか。しかし、深い水の中での辛い仕事に戻ったダイバーが、上の世界の記憶をすべて失ってしまうと仮定してみよう。睡眠によって与えられる光輝く解放状態に比して、目覚めている間の闇の状態はこのように思い描かれる。人間の精神は体とは違って麻痺状態に陥らない。肉体が休息している間も、人間の精神は体無しで活動しているのだ。人間を覆い隠す殻を通して、闇の中で人間は地上的活動を行っているが、眠るとその殻から解放されて洞察力を手にする。そのおかげで夜は人間に助言を与えてくれるのである。我々は下すべき決断、解決すべき難題に心を奪われながら眠った後、目覚めてみると明確な決意ができ上がっていたり、前夜自分を悩ませていた問題への解答を明確に見出したりすることがままある。我らの小さな星が、もっと大きな姉の星々に問いかけることができて、介入してくれたおかげだと考えれば、すべては説明が付く。

占術上の解釈

　生存競争に打ちのめされた人を慰めて立ち直らせる女性。贖い主の到来が約束されたイヴ。被造物に分配された生命。物質を精神に結びつける魂。活動する自然。夜とその神秘。睡眠と睡眠による啓示。不死性。運命、宿命。生命が実現させようとしている理想。客観的な美。美学。美の崇拝。生命に関係するものを聖化する生命の宗教。イシュタル。

　希望、快活、上機嫌、人生の悲惨さを陽気に堪え忍ぶ勇敢さ。現実の理想化。詩、美術、音楽、感受性、洗練、優しさ、同情。困窮への順応。気さくな性格。

　無垢、無邪気、素朴、無知。若さ、魅力、魅惑、吸引力。享楽主義、官能性、夢想、投げ槍、無頓着。信頼、諦念、諦観。

　占星術、天体の影響、秘められた守護、直感、予知、予感。不躾な好奇心。パンドラと運命の箱。

XVIII
【月】

天空の光輝を示して見せるために、〈夜〉は地上を闇の中に沈める。高み
にあるものを人間の目に示すには、低きにあるものと引き替えでなければな
らないからである。それでも人間は天上的なものを地上的なものと同時に眺
めて結びつけたいと願うが、それは【月】が青白い光を広げた時に自ずから
可能になる。月は、星々と並びながら星々の輝きをかき消すこと無く、自ら
の借り物の不確かな光を浴びせて対象を不十分に照らし出す。色は識別させ
ず、その光線が当たったものを銀灰色か、あやふやな青みがかった色合いで
染める。その上、夜の影が持つ不透明な黒は残したままである。
　月の光が与える効果を観察すると、同様のやり方で知性にひらめきを与え
る〈想像力〉を思い起こさぬ訳にはいかない。想像力を用いる見者は物事を
あやふやな光によって眺める。彼はヘカテ〔ギリシア神話の女神。月光を象徴する
松明をかかげている〕に魅了され、星々の詩的なきらめきから目を逸らし、月の
発する欺瞞的な薄明かりがもたらすコントラストに注意を集中する。形而上
学においては、精神のレンズの働きによる錯覚の結果、非現実的な対立に基
づいた誤謬の理論を打ち立てる。善と悪、存在と無から、客観的な実体を作
り上げ、現実に関する健全な判断にとって致命的となる二元論の罠に陥る。
表面上の対照性に騙されて、物質が緻密で、固定的で、重く不壊のものであ
ると想像してしまうが、実際には物質は結局のところ、計量不能のエーテル
的物質の、微かな渦動に還元されるのである。人間精神の重大な誤りは、主
観的なものを客観化せずにおかない想像力から発している。しかるに、この
女性的な機能は男性的理性より先に目覚めるので、我々はまずは想像し、次
いで理性を働かせようとするが、結局は曖昧な表象を用いて論理的な組み立
てをしようと努めることになる。結果は目覚ましいものにならない。
　しかしながら、諸々の危険があっても、月が一部だけ、不完全に照らす広
大な空間を探索し、十全な光を手に入れなければならない。我々の前に拡が
る野は、足を踏み外さずにはいない起伏のある土地である。隠れた落とし穴
や罠に警戒し、しばしば落下することも覚悟しておこう。
　幸い、この危険な探求において、我々に先駆けた人々もいる。彼らの歩ん
だ後には血が点々とついた小道が残されている。障害や脅威をものともせず
耐えられる者は、この苦難の踏み跡をたどっていけば目標に到達できるだろ
う。

そこに乗り出す無謀な人間は、まず蛙たちが鳴く沼地に沿って進む。月が水面に映る姿を見てみようという好奇心に駆られた人は、蛙たちの鳴き声に引き寄せられる。そして湿り気を増していく地面を進む内に、足がずぶずぶと沈んでしまう。立ち往生してしまうことを恐れて後ずさりし、小高い場所に辿り着いて、その安全な場所から、淀んだ水の表面に夜の光が映る様を眺めて楽しむ。

　ここでは想像力による制作が暗示されている。人間はその魅力に歩みを止め、あやふやな観念の泥土にはまり込む危険がある。それゆえ、虚構の持つ魅力を味わう際には、心してしっかりした地盤に立ち続けた方が良い。詩人たちの想像は、神秘的な実在から示唆を受けるのであって、空想の力がどんなに強くとも、〈無からの創造〉は不可能である。錬金術師が使うものに似た、ごく微細な第一質料が創作家によって利用されるのであり、何事も根底から虚構である訳ではない。神話、寓話、民間伝承は、深遠すぎて直接的な言葉で言い表せない真理から発している。素朴で卑俗な外見の下に隠された神秘の教えを読み取れる思索家は、そこに喜びを見出す。いわゆる〈自由思想家〉〔文字通りには「強い精神」の持ち主〕のように、諸々の迷信を切り捨てるのは弱さの表れである。というのも、軽信は決して完全な無分別とは言えない。理詰めで考える人には曖昧すぎて把握できないが、実は本能的な明晰さによって力強い真理と結びつけられているのである。

　よって賢者は、本能的信仰の沼地を軽んじて遠ざかったりはせず、その神秘に入り込もうと努める。濁った水の中にうごめくものは真昼でも見えないが、月の光に照らされると、淀んだ水から巨大なザリガニが現れてじっとしているのが見える。この甲殻類は腐敗したものをすべて喰い尽くす。これによって平安が保たれ、この沼からは有害な瘴気が一切立ち上らない。忌むべき行為に繋がるような過去の信仰を残存させることは災いとなる。厳格なザリガニがそこに秩序をもたらしている。ザリガニが後ずさりするのは、生きる場所が過去であって、未来からは逃れようとしているからである。自らの内に摂取したものは硬い甲皮を作り上げるが、それは一時的なものである。それがあまり重くなると脱ぎ捨ててしまうからである。硬化した信仰も時代遅れになったら、一新すべきであることがここから学べば良いのだが。

　タロットのザリガニは赤いが、それは茹でられたからではなく、その反対

に、健康な使命を果たすために絶えざる活動を展開させる火を内に持っているからである。

　ここで、タロットを 2 列に並べたときに、第 5 アルカナを第18アルカナの上に置いた〈反対物の類比〉について思い起こすことが望ましい。【教皇】（ 5 ）は、諸々の信仰を集めて肯定的な教義の形で総合するのに対して、【18】のザリガニは淘汰を行い、腐敗したもの、もはや信者の良識にそぐわないものを呑み込んでしまう。ザリガニは存在理由のあるものに敬意を払うが、一派を成すことも学者を自任することもない。

　占星術師はここに月の〈居所〉である《蟹》を認めている。太陽が年間の運行の中で、黄道十二宮のこの部分に到達すると、上昇の野心を突然振り捨てたかのように下降を始める。《蟹座》の時季はこれとの類比に基づいて、自己省察、内省、罪人の改心を促し、それはあたかも魂の泥水の中で、浄化を行うザリガニがうごめいているかのようである。エジプト人は《蟹》の代わりにスカラベを天に据え、精神と心の再生のシンボルとした(1)。
《蟹》が支配する沼の傍で、 2 匹の犬が道の番をしており、これは天文学的には太陽の通る道である。それは土用の犬たちであり、天空の《大犬》と《小犬》である。 2 匹は月が回帰線の限界を越えないように吠え立てている。この気まぐれな天体は、太陽の不変の運行によって敷かれた黄道から絶えず逸れてしまうからである。

　犬たちは、想像力が錯乱する禁断の領域を守る任を与えられたケルベロス〔ギリシア神話に登場する地獄の番犬〕となる。沼から離れて、止むことの無い遍歴を再開しようとする大胆な旅人が近づくと、犬たちの吠え声はいっそう高くなる。信仰や感情の面にしても、社会・政治的な問題にしても、一般に認められていることを維持しようと、彼らは見張っている。左側の白い小さな犬は、真実と認められたことを信じようとしない不信仰の輩に激しく吠え立てている。高く立ち上がっているのは、霊的な事柄に仕えていると考えているからだ。右側の黒い犬が腹ばいのままなのは、地に繋ぎ止める実証主義のおかげである。不可侵の所有権と秩序に気を配っているので、破壊的な計画を持った革命家には吠えかかる。 2 匹の犬に構わず、しっかりとした足取りで

（ 1 ）参照、Isaac Myer, *Scarabs*, New York, 1894.

進む者は、犬たちに恐れの念を抱かせ、嚙まれることもない。

　しかしここに二つのどっしりとした城塞があり、それらは第16アルカナの丸い塔と形が違って四角い塔である。肌色の壁によって建物は生きた存在であり、赤い台座の上の金の胸壁によって、分別を持って活動できる知的な存在と同化する。それは番人として置かれた軍隊もしくは軍団であって、犬たちのいる場所を抜け、月が引き寄せる危うい草原に乗り出そうとする軽率な人間に向かって、差し迫る危険を知らせるためにある。

　光の当たっている右側の塔からは、ヘカテの犠牲者たちが被る悲惨な運命についての警告が聞こえて来る。彼らは心の均衡、理性、肉体的・精神的健康、さらには命まで失う危険にさらされる。

　薄暗い左側の衛兵隊も不安を搔き立てている。人を惑わす好奇心に負けて不信仰に走ることを、神秘的に叱責する声が響いている。魂の救済を危うくするくらいならば、無知でいた方がよい。失われた楽園のことに思いを致し、呪われた知識の木の果実を欲するべきではない。

　二つの塔から聞こえて来る声よりも、抗いがたい神秘の魅力が勝ってしまうならば、もはや宿命を与えられた者は止められない。イニシエーションの恐るべき試練を受けるよう促され、亡霊たちが迫り来る深い森の闇の中に入る。次いで苦労して高みによじ登ると、そこからは銀色に輝く野原が遥かに見渡せる。しかし断崖が待ち構えていて滑り落ちてしまい、窪地に落ちて傷を負う。底にあった泥のおかげで落下の衝撃が弱められ、汚れたまま立ち上がって、足を引きずりながら、身を清める水の流れを目指して行く。それは流れの速い川なので、泳いで渡る必要がある。火で焼かれて乾いた対岸に達しなければならないのである。孤独の内に夜明けまで彷徨うと、砂丘に到達し、その背後から日が昇るであろう。

　第18アルカナに描かれる月は銀色の円盤の上に、女性の丸い横顔が浮き出ている。この円盤からは長い黄色の光線が発し、それらの間に短い赤の閃光が現れている。これは月が霊的な活動（赤）において弱く、物質の領域（黄）では強い力を持つことを示している。〈月〉的な機能である想像力が、思考形式を客観化させることで見者を助けるという意味である。しかし、物事の現実的本質を理解し、把握する手助けはほとんどしてくれない。ヘカテは人を欺くけれども、その幻想にもう騙されないことを学ぶためには、彼女

の学舎の門をくぐらねばならない。月が引き寄せているように見える赤、緑、黄の逆向きの水滴は、第16アルカナにあった同じ色の球に対応する。しかし地から月に向かう流出物は、奪うばかりで何も与えない。冷たい光と夜の天体は太陽が授ける生命力を吸収する傾向がある。そこから、月の光を浴びたまま寝てはならないという民間の言い伝えが生まれるのである。

　古いタロットでは、月明かりの下で竪琴を持った男が、窓辺で髪をほどく半裸の若い美女に向かって歌を歌っている場面が描かれている。しかし、固く閉ざされた扉が、恋い焦がれる男の目論見から艶やかな女を守っている。

占術上の解釈

　客観性。外見。目に見える形。五感に訴えるもの。偶発的、相対的なもの、人間の生が演じられる舞台。物質の幻想。マヤ。

　想像力、移り気、気まぐれ、空想、突飛、誤謬と偏見、精神の怠惰、軽信、迷信。不躾な好奇心、偽りの知、幻視。知的受動性、想像的感受性、透視能力、催眠状態による超感覚的知覚。自己省察、改宗。

　水上の旅、航海、長く困難な探求。課せられた仕事。物質的隷属状態。曖昧な状況。うわべだけの安全、危機、罠。追従、欺瞞、空しい脅威。赤みがかった月と、それがもたらす災厄。リンパ体質、過水症。

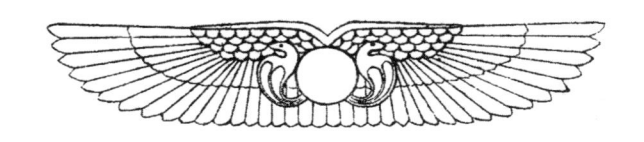

【太陽】

19 LE SOLEIL

【月】がもたらす苦難は、【太陽】の光に導かれるために耐えなくてはならぬ試練である。我々は闇の中で悶々とし、誤謬を犯しつつ奮闘して初めて、光に到達するのである。苦い経験を経て偽と真を見分ける術を会得し、地平線の彼方の光の源に向かって行くためには、痛ましい誤りを犯す必要がある。地上の生における試練は、我々を教え導くためにのみある。その教訓を生かすことができれば、秘儀参入という報いが得られるだろう。

そこに到達するためには、伝統的な浄化の業が肝要となる。それはこの世の真の光、〈太陽〉の光が浸透するように、我々の不透明な殻を透明にすることを目指す。太陽は輝きを放つにあたって、動かず固定したままである。常に変化することなく、万人に対して公平に輝いている。もしある人々がその恵みを他の人々よりも享受しているとすれば、それは精神を照らす純粋な光と自分との間にある障害を除くことができたからである。

月の明かりは誤解を引き起こし、対象を確実に区別できないが、ここにあるのはもはやそのような欺瞞的な光ではない。太陽は万物の実相について、錯覚を起こさせるヴェールを剥いで、ありのままに示して見せる。太陽を前にして霧は晴れ、亡霊は消え去る。この意味で、受肉した魂は約束された贖い主を太陽の中に見出すのである。魂が物質の内部における葛藤を余儀なくされているのは、物質を浄化するためであり、ひいては肉の中に閉じ込められた霊的なものが、普遍的霊性と結び付くことを可能にするためである。

さて第19アルカナを考察しよう。そのシンボリズムは明快である。

若いカップルが、花を散らした緑葉の輪の中央で優しく抱き合っている。それは霊と結び付いた個別の魂であり、理性を娶（めと）った感情である。それは、小は人間の人格内部で実現し、大は再生した人類全体で実現しようとする和合と調和である。

人々が理性的存在となり、霊的な太陽の贖いの光によって誤謬から解放されたとき、彼らは楽園を再び見出すであろう。それは原初の放埒な無垢の楽園ではなく、現実的な文明の勤勉なエデンであり、相互扶助の完全な平安が支配して、すべての労苦も軽減される。

この理想は、奇跡もしくは何らかの宣言によって、一挙に到達できるものではない。その実現はまず個人的に続けられなければならぬ。社会や人類の再生を夢見る前に、各々が自分自身の再生から始めるべきである。石が四角

に切り取られなければ、頑丈な壁は造ることができない。万人が交歓し合う大いなる神殿を建てる前に、博愛に反抗する未だ荒々しい野蛮さを退けるため、城壁を築かなければならない。〈太陽の子〉らが象徴する選ばれた者たちは、城壁に守られて初めて博愛を実現する。その城壁は、第19アルカナにおいて、赤と黄の石が交互に並べられた三つの層を繋ぐ形で二つの青い層が積まれ、構築されている。これらの色は、人生の行為に適用された実践道徳となって現れる建設的宗教、感情的理想（青）に、社会統一の原点を与えている。それは赤と黄の対立、すなわち活動的エネルギー（労働—赤）と、知識の獲得、富の蓄積（資本—黄）との間の対立を調停する感情に属している。すべての人道的構築の接着剤たる博愛精神だけが、必然的に調和的・融合的な文明の基礎たる相互的譲歩を生み出すのである。力と知性が、それぞれの有する傾向にのみ委ねられていては、そこに到達することはできまい。

　暴力によって黄金時代を獲得できると考える錯乱した人々を、タロットが叡智に引き戻してくれれば良いのだが。階級闘争を熱狂的に信じる者たちが持っている無分別な憎悪は、人間の悲惨さを深刻化するばかりである。知性と博愛の〈太陽〉的精神だけが地上の幸福を実現するのであり、それは社会的対立が相互理解の認識によって調停された上で、和やかな協力によって与えられる。しかし、知性にのみ訴えかける議論は、人間の魂を感動させてお互いに融合させる力を持たない。人を「結びつける」ものは「宗教」であり〔「宗教」religion は「結びつける」という意味の動詞 relier を語源とするという説がある〕、頭よりも心から発している。そこから、文明という城壁における青い層の重要性が生じる。それは賢者たちが唱える〈太陽の宗教〉に関係するのであり、彼らは冷たく理を説かれるだけでは満足せず、絶えず美しい道徳的行為を促す寛大な温かみに満ちた人々である。

　太陽光線の光と熱の二重の作用は、生命を与える大天体から発する、直線と炎のような形をした、金と赤の光線によって示されている。光線の数は黄道十二宮、すなわち季節と地上の全生命との規則的循環に関係付けられている。

　しかし太陽は、魂を温め、精神に光を与え、体に生命を与えることだけに満足せず、さらに至高の富を分配している。平和の園で睦み合う2人には、細かい黄金の雨が降り注ぎ続けている。太陽の楽園には黄金が何ものにも邪

魔されずにふんだんに注いでいる点で、2人はダナエよりも恵まれている。ユピテルが黄金の雨に変身し、ダナエを孕ませてペルセウスを産ませるにあたっては(1)、厚い青銅の壁をくぐり抜けて地下室に入り込まなければならなかったからである。

　太陽はその子らを霊的に豊かにしている。太陽が惜しみなく与えている黄金は、守銭奴たちを引き寄せる金属ではなく、ヘルメスの真の弟子たちの〈哲学的な金〉である。それら秘儀参入者たちは、ものの価値に幻想を抱かず、何ものも欲しないがゆえにすべてを所有している。自らの務めを果たすために必要なものだけしか渇望せず、それによって、求めようと思う以上のものを受け取るのである。さらに彼らの最も偉大な富は心の富である。生きとし生けるものを愛することで、自らの周囲から愛されるのを感じている。彼らにとってすべては美しいものとなり、地上で幸福に生きている。

　彼らが享受している幸福は奪い取られることがない。その幸福は彼ら自身が創り出したものだからである。利己主義的な満足とはほど遠く、彼らは神の業を芸術家として賛美し、自らの琴線に触れるものすべてに感動して、全存在をかけて結び付く。人間の情念が無分別に衝突し合った混乱の渦の中に、〈美〉を認めることで贖いの光をもたらす。遍く贖罪をもたらす〈大いなる作業〉に加わって、人間を原罪（【16】）から引き上げるのに貢献し、神的な存在としての威厳を回復させるよう努める。

　太陽の下で睦み合う子らは《双子》に対応するが、黄道上のこの星座が一年のうちで最も長い昼を与えてくれるだけに、より相応しい。確かにカストルとポルックスは同一の性であり、タロットでは少年と少女に替わっているが、これによってシンボリズムは影響を受けない。というのも、レダの子として、彼らの妹ヘレナと同じ卵から生まれたカストルとポルックスの主要な持ち物は竪琴であり、第19アルカナの新たなアダムと新たなイヴは、これと良く合致するからである。美の女王であるヘレナが、絵師たちによって彼女の兄たちのどちらかと取り替えられたのではないかと考えてみることは可能である。それでもこのような置き換えはシンボリズムの観点から正当化で

（1）上記181頁を参照。ユピテルの霊性は最も高いものと見なされ、その子は魂の活動原理と同化する。その原理は心的な力の偉業を達成するために外に現れ出る。

きる。

　竪琴がここに欠けているのは残念である〔本書収録のカード図版やその他の版のカードにも描かれていない竪琴が本節229頁の図では付け加えられている〕。アンフィオン〔ゼウスとアンティオペの間の子供。ゼトスと双子〕の呪力によって聖なる都市テーバイの城壁が築かれたときのように、強い力を持った芸術家が竪琴から調和のとれた美しい音を引き出すことによって、石たちが動き出し、自然に積み上がっていくのである。ここ平和の都の城壁も、〈大いなる術〉の妙なる願いに従い、生命を与えられた材料が手助けすることによって築かれるであろう。〈大いなる術〉の魔術は〈物質としての人間〉の中に眠り込んだ〈働き手としての人間〉を目覚めさせる。生ける石としての人間たちは、調和的に結び合うために、竪琴の調べに合わせて動く。彼らの結合から、全人類による最終的な文明という、聖なる構築物が生まれる。

　人間という材料は〈大いなる作業〉の実質的第一質料であり、これを用いて働く光の子らは、下等な本能の卑俗な鉛を、道徳的・知的な純金に変成させる。愚かで無知な利己主義者を、美において生きるために生命と調和せんとする賢者に変えようとする。〈術〉を愛する〈術士〉として、ものを作り出せる喜びをもって骨を折る。彼らは楽園を再び手に入れる。創造の意図に合致し、人間界の混沌の解消に貢献すべく、神の仕事を愛し、これと自由に結び付いたからである。罰としてではなく、進歩のために必要なこととして、労働を余儀なくされた被造物の務めを受け入れれば、失われたエデンはすぐに見出される。人間は自らの意志で、好んで、愛情をもって働くことに同意したときにのみ、動物的な失墜状態から身を起こすことができるのである。束縛された奴隷、嫌々ながらの傭兵の状態から、我々は自由な術士、自由な建築家、フリーメイソンとなって、〈労働〉という逃れられない生の法則を理解し、〈至高の建築師〉の設計図を実現する者となるのだ。

　シャルル6世のタロットおよびそれに続くいくつかのタロットでは、太陽の下に立つか座るかしている優雅な娘が描かれ、糸巻き棒を持って、人間たちにパル

カ〔運命の女神〕が与える運命より明るい運命を紡いでいるように見える。別のヴァリアントでは、太陽信仰のはためく軍旗に守られ、炎の雨をくぐり抜けて突進する黙示録の騎士の絵が描かれる。

占術上の解釈

　混沌に秩序を与える原初の光。この世に生まれたすべての人間を照らす〈言〉。すべての精神を照らす超人間的な理性。人間が苦闘している暗闇を晴らす霊的な光。ピュトンの蛇に勝利するアポロン。幻想のもたらす錯覚を消し去る真の知。天才的照明。詩。美術。

　博愛、調和、平和、友情、合意、調停。気品、高潔、愛情、魂の偉大さ。回復されたエデン、穏やかで持続的な幸福、結婚、婚姻の喜び、判断の明確さ。芸術的な趣味や才能。

　栄光、名誉、名声。輝かしいものへの執着、虚栄、賞賛欲求、出しゃばり、軽薄、気取り、ポーズ、実際感覚の欠如。ありのままの現実感覚と両立しない、痛々しい理想主義。困窮の内に生きることを定められ、死後にならないと認められない芸術家や詩人。過敏性、傷つきやすさ。

XX

【審判】

太陽の光はいかにまばゆくとも事物の表面を照らすにとどまり、五感に訴えぬ内奥の本質を明るみに出すには至らない。しかるに純粋に美しい作品は、〈自然〉が作り上げた物にせよ、〈技芸〉が作り上げた物にせよ、秘められた教えを、つまりは知性によって解読されるべき隠された内なる精神を、その外面的な形式によって表現している。【審判】はそのために介入し、霊的なものを物質的なものと、意味される根源を表現形式と、生きた言葉を死んだ文字と、区別してくれる。すべてはシンボルである。なぜなら、すべては、超越的概念と関係する生成的な観念から発しているからである。我々は事物の深奥に入り込まなければならない。そこには、我々の精神によって目覚めさせられ、吸収されるのを待つ思考が眠っている。「眠れる森の美女」の魅力的な物語はこのテーマを発展させたものであり、タロットの作者たちが描いた最後の審判の絵もまた、ここから着想を得ている。

　田園的な風景から離れ、我々はここに至ってヨシャファトの谷〔主の裁きの谷。『ヨエル書』4章2節〕に運ばれ、黙示録の天使がラッパを吹き鳴らして死者たちを蘇らせている。彼らは〈体〉においてではなく、〈霊〉において生き返ったのである。というのも、全体的な復活とは〈肉〉の復活ではない。もしくは〈肉〉は、蘇り得るものを寓意的に意味していると解釈しなければならない。過去はその霊性においてのみ生き返る価値がある――とりわけ、それが現代の人々に理解されないままである間は。もろもろの貴重な真理が忘却の墓の中に眠っている。それらが無視されてきた幾世紀もの間、死んでいたのである。しかし、精神の領域においては何事も失われない。古代の賢者たちが知っていたことを、忠実な記憶が秘密裏に保持し、遍き理解がなされた暁に、万人が知るようになるのを待っている。

　そのとき、人類は〈聖霊〉の統治する時代を経験することとなり、全宗教に共通する秘めた教えに基づいた、宗教的統一が実現する。宗教同士が対立するのはただその外面（礼拝の形式や教条主義）による。それは捨て去るべき死せる文字であって、その代わりに唯一普遍の、つまりはギリシア語本来の意味で「カトリック」〔普遍的〕な、活性的な霊を採り入れなければならない。本物のカトリシズムは、およそ根本から宗教的なるものすべてに心を開いた、開明的な精神に訴えかける。それは敬虔な家族の宗教であり、彼らは【審判】の天使が告げる至高の宣告を、手を合わせて恐れることなく聞いて

いる。

　復活した3人の人間は、再生した人類を表している。父と母が息子に相対しているが、この息子こそタロットの主役であり、すでに【奇術師】（1）、【恋する男】（6）、【凱旋者〔戦車〕】（7）、【吊るされた男】（12）において次々と役を演じるのを見た、若い金髪の男性である。それはイニシエーションの試練を受け、最終的に〈棟梁〉の位を得る参入志願者、〈大いなる作業〉の主体である。

　この最高の位階を霊と真理において手に入れるためには、2度死んで、3度生まれなければならない。秘儀参入者は卑俗な生を捨てることで、1度目の死と再生を果たす。イニシエーションの途において、この再生誕によって始まる新たな生に入ることになる。しかし、第1段階と第2段階における秘儀参入者の生は、俗世の大衆の生よりは上だとは言え、まだ決定的な理想を実現していない。良き〈職人〉は、自分の理解を超えた指示の下、聡明な従順さをもって働く。まだ〈棟梁〉たちの仲間には入れてもらっていないのである。自分で表明できるとは思っていないが、賢明なものであることは承知している教えを、忠実に実行する。

　人道主義的な寺院の建設は、単に自分たちが生きている時代に与えられる光に従ってではなく、世代から世代を経て続けられる。未来において、その場で恣意的に造られるものではない。何世紀にもわたって諦めることなく、最も良く夢を見た人々の熱い願望を具体化し、古くからの切望を実現したものでなければ、建物は堅固にならない。

　より良き人間世界を作ろうとした先祖たちは、第20アルカナで復活した若者の両親によって表象されている。右側にいる〈父〉は、過去の建設的な哲学全体を体現している。法則を十全に理解した上で生きられた〈生〉の術たる〈大いなる術〉について、人間理性が構想した深遠で賢明なものすべてにあたる。左側の〈母〉は、心情、愛の宗教的感情に対応していて、それは本当の意味で敬虔な魂が常に抱いてきたものである。

　この両親の後継ぎである〈子〉は、今も生きている過去の遺言を忠実に実行すべく、右と左からやって来るものを受け止める。永遠の建設の伝承、フリーメイソンの伝説的ヒラムが、彼を自らの代弁者と見なすとき、〈子〉は確かに〈棟梁〉となる。

人間の体が霊を取り替えるというようなことは可能だろうか。自分の霊よりも高度な霊に体が所有されるために、自らにおいて死んで身体を放棄することなどできるのだろうか。この問いは、生命の息吹として現れる姿は無限に多様であっても、本質において〈一〉である〈霊〉についての、恐るべき問題と関わっている。人間の霊は〈統一体〉に近づくにつれて、同一ではあり続けながらも、どこまで高貴な性質に上昇したかに応じて、自らを神となすべく、変容を果たすのである。

　人間の本性が許す限りにおいて、神の完全性に近づいて自らを神化すること――これがイニシエーションの提供する理想である。「あなたがたの天の父が完全であられるように、あなたがたも完全な者となりなさい」〔『マタイによる福音書』5章48節〕――このことを『福音書』ほど見事に言うことはできない。イニシエーションに関わる問題はすべて、徐々に完全となる漸進的霊化を含意しており、地上の責務から逃れることを目指したものではない。

　秘儀参入者が〈死ぬ〉のは、戦場を放棄するためではなく、善のための戦いにもっと効果的に貢献できるようになるためである。荒々しい戦闘から逃れて飛行士のように飛翔するのは、近視眼的に戦う危険を冒す者たちを、確実に導くためである。

　しかし、イニシエーションにおいては平和的な比喩の方が好ましい。獲得すべき勝利は霊の勝利であり、残酷な暴力なしに、知的な作業によって、物質が設ける障害を乗り越えることである。物質は、破壊すべき敵としてではなく、利用すべき材料として扱うべきである。物質は霊を閉じ込めているが、それは霊の解放を妨げるためではなく、解放への努力を強いるためである。

　狭い個人的な生に閉じこもり、自分のことだけに関心を集中させている間は、真の大いなる〈生〉に参加せず、肉体の墓の中で孤立する死者たちのように行動することになる。目覚めよう、そして開かれた墓から立ち上がり、普遍の霊の息吹を吸い込もう。この世に生きているときから、永遠の生を生きることとしよう。

　タロットで霊たちを目覚めさせる天使は、緑の翼を広げている。活動の場が霊的な生だからである(1)。白い縁取りをした青いチュニカは、天上のイデ

（1）教会で緑は聖霊の色である。

ア界に関係し、それは赤い腕が示すように、不断の活動を促すものである。

　赤は天使が持つ金のラッパに付いた小旗の色でもある。金の十字が旗を四つの四角い領域に分けており、四重の〈哲学の石〉を実現する力を、至高の霊性に付与している。

　緋色と金が交互に現れるのも、天使から発するものを特徴付けている。金髪が鮮やかな赤い半球形の帽子の下で溢れているが、この帽子は【奇術師】（１）の絶えざる精神活動を守る幅広の帽子の中央部に似ている。それは、不変の真理という黄金を外に出して人間に伝える思考を、生きた状態で凝縮する中心である。天使の髪は、人間の知性には接近できない観念を生み出す超越原理に関係している。それらの観念は丸い雲に閉じ込められたまばゆい光輝に表象されていて、そこから赤と金の光線が発している。人間の知性の目は、この円形の雲に引き止められる。そこでは人間のために抽象が具体化し、インスピレーションによる投影となって現れる。その内のあるものは、人間の知性に対して天才的な観念（金の光線）となって表現され、その他（赤い光線）は、偉大で美しい行為を奨励する。

　ペンテコステ〔五旬祭〕の際に降ったものに似た〈火の舌〉〔『使徒言行録』2章〕が、霊感を付与する永遠の光線から発している。それらの火花が赤と黄と緑なのは、霊的な贈り物が人それぞれに授けられるからである。高潔な行為をする英雄には赤、生に献身する穏やかな魂には緑、純粋な知の宝を振りまくことを託された教師には金が与えられる。

　天使の額には太陽の記号 ⊙ が輝いており、それは既に【正義】（8）と【節制】（14）の照明の表徴として現れた、分別の徴である。調整する〈言〉の表意記号がこのように３度現れるのは、まずは物理的混沌に秩序が与えられることと関係する。その中で、均衡の法則（【8】）が、有機体の構成に適した相対的安定性を実現する。次いで、建設的な光が生命の顕現に内在する。生命は無闇に拡がるのではなく、明確な目的のために、意図を持って流れ出す。そこから、二つの壺を持った〈精〉（【14】）による照明が生じる。しかし霊的な領域でも、秩序と明るさが広がり、ひたすら個人の知性と人類の集団的知性（【20】）との交歓を促すために十全な光が生まれる。

　第20アルカナと最も大きな類似性を示す星座を見出すには、〈聖霊の鳩〉の異教的対応物たるレダの《白鳥》を考察するのが良い。オリンポスの主

〔ゼウス゠ユピテル〕に表象される超人間的な霊性は、白い大きな鳥に変身し、死すべき人間を孕ませて、《双子》とヘレナ、言い換えれば〈博愛〉（【19】）と〈美〉（【17】）を産むだろう。ユピテルはさらに、生命を与える天上の火を人格化しており、これは《水瓶》（エア、インドラ、雨神ユピテル）が広げる豊饒の雨と結びつき、《魚》（【17】）の下で地が潤される。しかるに、《白鳥》は春、植物の目覚め、すなわち毎年の再生を告げ、第20アルカナのシンボリズムと合致する。さらに注目すべきは、《白鳥》が〈乳の道〉〔天の川〕の上に翼を広げていることである。それはユピテルの宮殿に引き寄せられ、そこで不死性を享受する魂たちがたどる途である。

占術上の解釈

　聖霊。知性を孕ませ、真理を見分けさせるインスピレーションの息吹。霊的な洞察、理解、内的思考の吸収、秘教、物質の霊化。肉体の桎梏からの解放。錬金術的昇華。霊的な生命への目覚め、すなわち集団としての永遠の人類の生への参加。

　霊感。神の霊と交流する人間。占い、預言、霊的千里眼、未来の予知、文学的・芸術的天才。熱狂、敬虔、霊的宗教、霊と魂の上昇。霊的な過去を生き返らせる喚起の力。生に呼び戻される価値のある死者の復活。忘れ去られた伝承への回帰。新たな〈棟梁〉となって若返ったヒラムの再生。完全なイニシエーションの扉としての第2の死。

　再起、治癒、肉体的・精神的・知的な健康の回復。解放、救出、被った損害の修復。後世の公平な評価。評判、名声、反響、風聞、宣伝、広告、大騒ぎ。

布教、伝道、プロパガンダ。

　高揚、陶酔、自然的・人工的な熱狂、冷静さの欠如。ディオニュソス的恍惚。

XXI

【世界】

〈三〉と〈七〉によるタロットの構成は、21という数に最終的な総合の力を与える。それは顕現したものの総体、すなわち永遠の創造作用の結果としての【世界】に対応する。この作用によって生み出される〈実在〉は、人間の五感に訴えるものに限定されてはいない。五感という道具が対象とするのは、真の実在的〈世界〉ではなく、人間がもがいている幻惑的な薄闇の中、地上の哀れな世界の物質的虚構だけである。存在の中で見えているのは、外面的で空しい物質化の中で固まって動かなくなりつつある残滓の、死にかけた表面だけである。我々は万物の生きた本質を知らず、抱く観念はその悪影響を被っている。

より良い教えを授けられれば、我々はもっと精妙な形で〈実在〉を見ることになるであろう。〈世界〉は渦動であり、何ものも停止することのない、永遠の舞踏である。運動が万物を生成しているので、すべては途切れなく回転している。最先端の科学によっても否定されないこの概念は、まんじ模様に捧げられた尊崇から判断するに、先史時代に遡る。そこから、十字の先を直角に折るか曲線にした「鉤十字」の名が生まれる 卐 卍 。

この表徴は、今日では汎ゲルマン主義者たちに占有されているが、遥か古代の遺跡や遺物の至る所に見られる。それは天空の運動に関係しており、この運動は大昔の先祖たちによれば、森羅万象に伝えられて生命と動きを与えていると考えられた。この運動から生命が発し、それは原初、神的なものと見なされた。

籠の中で輪を回すリスのように、緑葉の輪の中で走る生命の女神を描くとき、タロットは何万年も前のこうした概念から着想を得ていることになる。この愛すべき女神の中には第17アルカナの裸の娘が見て取れるが、ここでは活動の色である赤の軽い布で慎み深く体を覆っている。この疲れを知らぬアタランテ〔ギリシア神話の女狩人〕は休まず走り続け、そのおかげで生じる目も眩む回転の中で同じ場所にいる。そこから、【皇帝】（4）に似た姿勢が生まれ、明示性は劣るけれども硫黄の記号 🜍 を思い起こさせる。というのも、頭と腕が三角形を描いており、その下で右脚とその後に上げた左脚が十字を示しているからである。こうして、【世界】に生命を与える敏捷な女神は、定まった場所で休みなく燃え続ける〈中心火〉に近づく。その姿に地獄を思わせるものは何もないが、プルトン（【4】）が彼女の父であるかもしれない。

それは宇宙の有体の魂、万物の中で燃える生命の源を守る巫女である。この役割によって、この〈硫黄〉的な娘が左手に持っている2本のスティックの存在が説明される。棒の先端には球が付いていて、一つは赤、一つは青である。赤の球によって、生命の火と結び付くことを定められた燃焼エネルギーが捉えられる。生命の火は、青い玉が引き寄せる空気の流れで絶えず煽られなければ勢いを失う。捉えられた力は、右手を通じて、身に纏っている赤いヴェールに伝えられる。

　イタリアのタロットでは、【奇術師】（1）が持っているのに似たスティックを両手に持たせることが好まれる。それをエリファス・レヴィは、両極における交互の磁気作用に関係付けたが、彼によると、片方の手に纏めた2本の棒は、対立と伝達による同時的作用を示すことになる(1)。

　魔法の棒を操る娘は、土占い師たちの〈大幸運〉を表している。これによって、〈小幸運〉（輪は第10アルカナの輪）のささやかな束の間の成功よりも、多くを約束する。ここで輪は、もはやスフィンクスが支配する個別的な生の循環ではない。それは【世界】の円軌道と一体となり、その外側で、基本元素の引力（スフィンクスが総合するカバラ的な〈四〉によって表現される）の交差的対立が行われる。

　万物を包み込む生命循環は、第21アルカナにおいて、緑の葉を三連に編み込み、上と下を交差する金のリボンで結んだ楕円形の輪で表現される。イタリア人たちはこの花冠に、十字の位置に並べた四つの薔薇を飾っている。それらの花は生を美しくし、霊化する。生を通して現れる再生の〈霊〉（【20】）の息吹のおかげである（$4 \times 5 = 20$）。その甘やかな香りは人々の魂を魅了し、暴力や凶暴さから遠ざけて高潔な情熱を高める。純粋な愛の理想

（1）*Rituel de la Haute Magie*, p.172.〔『祭儀篇』135-136頁〕

に、不屈の勇気と活力を捧げる騎士に、薔薇はふさわしい。

　宗教的伝統における宇宙創造の〈四〉が、第21アルカナの中で慣用的な表象を与えられている。春の〈土〉を表現する〈聖ルカの牛〉は黒いが、表面上受動的な物質の中に内在する火のエネルギーを考慮して、角が赤い。土を耕す重厚で忍耐強い家畜の後には〈聖マルコの獅子〉がおり、焼き尽くす〈火〉のように燃え立つ黄と赤のたてがみを持っている。黄道十二宮の《獅子》によって象徴されるこの〈火〉は、夏の酷暑をもたらし、緑の植物を枯らす害もあるが、穀物の実りには不可欠である。地上の牛と対角の位置にいる〈聖ヨハネの鷲〉は翼を広げようとしている。翼の外側はくちばしと爪と同じく金色で、その他の部分は〈空気〉の色の青である。秋の星座の《鷲》と春の星座の《牛》の間に、占星術的には《獅子》に対立する《水瓶》としての〈聖マタイの天使〉が位置している。それはまた【節制】（14）の精でもある。この天使の服は赤く、雲に包まれており、その上に金の翼を広げている。金の翼のおかげで天使は最も純粋な知性の位置まで上昇しているが、崇高な蒸気がこの知性を吸収して天使の周りに凝固しており、やがては霊的に豊かな雨となって溶解していくのである。

　天使と三つの聖なる動物は、天上で四つの方位点にある一等星によって表象されている。すなわち、《牡牛》の目としてのアルデバラン、《獅子》の心臓であるレグルス、《鷲》の光であるアルタイル、《南の魚》のフォーマルハウトであって、この最後の星は《水瓶》が撒いた水を吸収する。これらの星は十字の四つの先端を標し付けていて、その中心が北極星であり、天球の回転の中央で不動であるところから、第21アルカナでは、黄道帯を表徴する緑の楕円に囲まれた娘に対応する。

　1500年にパリで印刷されたあるタロットの【世界】は、【皇帝】（4）が左手で持っているものと似た球で表現されている。球の上に載っている傾いた十字の腕は、四基本元素に対する支配を約束する王笏である。春分、秋分、夏至、冬至の星座のシンボル——天使対獅子、鷲対牛——による物質の生成力の二重の対立は、表象されていない。というのも、ここで世界は〈霊〉の四つの風の息吹で支えられていて、対抗して働くエーテル的な作用の衝突から生じているかのようである。地球の上には大柄の全裸の女性が立っており、右手で巨大な幕を持ち上げ、左手でその端を纏めている。それは万物の本質

に関わる秘密を伝えるために、外見とい
う覆いを外して、十全に顕わになる〈真
理〉である。この秘密を所持するという
ことは、普遍の知とそこから発する無限
の力を意のままにするということであ
る。それは完全な熟達者が目指す理想の
実現である。

　賢者が他の人々と違うのは、五感に訴
える偽の現実に関して一切錯覚をしない
ということである。賢者の霊的な目の前
では、すべてが霊となる。〈世界〉はヘ
ルメス主義者の〈唯一なるもの〉が生ん
だ奇跡として映る。ありとしあるものの
根源的統一性を認めることで、人は
〈真〉の探求に捧げた努力の究極の報酬
として、〈グノーシス〉に上りつめる。この直接的認識は、【女教皇】（２）
が鍵を持っている聖域を熟視することで引き起こされる、知的な法悦となっ
て表現される。〈霊〉の純粋な光が輝く神殿には誰も入り込めない。しかし、
人間の精神的知覚の前で物質が消滅するとき、完全な照明を邪魔する障害は
なくなる。神の光を受け止めた人間は、失墜から決定的に立ち上がり、光輝
く存在となって、〈再統合〉の過程を完成させるのである。

　ヘブライ文字の21番目は「シン」〔ש〕であって、「タヴ」〔♩〕ではない。
しかし、数字21が記されたアルカナに相応しいのはタヴである。なぜなら、
この文字がタロットの七つの三項と、三つの七項が論理的に最後に到達する
完璧な〈全〉に対応するからである。初期のタヴは、単純に垂直な十字 ＋
か、斜めの × である。

占術上の解釈

　コスモス。秩序ある宇宙。神の支配。完成した理想的神殿。全体性。再統
合。完成。

総合的学問。霊的な至高の力。法悦、至上の栄光、報い。永遠不変。絶対的完全。

　完璧な成功。達成。企てた業の成就。雰囲気。決定的結果 —— 全か無か —— に好都合な環境、取り巻き。集団から引き出す利益。国家元首、大臣、敵意ある高級官僚。乗り越えられない外面的障害。

XXII

【狂人】

昔のタロットでアルカナの順序はIからXXIまでのローマ数字で記されている。次いで、数字が一切示されていない点で〔前頁の挿絵では0が記されている〕、他と区別される最後の構図が登場する。順序としては22番目だが、象徴としての値はゼロである。というのも【狂人】は知的・精神的に存在していない以上、勘定に入らない人物だからである。意識も責任も無く、受動的な存在として生をのろのろと歩み、どこに行くのかも分からず、非合理的な衝動に引きずられている。自分が自分のものでなく、なにものかに取り憑かれている。それは言葉の最も強い意味で〈疎外された存在〉〔「精神病者」の意もある〕である。服の色が雑多なのは、様々な首尾一貫しない影響を絶えず被っていることを示している。突飛な考えで膨れ上がったターバンは赤、緑、白、黄であるが、赤は橙がかっていて、これは危険な思想を暗示する破壊的な火の色である。それは右手で持っている棒の色合いでもあるが、この棒を狂人は無駄に持て余している。というのも歩く際の杖にするでも、支えにするでもなく、ましてや【隠者】（9）のように、歩む先の地面を探るために用いる訳でもない。ぼんやりと放心したような目をして、どこに行くか考えもせず、衝動の赴くままに、途をたどっている。

　【狂人】は粗削りの短い棍棒を左手で持って右肩に担いでおり、その先に頭陀袋が下がっている。中には、突飛な理想に支えられた愚考と出鱈目との宝物が入っていて、それゆえこちらの棒は青い色をしている。

　黄色のズボンはずり下がって、隠すべきものを顕わにしてしまっている。この見苦しい露出は、ヤハウェの顔を見たいと願ったモーセに起きたことを思い起こさせる〔『出エジプト記』33章〕。語り得ぬものは我々から逃れ去るので、慎みの無い者は、「神の後ろ」に対応する被造物を眺めることで満足しなければならない。我々は思慮分別を持って、限られた理性の領域から外に出ないようにすべきである。〈無限〉は人間の力に余るものであり、それに近づこうとすれば間違いなく錯乱する。それゆえ、【狂人】に付き従ってはならない。彼は白い山猫にふくらはぎを嚙まれ、立ち止まることを許されない。この〈さまよえるユダヤ人〉の歩みは当てもなく、目標もない。いつまでも無益のままに続けられる。

　突き刺すような眼差しの山猫は、転倒したオベリスクの方に狂人を追い立てるが、その背後には鰐が待ち構えていて、混沌、すなわち秩序ある世界の

基になった原初の材料に戻るべきものをむさぼり食おうとしている。犯した過ちに対する後悔と、透徹した意識のシンボルである山猫は、相手が分別をそなえた人間なら引き留められるだろう。しかし、狂人は立ち止まるどころか、嚙まれることで却って避けがたい運命に向かう歩みを速めてしまうのだ。

　しかし、気の触れた者が良識を取り戻すことまでは否定されていない。活動的な霊性を暗示する緋色のチューリップが、彼の足下に萎れていない花冠を傾けている。この花が枯れていないのは、罪を犯さず責任のない者たちを、霊は完全には見捨てないからである。【狂人】はその上、惨めな服装と釣り合わぬ貴重な金の帯を締めている。

　この帯は複数の板で作られていて、恐らくは黄道十二宮との類比から板の数は12であろう。この帯を体に巻いているのが、宇宙創成論上、極めて重要な人物だからである。というのも、【狂人】は知性で把握できる領域の彼方にあるものすべて、つまりは有限の外にある無限、相対性を包み込む絶対性を表現している。それは底無しの淵、アプスーであり、神々が己の国を作ろうと決めたとき、世界の外に追いやった自分たちの始祖である。なぜなら、アプスーは己の住む無限の世界に満足し、ゆったりと陶酔していたので、そこから出ることを拒んだからである。もしも、分別化される以前の原初の物質と結合して、我知らず最初の双神の父とならなければ、何であれ創造することはなかったであろう。こうして生まれた双神は手を取り合い、輪になって踊り始めた。すなわち、エーテルの中をぐるぐると回り、万物の生成運動を定めたのである。しかし、アプスーの息子と娘を思い描くために擬人的に語ることは控えよう。彼らの雲のような形体は、蛇のような形(1)、恐らくは尾を嚙む蛇ウロボロスに特に関係していて、【狂人】の帯によってまず間違いなくほのめかされている。一方で帯が作る円は、より単純には錬金術師たちのアルン〔明礬〕と関係し、その記号はまさしく円形のゼロ 〇 である。しかるに、アルンは他の〈塩〉の原理となる〈塩〉であり、言い換えればすべ

（1）カルデア人の原初の神々は二重の存在で、同じ性質を持った男と女として生まれた。蛇の形をした二つの実体が普遍物質を原初において活性化したのであり、それはヘルメス思想における生命の生成者としての、2匹の蛇である。それはカドゥケウスや《蟹座》の表意記号 ♋ の中に表現されている。太古においてこれほど拡がった蛇崇拝は、蛇の形をした神々に原初与えられた宇宙創成上の役割によって説明される。

ての物質化の非物質的基盤である。それはすべての源となる原初の空虚を満たす、いわゆる無であり、【狂人】に喩えられた受動的原質である。

〈実在〉の限界（【1】と【21】、アレフ〔א〕とタヴ〔ת〕が始まりと終わりを標し付けている）を、精神が越えられると思い込むと逸脱が生まれるが、【狂人】はこのことに警告を発している。数を欠いたアルカナは、勘定に入らないもの、〈虚無〉の名の下に呼び起こされる非実在的な亡霊に関係している。それは〈全＝一〉（その外ではいかなる存在も考えられない）の反対である。賢者は言葉に騙されない。言葉による〈存在〉の否定を外的に客観化するのではなく、人間の哀れな関心事に大きな位置を占めている狭い人間性が空虚であることを意識して、賢者は自らの中に【狂人】を探し求める。我々は何ものでもないということをわきまえれば、タロットが最後の秘密を委ねてくれるであろう。

　タロットの最終アルカナのシンボリズムに最も良く対応する星座は《ケフェウス》である。エジプトの王で、《カシオペア》（【女教皇】（2））の夫、第17アルカナの裸の娘《アンドロメダ》の父である。このアフリカの君主は黒く、それは我々が【狂人】に付与した色であるが〔本書収録の1926年版カードと

違って1889年版および249頁の図では顔が黒い〕、絵師たちは黒人として描こうとは考えなかった。知性が入り込む淵の上に漂う、闇の番人たる【女教皇】についても同様である。黒人の父と、厳密に言えば白人かもしれない母との娘である第17アルカナの《アンドロメダ》は、少なくとも金髪ではなく黒褐色の髪であるべきだろう。しかし我々が容易に見出す天文との類似は、タロットの作者たちはほとんど思いつかず、彼らの作品はいくつかの点で未完成である。天空で《ケフェウス》は《小熊》の尾と後軀に両脚を乗せており、山猫が【狂人】のふくらはぎを噛んでいるのと違って、《小熊》は噛むことができない。

占術上の解釈

パラブラフマン、アプスー、底無しの深淵、〈絶対〉、〈無限〉、〈エンソフ〉。

人間の理解を超えるもの。非合理、不条理。空虚、虚無、宇宙創成の闇。原初の物質。崩壊、霊的消滅。ニルヴァーナ。

受動性、衝動性、盲目的本能・欲求・情念に身を委ねること。無責任、錯乱、狂気。進行不能、影響への抵抗不能。霊媒性、服従、自由意志の喪失。隷属性。

無能。隠れた力の玩具。影響されやすい精神異常者。催眠患者。他者の道具。無意識。秘儀参入不可の俗人。破滅に導かれる盲人。気まぐれに身を委ねる狂者。非感受性、無関心、無気力。自らの間違いを認められず、後悔も感じないこと。

要約と総括

I
宇宙創成論の概略

　タロットの22の構図のシンボリズムが、細部に至るまで正当化されたので、ここで全体に立ち戻って、その中にある精神を引き出すことが必要である。中世の絵師たちの象徴的傑作に着想を与えた思想とはどのようなものだろうか。公的な教義のみが発言権を持っていた時代において、極めて大胆な知性の持ち主たちが、謎解きの必要な秘密の哲学に進んで向かって行った。カバラやヘルメス思想の熟達者たちによる、一見支離滅裂な言葉の裏に隠された神秘的叡智はそこに由来するのである。しかし、タロットの意味深い図像ほど、この叡智を明るみに出すものはない。

　思想の領域において破壊されるものはないので、深遠な思想家たちが執着した諸観念を、既に死滅したと考えるのは馬鹿げている。一時的に受け入れられる思想の中には一切反映されていないけれども、彼らによって命を付与されたものは今も生きている。思想の世界には流行というものがあるが、それはやがて廃れ、忘れられた過去の内で生き残るに値するものによって、遅かれ早かれ新たになるのである。

　再び生命を与えられた伝統に照らして、人間がどこからやって来たか、どんな存在なのか、どこへ行くのか、タロットに語らせる方法を、ここで考えてみよう。

　I.〈能動的思考統一体〉の擬人化たる【奇術師】に象徴される〈創造活動〉に万象は還元され、それは抱くべき思想を暗示する。タロットの神は、

万物の父たる魔術師であり、実在を与える〈言〉の永遠の生成者である。抽象的な原初原理として、それは広がりを持たない数学的な点であり、その運動がすべての幾何学的形体を生み出す。それは主観的中心であって、その周りに客観性が構想される。その最も単純な図像的シンボルは、表現することができず、神の眼の瞳の中心 ⊙ として考えるべき「点」の代わりに、垂直線 I（数字の I であり、アラーの頭文字であるアラビア文字のアリフ）となっている。

II. 空虚の中で行われる活動は実効性が無いので、客観的実在が必要になる。〈虚無〉の前では神はなにものでもない。被造物がなければ、創造主はいない。子がいなければ、父はいない。したがって、永遠の〈父〉に対しては、永遠に子を産むため、その永遠性に加わる妻をあてがわなければならない。こうして万物の母たる〈能産的自然〉の存在が説明され、タロットでは【女教皇】の姿をとる。この女性神において、創造主たる男性神は、自らの非生産的単一性を脱して創造の力を得るために、己自身と対抗しなければならない。というのも、差異化がないと、〈存在〉それ自体は原初の〈非存在＝存在〉としての性質に留まってしまう。それは存在しながら存在していないようなものという意味である。

　常に変わることのない厳密な単一性は、人間には捉えられない。語る言葉がないというべきであり、人間が考えたり想像したりできるものの彼方にある。知性によって把握するためには、対照によって区別する、すなわち完全な〈統一体〉を捨てて、差異化する〈二〉を手に入れなければならない。すべての認識は、本質的に〈一〉であるものの二重化によって行われる。イシスは〈多〉の母として大いなる顕現を行い、そこで人知を超えた根源的単一性が知性に把握できる形で反映される。シンボルは横線 ー 、黒い円盤 ● 、もしくは〈二〉の柱 II。

III. 区別によって概念が胚胎する。女教皇の娘は有翼の乙女である【女帝】であり、〈考案するための知恵〉〔考案する concevoir には「身ごもる」の意もある〕のシンボルである。イデア界の〈天の女王〉は被造物を支配している。彼女は具体的なイメージを生み出す月に足を乗せている。無垢な女帝が身ご

もるのは純粋なイデア、創造の完成を司る原＝類形である。カテドラルの建設者たちに我らが元后と呼ばれた存在は、〈宇宙の大いなる建築師〉の計画を伝えてくれる仲介者として彼らの目に映ったのだ。これによって、聖なるものとなるべく定められた芸術作品となって表現される、職業的崇敬が説明される。シンボルは受容的三角形 ▽ 、直角定規 ˥（ギメルもしくはガンマ ˥ ）。

IV．世界が作り上げられるためには、概念として胚胎されるだけでは足りない。〈考案するための知恵〉は、〈実現するための力〉〔〈装飾するための美〉と並べてフリーメイソンにおいて尊重された三段階の徳。下記274頁以下参照〕すなわちタロットでは【皇帝】に擬人化される具現力と婚姻しなければ、産まず女のままとなる。この闇の君主は女帝の夫となるが、その経緯はプロセルピナ〔ユピテルの娘。ギリシア神話のペルセポネ〕をプルトンが誘拐したのと正確には同じでないにせよ、神秘的には同様である。無限に高く、軽く、昇華して拡散したもののエッセンスが、自らの内部に帰って究極まで集中した存在と結び付いて、実体的な創造を行う。皇帝は創造活動を複数の中心に凝固させるが、それらの中心は互いに対立し合っていても、纏まって行う業については調和が取れている。それは世界を創る職人たる造物主である。その中の神は、諸存在の内奥に降りてこれに命を与え、使命に従って活動させる。シンボルはデルタ △〔ギリシア文字〕、もしくは中心に目のある三角の方が相応しい。硫黄の記号 🜍 。

V．すべては神的なものである。神は〈一〉であるから、生きた神は存在の多様性の中に宿っている。しかし、神性は生きとし生けるものに向かって直ちに顕現する訳ではない。人間は、機械的な宿命性によって動く自動人形の状態で、意識を持たぬまま生まれる。次いで人間は意識を獲得するが、自分を十全に所有するに至らぬ間は、最初のうち混乱している。自分自身を支配するために己の行為をコントロールしなければならないので、善と悪を見分けるよう導かれる。すべて活動するものが従わなければならない道徳律の表現として、義務というものを考えるようになる。この道徳律への服従が、個々の人間の努力を連携させ、それらは普遍の建築という〈大いなる作業〉

を実現するために結び付く。神性は、自らの無限に多様な活動の中心に散在
しているときも、自らのことを覚えている。その記憶が、敬虔の感情となっ
て表現され、全宗教の基礎となる。内なる神の声に耳を傾け、その声を活動
的な人格に聴かせるのは、【教皇】の役目である。この人格が、神的なるも
のに導かれることを拒否するなら、錯乱と混乱の中で暴れ回ることになる。
万物の存在目的である創造の業に貢献することもない。だから存在に値する
生き方をし、虚無の内で消滅せぬためには、宗教的に活動しなければならな
い。シンボルは五芒星 ☆ 。

VI. 遍く存在する神は、自分自身から遠ざかることはできない。しかし、
万物の中に入り込んで、その中で影を薄くしているかのように思える。それ
はあたかも万物の弱さに配慮して、強烈に姿を現すことを拒んでいるかのよ
うである。

意識を獲得するとすぐ、すべての存在は二つの途のどちらかを選ばなけれ
ばならず、その片方だけが神化に通じている。【恋する男】は宿命的な分か
れ道で躊躇し、立ち止まる。右を選ぶか左を選ぶか、義務を厳格に果たすか
人生の享楽に身を委ねるか、どちらも自由に決められる。本当の意味で生き
たいのか、くすぶって生きるだけで十分なのか。その問いに答え、自分の運
命の宣告を下すのは本人である。それは自由が与える大いなる試練である。
楽しめさえすれば良いと、学ぶことを軽蔑する生徒よろしく、神的な務めを
前に後ずさりし、できる限り努力したくないと思う人間もある。シンボルは
ピタゴラスの弟子たちが好んだ Y 〔イプシロン〕の文字（初期のヴァヴ）と六
芒星 ✡ 。

VII. 生を真剣に受け止める決意をすれば、その報いとして与えられるの
は【戦車】である。この乗り物は人間の体と、それに付随するすべてのもの
を表す。2頭曳きをうまく操り、己に従うべき全エネルギーの主人となり続
けることを学ぼう。己のミクロコスモスの領域において、神と似た存在とな
ろう。己の内で完全な調和が支配するように、小さき世界で神性を行使し、
混沌に秩序を与えよう。神のように活動することで、我々は神的な存在とな
るのだ。シンボルはロレーヌ十字 ‡ （初期のザイン）と正方形の上に乗っ

た三角形 ⬠ または ℧ 。

VIII. 神の意図に従って行動するには、永遠の創造の業に協力しなければならない。すべては作り上げられるものであり、我々は建築の仕事に携わっている。一人一人は自分の領域で働いているが、ばらばらでは無い。我々が切り出す石は、人間が共同して造る神殿に用いられるよう定められている。したがって、皆が同じ建築の規則に従わなければならないのであり、それは物事の道理から発しているので、恣意的なものではない。その厳密な遵守から、建築物の秩序、調和、安定が生まれ、その堅固さは、材料をどれだけしっかりと統一的に積み上げるかどうかにかかっている。しかるに世界に不可欠な均衡は、創造法則を行使する力としての【正義】によって維持されている。シンボルは二重の正方形 ⊟ （初期のヘット）であり、そこから本来 Ȣ として描かれた数字の 8 が引き出される。

IX. 生成するものは〈体〉を得る前に、潜在的に存在している。胚種が成長するためには、そこに働きかける諸力が調和していなければならない。五感に訴える創造の前に、見えざる創造があったのである。世界は顕勢的に存在する以前に、潜勢的に組織される。すべては種の範型たるイメージに従って創られる。したがって、物理的世界を形成する不完全な再生産物より前に、類型による創造が確かに存在する。類型を夢想する神秘的な術士は、タロットにおいて、過去に従って未来を企てる経験豊かな老人、【隠者】の特徴を持って現れる。それは非物質的な糸を操る織師であり、そこに仮象的存在の刺繍模様が浮かび上がってくるのである。シンボルは、9個に分かれた正方形 ⊞ 、これが ✚ となって、数字9の略図 ⬒ が引き出される。初期のテット ⊕ 。

X. 〈体〉を得るために纏まったものは、【運命の輪】によって表現される渦動の引力を受ける。この輪を支配する不動のスフィンクスは、生成を司って、その不断の継続を調整している。抗い難い流れによって物質の中に引き寄せられた霊は、そこに沈んでから進化の業を成就しつつ上昇する。降下は利己主義的な収縮の中で天を忘却することを意味し、〈大いなる全〉から分

離した個を作り上げる。受肉した存在は己のためだけに存在し、自らの地上の王国を完全に所有するに至る（〈マルクト〉）。この段階の征服は〈体〉の成長に対応し、受肉した霊が利用すべき道具の構築を完成させる。シンボルはまんじ ✗ と、10の値を持つ輪を付けたゼロの形 ◇ ◎ 。

XI. 存在が花開くのは、すべてを自分自身に還元することを止めるために他ならない。生の目的は花ではなく、実である。穏やかな春の後には猛暑と嵐をもたらす夏がやって来る。そのとき個の中で成長するのは【力】、言い換えれば仕事のエネルギーである。人間の個としての錬成は終了したので、成長の本来の目的であった行動に備える必要がある。これからは己と結び付いている獣を服従させて活動する必要がある。人間の中の獣性を手なずけて作業に従事させた後に縛り付けなければ、どのような業を創り出すことができようか。シンボルは六芒星の中に埋め込まれた五芒星 ✿ 。

XII. 良い働きをするには、取りかかった業に没頭しつつ、ひたすら献身的に仕事をしなければならない。関心も愛情も持たずに務めを果たすのは、創造の熱意に駆られた神の自由な職人としてではなく、奴隷として苦役に従事することである。無私の心によって、術を崇め信仰する術士ができあがる。この信仰を得た創造的な職人は、実務的な人間とは正反対の存在になる。地面にしっかりと踏ん張って立つのではなく、天と地の間、【吊るされた男】の刑台に片足で釣り下げられている。〈大いなる作業〉（ ♃ ）を実現するためには、責め苦を受けることを承諾しなければならない。自我を忘却することにより、業を実現する純粋な神秘主義の精神において、神的に活動することが可能となる。シンボルは〈大いなる作業〉の実現の記号 ♃ 。

XIII. 神の業に身を捧げることで苦痛を受容する者は【死神〔死〕】を恐れない。物質的な霊肉分離を待たず、すべて滅ぶべきものから自由になることで、神秘的に死ぬことを急ぐ。こうして再生が可能となり、より気高い生に生まれ変わることになるのだ。シンボルは初期のメム ♋ と土星の記号 ♄ 。

XIV. 死ぬということは、隷属状態からの解放と同義である。低きものと

訣別して意志的に死ぬことで、我々はより広く、より高き生を享受するために上昇する。その生は、肉体の生と違って限界がない。持続的であり、【節制】の水が一つの容器から別の容器に永遠に流れ続けるように、涸れることがない。この若返りの泉の中に浸れば、我々は再生するだろう。そのとき、我々の狭い生ではない、上位の生を生きて、永遠の生に参加することになる。シンボルは《水瓶座》の記号 ♒ 。

XV. 地上で創造活動を行う者は、己の物質的な務めを見失えば、偽の神秘主義の中に迷い込むであろう。体を得たのは、忠実に果たすべき奉仕のためである。人間は下の世界の力を上の世界の指令に従わせる使命を持っている。天上の水の洗礼（【14】）は【悪魔】を支配する力を授けてくれる。地獄のエネルギーは、創造の卑俗な業を実行する定めにある。そのエネルギーがなければ、不動の物質の塊が上に高められることはない。鋼の筋肉を持った粗野な人夫も、取るに足らぬ荷役を行う牛馬も、軽視してはならない。〈大いなる作業〉のためにどちらも等しく用いるべきである。シンボルは転倒した五芒星 ⛧ と、初期のサメフ 〼 。

XVI. 自分が使える力と材料を駆使して、自らの好みに応じた【神の家】を我々は作り上げる。それは仮初めの建物であるが、失われるものはなく、我々が誠実に苦労することは無駄ではない。人間は理想に憧れながら、誤謬を実現してしまう。不完全な職工である我々は、破壊を免れぬ未完成の建物を増やし続ける。しかし、いくら失敗しても、自らの崩れた作品の残骸のただ中で建物を造り、また造る人間精神は落胆することがない。不屈のティタン〔巨人族の神〕として、地を天に結びつける塔を飽かず造り続ける。シンボルは火星の記号 ♂ 、《蠍座》の記号 ♏ 。

XVII. 人間の行う業は少しも呪われてはいない。我々は無知と無理解の闇に沈み、必要以上の苦労を自らに強いている。しかし我々は見捨てられてはいない。【星】が頭上に輝き、生を理想化することを教えてくれている。勇猛果敢な努力のおかげで、女神の愛情が注がれ、己の牢獄を美しくし、辛い生活に楽しみを与えてくれている。自らの内にある美の感覚を養い育て、課

せられた務めを愛するよう仕向けている。この女魔術師のおかげで、地上の監獄は再び楽園になろうとしている。シンボルはカルデア人の神聖記号 ✳ もしくは8本の光線を持つイシュタルの星。

XVIII. 夢とその実現までの間にあって、人間が歩み出した道は長く、起伏があり、不規則で、常に危うさがある。危険に満ちた土地の間をうねうねと蛇行し、【月】が放つのは幻惑の光である。それは試練と、失墜と、怪我をもたらす地上の生の道で、行き着く先は誤謬の認識である。その道を踏破することで、人間は己の錯覚を捨て、全き光の曙に向かって進んで行くのだ。シンボルは月と三角形 ☽ 、《蟹座》の記号 ♋ 、中国の豊饒な宇宙の卵〔宇宙創成の神〈盤古〉を生んだ卵〕。

XIX. 待ち望んだ日は純粋な照明の日である。誤謬を知ってそこから逃れることで、我々は〈真〉に向かって進んで行く。幻影を見極めることで、〈実在〉が顕現される。人を欺く外観は、光の都の中央にある楽園に住む【太陽】の子らには、もはや訴えかけない。その子たちは、愚かで獰猛な野蛮さから抜け出て、理性と慈愛を持った人類を代表している。知性と心情の両方に光を受け、完全な文明の理想を実現している。原初の失墜を贖うことができたので、地上の幸福が人類に微笑みかけている。シンボルは太陽と金の記号 ☉ と《双子座》の記号 ♊ 。

XX. 精神が光に向けて開かれ、心が善性に向けて開かれるとき、生者は肉の墓に閉じ込められた状態を脱する。【審判】のラッパは、眠っている者たちを目覚めさせ、復活させて、今も活動が決して消滅していない先祖たちと交歓させる。死者とは失われた者たちではなく、肉の墳墓の暗闇でうごめく我々のことである。シンボルは垂直線が貫く斜めの十字 ✳ 。

XXI. 混沌の後には秩序が生まれ、〈大いなる作業〉が完成する。【世界】は神の企てを実現し、〈神殿〉が建てられる。少なくとも、我々が全存在をかけて加わった創造活動の結果を我々は目にすることになる。我々の前に天が開け、永遠の生成の到達点を預言者として眺める。我らの法悦は空しいも

のではない。〈宇宙の大いなる建築師〉の秘儀に参入することを許された忠実な職人には、報いとして至高の明晰さが与えられ、そこから生まれたのがその法悦なのであるから。シンボルは初期のタヴ ✚ もしくは ✕ 、まんじ 卍 。

　XXII. 秩序を与えられた〈多〉のイメージは、我々を厳密な〈一〉に連れ戻す。人間が狭く限定された存在で、考えることが哀れなほど幼稚なのに対して、〈一〉は限界を持たない。我々が想像し得たものの彼方に、目も眩むほど広く、我々の精神が入り込む領野が拡がっている。それは被造物の源であり、被造物が絶えず帰って行く底無しの淵である。理性はそこで権利を放棄し、【狂人】に委ねる。それは始まりと終わり（【1】と【21】）の間に置かれた知解できぬ〈無限〉の人格化であり、絶対的理解不能性のただ中で、理解できたわずかなことを誇りたがる思想家を顔色無からしめる。シンボルは、数字のゼロを思い起こさせるアルンの記号 〇 。

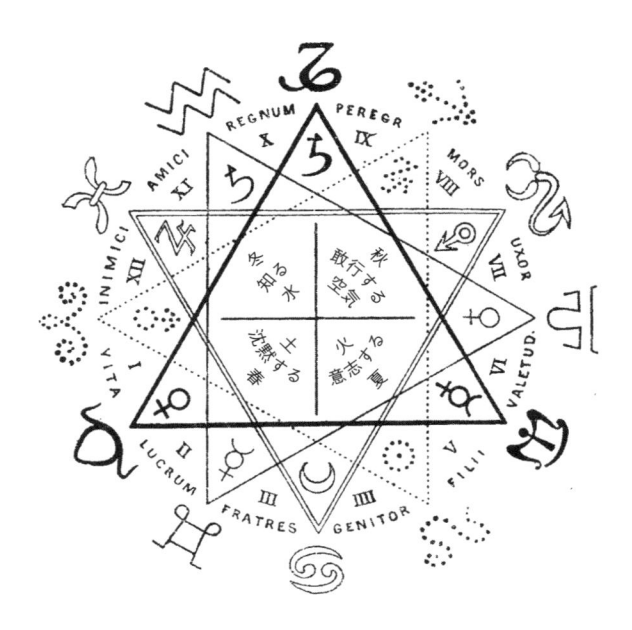

II
タロットから導き出されるイニシエーションの課程

I. 〈参入志願者〉は誰に頼ってもいけない。借り物の〈知〉、学校の生徒の哀れな学問などは顧みない。知性の面での主体性が無ければ、誰も〈神殿〉の扉には近づけない。そこで〈沈黙すること〉を認められるために、一徹に〈意志すること〉のエネルギーを以て扉を〈敢えて〉叩かなければならない〔前頁の図も参照〕。

II. 〈イニシエーションの知〉は、五感に訴える事物についての学問ではない。それは、自らの内に帰ることを知っている者に姿を現す。事物のきらびやかさから目を背け、内なる闇に降りて行けば、精神が己自身とひとりで対面することになろう。

III. 上昇せよ！　天の最も高いところまで昇れ！　己の外にある広大無辺を眺めても、めまいを起こさぬようにせよ。己の抱く狭き概念から逃れ去るため、視野を極限まで広くせよ。

IV. 行動に思いを致せ！　両極端を避け、対立物が衝突し合う場所を知れ(1)。己自身を所有し、己の人格に命令を下す王笏を握れ。己自身の将軍となれ！

V. 学び取れ！　他の人の声に耳を傾けよ。だが、とりわけ己の内なる声に耳を傾けよ。理解するために熟考せよ。己が用いる、己自身の学問を形成せよ。己の中に顕わになる宗教を、心の中に抱け。

（1）フリーメイソンたちが行う儀式上の第2の旅における、剣の触れ合う音がする野。

VI.　己の運命を自由に定めよ。己の中に激しく戦う勇気はあるか、それとも労苦を恐れているか。英雄的な道か、弱き者の安易な生かのどちらかを選べ。無償で手に入るものは何もないことをわきまえよ。強くありたいと願うなら、苦しむことを肯え。苦痛から逃れれば、人は弱くなる。弱くなった者は衰弱する。衰弱して、虚無への途をたどるのも、各人の勝手である。

　VII.　選び取った方向に歩み、待ち構える試練に断固として立ち向かえ。己の赴く方を定め、己に備わるべきエネルギーの舵取りができることを示せ。己の人格には様々な力が繋がれている。それらを調整し、己の前に開ける勝利の途に向かって前進せよ。

　VIII.　己の途が定めに従って成就するように、正しい事柄だけを欲せよ。生きるために生きるのでは無く、生の目的を果たすために生きよ。そうすれば生きることを知り、すべてが厳密に補い合う生を所有するであろう。己の内で正義を実現せよ、そうすれば均衡の内に安定して生きるであろう。

　IX.　己の持つ限界の中に閉じこもれ。己の能力を集中し、沈黙と孤独の内に沈め。途を照らし、付き従うべき光を己の内から汲み出せ。課せられた務めから知恵が湧くようにせよ。後戻りせずに済むよう、用心深く進め。

　X.　集中を後ろ盾とし、準備段階の孤独から抜け出て、人間の輪の中に入れ。その中に己の位置を定め、人々の弱さにも適応せよ。神となるために、人間であれ。劣ったものを軽蔑せず、上昇するための手助けをせよ。1人だけでは、今のままであり続け、いかなる進歩も果たせまい。他者の運命と結び付いて初めて、生きること、進歩することができる。

　XI.　人の集まりはすべて、共通した調和的行動を前提とし、成員に規律を守る努力を要求する。各人が自らを慎むことで、集団は益を被る。激しい衝動に身を任せれば、力ではなく、弱さを証明することになる。情念が掻き立てる火を消すことなく、情念の激昂を抑えて、自らを制御する者こそ強者で

ある。

XII.　ただ己のために働くつもりなら、誰も〈大いなる作業〉に加わることはできない。無私の心が術士を作り出す。己に何ももたらしてはくれぬものに執着し、利己主義者と反対の行動をせよ。受けることを考えずに、与えよ。

XIII.　すべてを与え尽くしたとき、人はさまよう骸骨の状態になる。死んだようになって、「皮膚が骨から剝がれ落ちる」〔ヒラム・アビフ伝説中の言葉〕と言われる。過去の錯覚を刈り取ることで、土地から将来の収穫が得られる準備をすることになる。墓場のような闇の中に、〈腐敗の子〉と呼ばれる〈哲学の子〉が生まれるであろう。

XIV.　蘇るためには死ななければならない。地を失うことで天を手に入れ、天の水に洗われて生き返る。上からの力と結びつくことで、地上の土地に繋がれた頑固な奴隷としてではなく、飢えた者たち皆のために収穫をしたいと願う自由を得た農夫として再生する。

XV.　地獄の火が地を温めなければ、天の水は実りをもたらさない。下からの力がなければ、上からの力はなにかを産み出すことがない。己の内にある悪魔は敵ではない。敵となるのは悪魔を隷属状態に置くことができぬ間だけである。己の動物性は呪われてはいない。それを乗り越える力さえあれば、無限の力を与えてくれる。魔術は、本能を従わせることができる者にとってはまやかしではない。

XVI.　術とは困難なものである。理論の面ではすべてが単純だが、実践面での錯綜に注意が必要である。無謀な企ての犠牲になることを恐れよ。行使できる力は限られている。力の消耗を避けることを知り、枯渇させてはならない。務めを果たそうとする強者には、節度が求められる。〈真〉の探求にあたっても、限界を定めることが重要である。あまりにも多くを知ろうとする者を誤謬が狙っている。野心において慎重に、正当な好奇心において控え

目であれ。

XVII. 力を回復し、展開すべきエネルギーを貯えるための休息を自らに与えるよう心がけ、熱狂することなく生きよ。働かせるべき活力を、己の活動に奉仕させてくれるのは睡眠である。甘美な生の魅力を味わうこと、睡眠を取ることは、時間の無駄ではない。生きる技に長けた者とは気難しい苦行者ではない。自らに供せられるものを利用し、地上にある天の賜物を享受し、何ごとも 恣^{ほしいまま}にしない。美しいものを愛で、愛するに値するものを大事にする。

XVIII. 与えられた務めを忠実に果たすために、生がもたらしてくれる楽しみは軽んぜぬ方が良い。物質性が投げかける障害と倦まず戦うため、そのような楽しみを味わう権利が人にはある。あやふやな分別の薄明の中で奮闘するよう強いられた人間は、自らを犠牲にし、痛々しい経験をしなければ学ぶことはできない。事物の外見の犠牲になっている我々は、過つことを止めず、重大な誤謬から、もう少しましな誤謬へと陥りつつも、真実の認識には到達しない。必然的に不完全な検証に基づいた人間の学問は、蓋然性から出発し、永遠に曖昧なままである。

XIX. 精神が物質性の領域を抜け出れば、光が射す。既成概念の靄^{もや}より高く昇る知性には太陽の光が当たる。真の照明は純粋に道徳的なものである。宇宙はその秘密を顕わにしてくれないが、この世界でどのように行動すれば良いかは確信をもって知ることができる。己の行動についてのみ、明瞭に知ることを願う知恵を持て。愛情を持って助け合うために、互いに理解し合うことを学ぼう。地上の幸福を切望しつつ、その幸福は個人のものではないことを忘れてはならない。手に入れる資格がなければ得られないものがある。それに相応^{ふさわ}しい者となれ。

XX. 照明を得た人間の精神は、狭隘な肉体的束縛を抜け出る。知的・精神的に死せる者たちを蘇らせる活性的な息吹と一体になる。己の外に出て、より広くより高い生に加わろうとする者には霊感が与えられる。何ものも失

われはしない。将来に関わることの中に、過去は生き続ける。古代の賢者たちの〈失われた言葉〉を再び見出すために、過去は呼び戻すことができるのだ。

XXI.　過去は我々に未来を顕わにする。我々は過去を基に、未来を構想する。現在から上に昇ることで、人は完成した〈大いなる作業〉に参入することになる。〈宇宙〉の中、つまりは最終的協調の可能性を秘めた世界の中に入る。それは主観的な実現だが、決して空想ではない。人間は哲学的な純金が熟成する炉である。己のミクロコスモスをマクロコスモスに合致させるために、己の内に創造の理想を実現せよ。それこそ賢者の究極の目的である。

XXII.　地上のすべての王国を眺められる頂上に到達したとき、眼差しは想像可能なものの彼方に沈み、〈無限〉の目眩に屈する。底無しの淵〈エンソフ〉に呑み込まれ、生きとし生けるものと万物を産み出す〈大いなる闇〉の母胎へと立ち返る。ここで理性は言うに言われぬものの前で沈黙する。決定的に無言である神秘中の神秘。己の虚無を意識せよ。敬虔なるへりくだりなくして、原初の〈全〉の中への再統合はない。

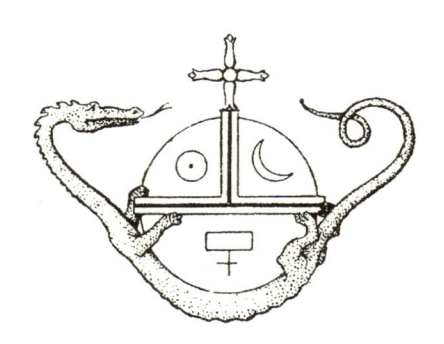

III

ヘルメス哲学に照らして見たタロット

I. (【奇術師】もしくは〈術士〉)。〈大いなる作業〉に取りかかることを決めた〈錬金術師〉。

II. (【女教皇】、〈秘儀〉を明かす者、〈大いなる作業〉の鍵の保有者)。〈賢者の石〉に近づく前に、術士が解決しなければならない最初の謎たる〈賢者の第一質料〉。この不思議な物質は至るところにあり、安価で手に入るが、それを見分けることができるのは〈術の子ら〉だけである。この物質がなければ、すべての化学的操作は空しいものとなる。

III. (【女帝】、万物の母たる超天上の〈水〉)。〈一〉である〈質料〉の中に、〈塩〉⊖、〈硫黄〉♁、〈水銀〉☿ が区別される。この三項は実体ではなく、〈実体化の原理〉に関係する。
〈塩〉⊖ は、〈第一質料〉の安定状態を明らかにする。それは形体を生み出す〈天上の水〉▽ に変容する。

IV. (【皇帝】、普遍の〈実現者〉)。〈硫黄〉♁ は、その記号が示すように(〈火〉△、豊饒な結合、もしくは行使する作用 ＋)、〈形成する火〉の原理である。万物の中心で燃え、その固定性を確かなものとする。その放射は生命の熱として現れるが、〈硫黄〉の火が消えると消滅する。

V. (【教皇】、〈術の子ら〉を教え導く者)。想像を超えた精妙さをもつ普遍の流体たる〈水銀〉☿ は万物の中に入り込んで、〈硫黄〉の凝固引力を受け、〈硫黄〉の炎を維持する。それは大いなる活性原理として、すべてを潜在から顕在へと引き出す。〈水銀〉を認識した〈錬金術師〉は、〈大いなる作

業〉の理論を知り、実践に乗り出すことができる。

VI. （【恋する男】、二つの途、もしくは行く末を選ぶ若きヘラクレス）。〈賢者の石〉の生成に通じる二つの分かれ道。一つは〈乾〉的で、一つは〈湿〉的。前者は理性的、後者は感情的。〈哲学の金〉を得るには、知性の涵養と深い学問の獲得によるか、もしくは心情が命じるものに身を委ねた真摯な愛と信頼によるかのどちらかであるからである。術士の性向に従って、己の理想を実現しようとする哲学者か、神意に身を任せることを切望する神秘家か、そのいずれかで〈業〉に立ち向かう。〈哲学の石〉は、実行力に富んだ賢者と、真の聖人の両方の属性である。

VII. （【戦車】、霊的な魂の乗り物）。〈業〉は術士の気まぐれに任せてではなく、順序立てて達成される。術士は目標に到達するつもりなら、操作の方向を定めて進まねばならない。〈アンチモンの凱旋車〉の乗り手として、敷かれた途の右に逸れたり左に逸れたりしないように心がける。2頭立ての車を御すことができず、斜めに進ませてしまえば、決定的な失敗である。熟達者はまっすぐ前に進む。

VIII. （【正義】、〈自然〉の働きの法則）。〈術〉は〈自然〉に奉仕するのであり、万物の不変の法則に合致せぬことは企てないよう注意する術士にとって、自然法則が大きな位置を占める。宇宙を秩序立てる知恵と進んで合体し、良き職人が実行する計画は、恣意や空想に引きずられない。

IX. （【隠者】もしくは経験を積んだ熟達者）。〈賢者〉の変成の業は、既成の産物ではなく、これから生まれてくるものに適用される。卑俗な錬金術は無知に陥っていて、死せる実体を操るが、由緒正しきヘルメスの子は、生が実際に適用される前に、生に影響を与える。効率的に働きかけるためには、影響を与える活力が実体化するのを待つべきではない。物質化してしまったものに対して、人間の働きかける力は弱いが、形成途上にあるものに対しては強力になり得る。実体化せんとする形体を潜在的に創るべく、現在から身を引き離して計画を企てる者のイメージに従って、未来が形成される。

X. (【運命の輪】、永続的生成)。ヘルメス学者にとって客観世界は自分の領域ではないが、自分の王国（〈マルクト〉）はこの世のものではないという口実の下、地上の生の渦動に無関心であるということはない。大衆を押し流す水流の外に立ち、有益な介入ができる機会を狙っている。彼の主体性はそのときが来た際に発揮される。活動を促す徴（しるし）と招命を待つことを知っているのである。

XI. (【力】もしくは獅子に勝つ女)。然るべきときに行動できるためには、貯えたエネルギーを自由にできなければならない。無分別に力を浪費する者は、努力を行うべきときに差し出せるものが何もない（〈愚かな乙女の喩え〉〔『マタイによる福音書』25章〕）。熟達者は強くあらねばならない。それは自らを手なずけることができて初めて可能になる。〈力〉は誤った使い方をしようとする誘惑に抵抗した者の属性である。

XII. (【吊るされた男】もしくは自らの内における〈大いなる作業〉の成就)。精錬を経た後に、力強き魂は〈大いなる作業〉♇ の成就への準備ができる。この業を行う者には、絶対的な無私が要求される。もし宝を持っている場合は、それを受け取る者たちのために広く撒かなければならない。大衆が重んじる実際的な感覚を捨て、自己を忘れた高潔な者の勇気と、圧倒的な愛の献身が必要である。

XIII. (【死神】、永遠の改新の絶えざる源)。〈黒の業〔ニグレド〕〉は第1操作の成功を標し付け、この間に主体は死んで、分解される。死は鈍重なものから精妙なものを分類し、物質から霊を引き離す。人間が体に閉じ込められている間は、感覚による証言のみによって判断を下す。しかるに感覚はものの外側、死んだ殻しか顕わにせず、ヘルメス哲学者には何の価値もない。

XIV. (【節制】もしくは〈若返りの泉〉)。死者から立ち昇るものは、高みで凝縮し、雨となって分解した死体に降り注ぐ。こうして体は徐々に洗われ、少しずつ白くなる。魂の水は、その作用に受動的に身を委ねたものを純化し、

生き返らせる。洗礼の水を浴びて出てきた志願者のように、物質は新たな生に蘇る。

XV.（【悪魔】、偉大なる魔術師）。沐浴が効果的になるためには、〈火〉の状態を正しく加減しなければならない。それなりに強く燃え立つ局面と、意図的に抑制された局面を交互に置くことで、蒸気が雨となることができる。術士が使える火は天上の火ではない。それは地上的な熱であって、悪魔的なものと見なせるが、それがなければ業は実践段階に進めない。術士は、契約で縛られることなく悪魔を用いるのである。

XVI.（【神の家】、無知なる者たちの錬金術）。企てが間違いなく成功すると断言できる者はいない。〈術〉の実践には失敗に終わる試みがつきものであって、そのことに落胆してはならない。経験を積むにつれて誤りも避けられるようになる。大きすぎる野心は破滅に通ずるのが定めである。無分別に煽り続ければ、火は爆発を引き起こす。

XVII.（【星】、天体の影響、占星術）。賢者は焦って苛立つことがない。季節の巡りを観察し、監督下にある〈作業〉の中で〈自然〉が己の役割を果たすのを穏やかに待つ。自分自身しか頼みにしないと、得られる結果はみすぼらしいものとなる。空に煌めく星の協力が得られなければ、人間は地上の闇の中で闇雲に動き回ることになる。

XVIII.（【月】、現象、五感に訴える事象の観察、唯物論と迷信）。月が光を照らすと星々は煌めきを失う。物質とそのまやかしの外観と戦って奮闘する人間精神を、月は照らし出す。ディアナは、子供じみた好奇心から投げかけられる質問にも、すべて優しい母のように答える。その答えは真正なものだが、神秘に包まれていて正確な理解を拒む。このように〈白の業〔アルベド〕〉は貴重な象徴的真理（〈銀〉）の所有に当たるが、〈哲学の純金〉の究極的理想までは顕わにしていない。

XIX.（【太陽】、分別、精神を照らす光）。〈金〉は、すべての欺瞞的な錯

覚から醒めた人間が抱き得る〈真〉を象徴している。〈賢者の石〉を所有するには、誤謬を真理に変成できなければならない。分別のない人間は誤りを犯す。愚鈍と無理解によって、己自身の災いを引き起こす。太陽が投げかける健全な理性の光に照らされれば、互いに傷つけ合うことを避けられるので、幸いを得る。黄金時代はまだ手に入れられていない。

XX. （【審判】、過去の知恵、理解され、蘇った伝統）。人間的なものの把握と十全な理解から〈霊の宗教〉が生まれる。その中で、死んでいた信仰が活性化され蘇る。至高の【審判】が信仰を正当化し、軽蔑されていた迷信を復権させる。散乱し、無限に多様な仮装の下に見失われていた〈真理〉が自由になって輝き出し、統一体として再統合される。〈投入〉の効果で、変容し得るものはすべて金になる。

XXI. （【世界】、欺瞞的な外観とは区別される〈実在〉）。〈大いなる作業〉の成就。〈世界〉のすべてが調和的に機能し、神意に合致する。〈増殖〉が行われて、神の国が到来する。

XXII. （【狂人】とその領域、不可知、人間の理解を超えたもの）。変わることのない固定性をもった最高の純金は、結局何によって構成されているのか。万物の根源にある実体、他の〈塩〉の原理たる〈塩〉は、空虚な円〇をシンボルとし、「アルン」と呼ばれる。すべては〈無〉から作られ、〈無〉に帰る。しかし〈全＝無〉は〈大いなる神秘〉、奥義中の奥義であり、その前で理性は無力であることを告白する。【狂人】は知恵を鼻にかける傲慢な者を屈従させる。

IV
タロットとフリーメイソンの対応

　すべてのシンボリズムは互いに関係し合っている。フリーメイソンのシンボリズムは、錬金術の金属関係の用語で表したイニシエーションの内容を、建築の寓意に置き換えている。タロットは同じ思想伝統を、中世の民衆芸術家たちの作品群から選んだ多彩色の図像に関連付けた。さらに秘教伝統の共通性によって、タロットをメイソン的に読むことが可能になる。以下、その読解を試しに行うことをお許し頂きたい。

　I.（【奇術師】、手品師もしくは魔術師）。適性と素質の良さによって、秘儀参入が可能だと認められた志願者。

　II.（【女教皇】、イシス、秘儀参入者の母）。自分自身で発見すべき〈イニシエーションの学び〉。イシスは、己の子、自らの秘密を知るに相応しい〈寡婦の子ら〉〔ヒラム・アビフの母が「やもめ」だった（『列王記上』7章14節）ことにちなむ呼称〕にしか神秘の鍵は授けない。

　III.（【女帝】、至高の理想を体現する女性）。〈考案するための知恵〉。自らの内に帰還した後（反省の小部屋）、入会者は深い闇から、フリーメイソンの崇高な理想にまで上昇する。実現すべき純粋な思想を我が物にできなければ、秘儀参入者となることはできない。

　IV.（【皇帝】、イニシエーションの力を恵む中心）。理想の在処たる天の高みから、切望する建設者は行動の領域に突き落とされる（最初の象徴的な旅の試練）。それは生の戦場であり、剣と剣が打ち合わされている。しかし将来の秘儀参入者は、意見や党派をめぐる不毛な対立には加わらない。〈立方

石〉の制作に充てるべきエネルギーを貯えておく。

V. （【教皇】、秘儀参入者の知の最高保有者）。理論を完全に教えられなければ、誰も〈王の技芸〉〔建築術、石工術、幾何学〕の効果的実践に取り組むことはできない。〈職人〉の位を得るためには、道具の扱いに熟達し、建築の規則をすべて知っていなければならない。光を獲得した〈職人〉は、〈炎状星〉を目にし、Gの文字の意味を知る。幾何学 *Géométrie* に精通しなければならないからである。

VI. （【恋する男】もしくは報償の増大に必要な試練を受ける第1段階の秘儀参入者）。知的なイニシエーションは〈自由〉をもたらす。教えを受けた人は自分の欲することを行える。自分にふさわしい方向を選ぶ。大義を完全にわきまえ、建築師の〈作業〉に身を捧げることを決めたら、もはや契約段階には戻れない。行った誓約が未来を決定するのである。

VII. （共同作業の指揮を引き受ける〈棟梁〉が乗る【戦車】）。秘儀参入者は、作業を導くべく選ばれた〈棟梁〉を指名する〈直角定規〉に従う。選ばれたリーダーは協調性があり、社交的で、常に調和を保つことに気を配る。対立する意見がぶつかり合う中から、そこに含まれる真理を公平に汲み上げて結論を出すことができる。

VIII. （【正義】、万人に平等な法）。〈水準器〉は、〈作業規則〉を前提とした〈平等性〉を明示する。万事は、ひとつの機能を果たすためにのみ存在している。普遍の秩序において、各人は各人の務めを果たすべく定められている。我々は生を無償で享受するためではなく、働くために生きている。より良く生きるよう努め、より高い生き方を手にすることができた優秀な〈職人〉には、報償の増大という褒美が与えられる。

IX. （【隠者】、目立たぬ形で抗いがたい影響を行使する賢者、完全な棟梁の位に到達した〈棟梁〉）。仕事をしながらも、秘儀参入者は思慮を巡らす。機械的に働けと言われても納得しない。術士〔芸術家〕は自分の作品に興味を

持ち、それを味わうからこそ理解し、愛するのだ。規則は表面的に押しつけられるのではない。規則を深く論理的に正当化し、我が物としている。〈下げ振り〉によって精神は事物の内部へ、俗人には捉えられない秘めた教えへと、導かれたのである。

X.（【運命の輪】、主体性を発揮する〈徒弟〉）。秘儀参入者は自らの中心に、〈J ∴ の柱〉〔ヤキンの柱〕に相当する情熱の源を見て取る。〈徒弟〉としての報償は内なる源のエネルギーとなって現れ、大胆に、しかし決して機を過たず、事を行うことを可能にする。作業開始の暁（あかつき）に、そのための手段がメイソンには与えられるからである。

XI.（【力】、自らを手なずけて強力となった〈職人〉）。〈火の試練〉は内部の情熱を外に顕す。その試練を受けた秘儀参入者は、自らの内に空虚を感じ、それが外部の活発な動因を引き寄せる。これにより、〈B ∴ の柱〉〔ボアズの柱〕に近づいて、そこから〈実現するための力〉を汲み出す。

XII.（【吊るされた男】もしくは自己放棄）。〈イニシエーションの影響〉は世俗の手段に依拠せず、神秘的に行使される。それは耳目を引く言葉でも、注目を集める行為でも表現されることがないから、気付かれぬままである。秘儀参入者は表面上無力な状態に自分を意図的に置くが、そのおかげで彼なりの効果的な活動ができる。空騒ぎとは無縁に、慎みと沈黙の内に成熟する企てが、実現のための力を獲得する。無私無欲の夢想家が、自らの夢に献身的に執着することで、現在を忘れて未来を準備する。

XIII.（〈棟梁の位〉に導く秘儀参入のための【死】）。効果的に夢見られた内容は、〈製図板〉の上に投影されるが、誰も〈中間の部屋〉〔イニシエーションの一段階〕に入る前はこれに近づけない。その部屋の暗闇の中で、頭と体の骨の白さが浮かび上がり、すべての錯覚は消えて判断力が鍛えられる。秘儀参入者はなべてのまがい物において死に、〈棟梁の位〉を受ける準備をする。

XIV.（【節制】もしくは生命を与える水の沐浴）。知られている限り最も

古い見解によれば、生命の泉は死者の都の中央にある神殿の床下から噴き出している(1)。生き返るためには死ななければならないのである。低きものに我々を引き留めているものを捨て去れば、死が我々を持ち上げ、より広い生に加わらせてくれる。自分のためだけに生きることは生を狭くするが、他人のために生きようという野心的な利他主義者には生が広がるのである。〈棟梁〉となるに値した働きのできる〈職人〉には〈集団的な生〉が報償を与える。

XV.（【悪魔】、イニシエーションの技の道具）。すべてのエネルギーは聖なるものである。振り向ける先によっては有害となったとしても、呪うべきエネルギーはない。秘儀参入者はすべての潮流を捉え、それが勢いよく流れるよう手助けしなければならない。〈第二位階〉に立って、思い上がった傲慢な態度を採らなければ、【悪魔】が彼に奉仕する。〈大いなる作業〉の実現に向けて熱心に努力すれば、我々を助け得るものすべての協力を引き寄せることになる。

XVI.（雷に打たれる【神の家】、悪しき職人の業）。ヒラムは〈3人の悪しき職人〉の打撃を蒙って倒れる。1人目は〈無知〉を人格化したもので、精神を把握することができず、教えを物質化して、曲解された真理が生み出す誤謬を広げる。──2人目は〈狂信〉を指し示し、〈神殿〉を排他的で閉ざされた【神の家】の大きさに縮めてしまう。──3人目は〈野心〉を表し、崩壊を定められた〈バベルの塔〉の建設を自制できない。

XVII.（夜輝く【星】、〈真〉に憧れる〈イデア〉）。ヒラムの殺害がすべての作業を中断させる。方向性を見失い、途方に暮れた建設者たちに闇が訪れる。悲嘆のあまり、彼らは消えてしまった〈棟梁〉の遺体を探すため方々に散っていく。突然、アカシアの枝が希望を取り戻させる。そこに生と復活の永遠性の証が見て取れるからである。我々が彷徨っている荒れ野は不毛ではない。我々の目を魅了して慰めを与える植物で覆われている。〈装飾するた

(1) *Poème d'Ishtar.*

めの美〉が発揮され、〈術士〉がそこを学舎とする。

XVIII.（【月】、誤謬の幻の只中を行く旅人たち）。〈棟梁たち〉はもはや
〈徒弟〉や〈職人〉のようにばらばらにではなく、互いに助け合いながら、
集団で旅をする。ヒラムの物質的な遺骸を求めて、地上世界を探求する。由
緒正しき〈寡婦の子ら〉として、オシリスの散乱した遺骨を集めるために地
上を遍く巡ったイシスの例に倣う。伝承を生き返らせるため、伝説や、不可
解な儀礼や、迷信の形で残っているものを注意深く集めなければならない。

XVIIII.（【太陽】、イニシエーションの光の征服）。精神の中に日が昇ると
き、眠りこんでいるヒラムが見出される。目覚めさせるのは〈棟梁たち〉の
役目である。彼らは自分たちの知性と愛情を共有すべく、そのために集まっ
ている。ヒラムは、思考が新たな表現を見出し（失われた〈言葉〉の代替
物）、万人の心が建設への願いによって活性化されるため、よみがえる。

XX.（【審判】、〈棟梁〉の再生）。若返った死者は〈腐敗の子〉の中に再び
生きる。大いなる【審判】のらっぱが鳴り響くとき、自らの内に生命を持つ
ものは皆、忘却の墓から外に出る。何世紀にもわたる経験が、人々に理解の
ための知恵を授ける。ヒラムは作業の指揮を再開し、それはもはや途切れる
ことがない。

XXI.（【世界】、イニシエーションの完成）。〈神殿〉が建てられ、完成し、
何も欠けるものがない。建物は構成も仕上げも完璧である。〈理想〉が実現
し、〈大いなる作業〉が成就し、よみがえった【世界】の中に知性と愛の神
の国が打ち立てられた。

XXII.（【狂人】、秘儀参入者は、自らの知の相対性について全く思い違い
をしない）。成就は相対的なものでしかあり得ない。作業は無限に続けられ
るからである。作業が止めば、すべては虚無の内に消え去ってしまうだろう。
〈在りて在るもの〉は必要な〈能動性〉から生じるのであり、〈受動性〉はそ
の先にも後にもなく、考えられない。〈有限〉に〈無限〉を対立させること

で、我々は【狂人】の領域に近づく。〈コンパス〉が理性の限界を示している。〈語り得ぬ神秘〉に侵入することは禁じられており、敬意を払って限界内に留まることを知らねばならない。

第 三 部

占術に応用された
タロット

I
想像力

　転落を被る前の人類は自然に照明を得ていたと伝説が語るとき、動物たちが享受している本能的な光のことを暗示しているように思われる。〈自然〉は自らに受動的に従う存在に気を配り、彼らの生のプログラムが求める行動を、過つことなく実行できるようにする。

　動物が己の衝動に従順であるあいだ持っていた特権は、自身の判断に従って行動しようとしたときに失われてしまう。まだ弱々しいながらも理性が個体を導こうとした瞬間に、原初の自然的秩序に対する反抗が生まれる。すると本能の明晰性が乱されることになり、中途半端に理性的な存在の相対的失墜状態が生じるのである。

　辛い見習い期間が人間には課せられることになる。理性は本能と引き替えに成長するものであるが、人間の中で理性の十全な明晰性が勝利する前に、本能は鈍くなってしまうからである。かくして、本能の支配と純粋な理性の支配との間に、悲惨な段階が置かれることになる。もし本能でもなく理性でもない、その中間のような能力が備わっていなければ、その移行期は苦悩に満ちたものになる。その能力は知性が目覚めるとすぐに現れ、その散乱した光は人間を教え導く前に楽しませる。そこで示されるイメージは首尾一貫していないが、人間を魅了し、このイメージから概念が生まれる。この能力こそ、〈想像力〉である。

　この力を軽視してはならない。それは古代ギリシア文明に先立つ数千年の間、尊重されてきた。人類の基本的知識、宗教と科学の原初観念は〈想像力〉に依拠している。人間の頭脳の中に明晰さの胚種をもたらした微光は、つましい原始の人々の〈直感〉によって受け入れられたのである。

　本能の生から抜け出たばかりの人間は、哲学的な問いを発しようなどとはしない。自然の光景を前にして、理性を働かせることなく受動的に印象を受

け取るのである。万物はこうして人間の想像力に暗示の力を働きかけ、それは何ものも抵抗することができない。

　そこから並外れた〈想像する能力〉が生まれ、今日でも子どもや、子どもの心に帰った〈患者〉にも観察されて、人を驚かせる。その心性は原始人類のものであるが、今も非文明人の中に残っている。

　その能力は、明確で精密な概念を作ることができないという特徴がある。原始の人は正しい意味で考えることをせず、〈夢想する〉のである。知的な努力には全く向いておらず、精神に降りかかるものについて受動的で受容的である。やってくるものすべてを拒まず、真実だと考えてしまう。

　それは非常に危険である。想像力は自由にしておくと、常識から外れた方向に走る。したがって、我々の決定を司る役割を与えるのは妥当ではなかろう。

　しかしながら、我々を驚嘆させる文明を作り上げた民たちは、神託に伺いを立て、それを解釈する役目をする巫者の一団を崇めて、想像力に耳を傾けた。最初の社会集団の起源には、哲学者たちではなく、いともつましい呪術師＝司祭がいたのであり、それは現在の野蛮な部族の呪物師の先祖である。本能的信仰は絶対なので、明晰な判断を下す者の権威は圧倒的であった。エジプトやメソポタミアの歴史上の初期君主たちのように、彼らは当然のごとく王にして神官となったのである。

　彼らの権力は、巫者たちを介して意志を表明する神の名の下に行使された。この体制が長く続いたことから判断すると、それ以降の体制以上に不当なことが行われたとは思われない。ケルト人たちはドルイド僧たちにとりたてて不満を述べなかったし、世俗的な王政がそれ以前の神政を懐かしがった例もある。

　巫者たちが真面目で、民たちが信仰を持っていた間はすべてがうまく行ったと考えられる。両者が疑いを持つようになると、事情が悪化した。理性が狡猾さの色合いを持って目覚め、巫者たちが信者をないがしろにして権力者と共犯関係になった。占術は堕落し、失った信用は修復し難くなった。それは公的で正式な実制度としては死に絶えたのである。それでもリシュリュー〔17世紀フランスの枢機卿にして宰相〕は１人の占星術師の判断に頼ったし、個人的な占術が今日ほど盛んになったことはない。

これは近代精神にとって、凋落の印なのだろうか。我々は18世紀にすべてを理性崇拝に捧げると誓った後、幼児に返ろうというのであろうか。決してそうではない。人間は知的に進歩している。我々は「理性が想像力を姉とする」ことを発見したのだから。

　我々は理性を働かせ続けるべきである。しかし想像能力を養うことも止めてはならない。

　想像力の学舎で、古代人たちは我々には分からない物事を見抜いた。彼らの〈失われた言葉〉を再発見するよう努力すべきではないだろうか。

　これをもって我々の野望とするなら、〈透察する〉〔占う〕ことを学ぼう。

　いかにしてか。

　占術の規則を学び、それを経験的に実践することによってである。

　　　　　　想像力　　》　　　　　　⊙　　理性

　　　　　　　　　　　　　⚠
　　　　　　イニシエーションの光

II
占いの術

　現代人は実証主義を鼻にかけてはいるが、しばしば我知らず占者になっている。ある人は〈第六感〉のおかげで人生で成功しているが、それは自分に好都合な事柄を見抜き、それに従って行動するからである。別の人は、有利な投機に乗り出し、不利な投機を避ける明敏さのおかげで金儲けをしている。資本家の中には、妻の直感を頼りに富を築き上げた者たちがいる。兵隊たちは突然のひらめきで、ある場所を離れると、直後にその場所で爆弾が破裂したというような経験を語らないだろうか。

　最後の例のような場合、あるのは自然発生的な予感であって、何か困ったときに頼るような意識的占術の規則を外れている。しかし、直感の発達と、透視能力の合理的涵養に基づく占術などというものはあるのだろうか。そうした能力は普通、予備的な訓練と関係ないところに現れるものである。

　歴史学や考古学は、このような技術の存在を間違いなく遥かな過去に置いている。今日それについて正確に理解し、その原理に遡ることは可能だろうか。そうした企ては決して無謀ではない。筆者の個人的体験に照らして、それを証明してみよう。

　理論は単純である。鮮やかな、しかし混乱していない想像が頭に浮かんだら、それを制御するよう努めるということである。そのためには、想像力に休息を取って自制することを教え、澄み切った穏やかな状態にするために、掻き乱す恐れのあるものすべてを取り除く。そうして自分に関係する事柄を想像力の中に映し出すようにするのである。口にするのは簡単だが、実際は大いなる困難が待ち受けている。

　20世紀に慌ただしく生きる人々にとって、最も困難なのは自らの内で沈黙が勝つようにすることである。知性の面で受動的になるために、どうやって思考を沈黙させることができるだろうか。我々の太古の先祖は、目を閉じさ

えすれば、ほとんど同時に魂の目を開くことができた。感覚世界から離れ、想像力の沈静を促す孤立した状態については、彼らの方が我々より向いていたのである。自らの内に反響するものの微妙な顕現に対して注意を怠らぬために、周囲にあるものを忘れ去る訓練をしなければならない。

受動的中立性の理想が実現できると、我々の印象が、問題となっている事象に正確に対応する。この事象から光に似た波動が生じるが、それを受け止められるのは想像力だけで、この波動を映す写真原版のような役割を果たしてくれる。

占者は自分の周りで振動するイメージを正確に捉えなければならない。想像力という鏡は極めて簡単に歪むので、それは繊細な作業となる。情緒、欲望、愛情、不安が混乱や歪曲を生む要素となる。占者にとって、託宣の答えに個人的関与があるだけで条件が悪くなるから、普通は自分自身のことよりも他人のことについて明敏となるものである。

占者の想像力が録音機のように機能するなら、相談に来る者の好奇心は狭い範囲でしか満足させられないだろう。相手に関係する振動が生じなければ、いかなるメッセージも伝えられない。しつこく何かを求めようとするのは上策ではない。占いの面で質の悪い答えを引き出す恐れがあるからである。一般的に、占者から多少とも無理矢理絞り出した情報より、自然に告げられたことの方が注目に値する。

その上、同じ占者でも相手によって明敏さの度合いが異なるものである。占術の働きを妨げる人々がいる。自分の振動で占者が受け止めるべき波動を相殺してしまうか、あるいはその他の理由からである。こうした場合、占者は居心地が悪くなり、いらいらし易くなって、ついには有効な占いが行えなくなってしまう。

逆に、相手が占いに適した心理的雰囲気をもたらしてくれることもある。すると占者は、未開封の手紙や意味不明の手紙のような形で伝えられる精神感応的なメッセージを伝える通訳となる。最も驚くべき開示はしばしば、留め置かれたままだった手紙の開封に似ている。そのような開示は全く期待していないときに行われるのであり、未来の予知と同じく、普通の占いでは期待できない。

占いに対しては占いが与えてくれるものだけを期待しよう。確固たる意志、

明確に作られた計画が、まだ成就していない行為があることを知らせ、そこから今後の成否に関する推測が生じる。最終的に、予見した時点ではまだ具体化していなかった理由から実行が妨げられることもある。したがって、未来については留保しておき、未知で明らかにすべき事柄の中に、ただ現在のみを見抜くよう努める方が賢明である。

　占者は波動を受け止めるアンテナを広げているが、振動するものしか捉えることができない。相手に宛てられたメッセージがないことに責任は負えない。視野に何も現れなかったとしても、占者の自尊心は傷つかない。

　とりわけ、占いに懐疑的な人々を改心させようと躍起にならない方が良い。占者が真実を語り得るということを信じる義務は誰にもない。実験による証拠を提示するなどということは占いの目的ではない。

　いずれにしても、占術は一種の聖職となる。聖なる火を手にした占者にとって、相手を驚かせることは目的ではない。相手の役に立つこと、困惑から逃れるための手助けをすること、良き助言を与えること、これが相談を受ける者の動機であり、それによって、相手から打ち明けられなくとも過ちを見抜くことがある。

III

占術の道具

　夢の解釈は占術の最も古い形体であると思われる。〈夢を解く鍵〉は楔形(くさびがた)文字で覆われた粘土板の中に溢れている。

　しかし通常の夢は、人間に奉仕しているわけではないので、夢見る人が自らの意志で眠り、傍らで聴く人のために大声で夢を語る能力を持っていなければ、占いの実践には適さない。古代ギリシアの女予言者たちはこの企てを実現させた。

　睡眠に頼らなくとも、想像力を単に集中固定することで、覚醒状態で夢を見る傾向を持つ人たちもいる。こうして多種多様な〈マンシー〉（ギリシア語の「マンテイア」$\mu\alpha\nu\tau\varepsilon\iota\alpha$、占術）が生まれた。

　占者の想像力に物理的な支点を与え、曖昧さに陥らないように集中と固定を可能にするための道具があり、そこからそれぞれの占いの名称が生まれている。

　その意味で、ありふれたコーヒーの出し殻も、占術の道具として何ら馬鹿げたものではない。というのも、皿の上に散らばった小さな粒が描く図形や幾何学的な模様は、形体が語る言語に耳を傾けられる精神には極めて暗示的だからである。

　これと似ているが、予め用意された形体の組み合わせは〈土占い〉の中にも現れる。これは極めて古くからある占いの方法で、一つまたは二つの点を４段に重ねてできた16の図形の解釈に基づいている。

土占い師は方向付けに困らないように、それぞれの図形に名を付けている。八つの図形（上の段）は肯定的な意味があり、次のように呼ばれた。

　　　〈道〉、〈合〉、〈大幸運〉、〈得〉、〈喜び〉、〈少女〉、〈白〉、〈頭〉

これらは否定的な図形（下段）と対立関係にある。

　　　〈人々〉、〈牢〉、〈小幸運〉、〈損〉、〈悲しみ〉、〈少年〉、〈赤〉、〈尾〉

　これらは、およそ占者が考え得るものすべてを還元しようとする分類の名称である。そのことに成功すれば、これらの図形は占者が受け取る混乱した印象を解きほぐす手助けをし、巧みに扱える占術の道具の役割を果たすのである(1)。
　中国の占術の道具もまた、偶数と奇数の要素から発している。それは点ではなく、 ━━ と ━ ━ の線によって表される。この要素を3段に並べると、次のような伏羲の八つの〈卦〉が生まれる。

（1）16という数字は、原初のアルファベットの数であったように思われる。土占いの図形が、アルファベットの生成と無縁でないかどうか、考えてみることができよう。

天　気〔兌〕　火　　雷　　風　　水　　山　　地

　卦を二つ重ねると64個の〈易〉が形作られ、これを注釈する『易経』は極東全体の学問的占術の古典となっている。

　〈一〉と〈二〉を多種多様に組み合わせたこのような数の図式が、想像力を刺激し、導くのに十分だとするなら、タロットのように所詮は粗野な図像など、必要無くなるだろう。

　しかし我々は現実を受け入れなくてはならない。東洋人ほど形而上学者ではない我々は、擬人主義に向かいがちであり、あまりに精妙で抽象的な図形の結びつきより、なじみ深い図像の方が、霊感を与えてくれ易いのである。我々の心性に素晴らしく合致しているタロットは、求められる忍耐強さを発揮して、真面目に研究すれば、体系的で確実な占術のための準備をしてくれる。22個のアルカナのシンボリズムに関する表面的な知識だけでは十分ではない。占者は占いの技術に長けようとするなら、〈道具を我が物とする〉ことが必要である。面倒な練習を繰り返す音楽家の例に倣い、努力しなければならない。そこから、本書の第一部で勧めた想像力の体操が生まれる。アルカナは、2枚と2枚、4枚と4枚、さらに3枚ずつ、7枚ずつ比べて結びつけることで意味が明らかになり、遂には汲めども尽きぬ雄弁を以て自らの秘密を明かすのである。しかし、アルカナ自体は沈黙している。我々の想像力が眠っている限りは図像から何も聞こえてこない。想像力が目覚めた瞬間に教えをもたらしてくれるのである。目覚めには時間がかかることがある。だから、勤勉に、忍耐強くあらねばならない。

IV
タロット占い

　道具の内容が分かれば、それを利用することが可能になる。タロットを一般的な遊戯用カードとして取り扱い、カード占い師のやり方に従って、まずカードを切り、相手にカットさせてから、アルカナを並べるという形が考えられる。いかなるルールも定められてはいないが、筆者の方法はスタニスラス・ド・ガイタから学び、ガイタはジョゼファン・ペラダンから示されたもので、その論理においても極端な単純さにおいても特徴的である。

　ある問いが提起されると、その答えは順番に引いたタロットの4枚のアルカナによって、以下の通り示される。

　1番目に出たアルカナは肯定的で、訴えに有利な方向で弁護する側に立ち、一般的に〈賛成〉を示す。

　それに対して、2番目に出たアルカナは否定的であり、〈反対〉を表す。

　3番目のアルカナは訴えを裁く判事を表徴し、判決文を確定する。

　判決は4番目に出たアルカナが下す。

　5番目のアルカナが託宣を纏め、最終的に明らかにする。このアルカナは先に引いた四つのアルカナ次第だからである。アルカナは一連のタロットカードにおける位置を示す数字を担っている（数字が付されていない【狂人】は22と見なされる）。四つの数字を書き留めたらそれを合計し、そのまま、もしくは神智学的簡約をして[1]、第5のアルカナの番号を得る（22は【狂人】、4は【皇帝】、12は【吊るされた男】など）。

　では操作の詳細に立ち入ろう。

　まずもって、本当は必要でもないのにちょっとした気まぐれで、何かにつけて繰り返される軽率な相談には警戒しておいた方が良い。以前は占いの託

（1）上記68頁参照。

宣を求めるにあたって、手ぶらでやって来るものではなかった。この決まりは尊重すべきではあるが、占者が無私無欲であることは、是非とも必要である。相談に来る者が行う寄進はささやかなものであっても、本人にとって決して意味の無いものではない。恵まれない人々のための寄付箱を置いておけば、占いがより誠実なものになるだろう。

これを前もって慣習とすることで、相談に来る者は真面目な答えを得る権利が与えられる。それはかつて、占術の契約が慈善の名の下に行われたことに相当する。

だが相談者は何を知りたいと思っているのだろうか。占いが吉凶に関わる曖昧な領域に入り込まず、ある明確な対象に関わるようにするためには、正しく質問することが決定的に重要である。「どんなことが私に起こるか教えて下さい」という聞き方は受け入れられない。相談者は質問をできる限り現在の問題に還元するよう、常に努めるべきである。ある決定を下すべきかどうか示してもらいたいのか。これこれの企てを行い続けるのは間違っているのか正しいのか。始めたばかりの事業について、成功を期待して良いのか。再び失敗する恐れがあり、相応の手立てを取るべきなのか。これこれの人は信頼が置けるのか。

相談者は、自分の求める事柄を正確に説明しなければならない訳ではなく、占者は相談内容の秘密に必要以上に立ち入ることを求めない。質問は、明確な目的を明かさない一般的な言葉でなされても良い。しかし、占者が解釈で誤った方向に進まないで済む程度に対象を知っておくことが必要である。それゆえ、相談に乗ってもらう者は、腹蔵無く話して占者の労力を軽くし、仕事をやりやすくした方が、自分自身のためになる。

占者と質問について合意ができたら、占者は22枚のアルカナだけをシャッフルして、頭に浮かんだ22以下の数字を相手に言ってもらう。

シャッフルしたカードから、相手が直感で言った数字の枚数だけ除く形でカットする。カットされたカードの最後を表にすると、それが〈肯定〉的アルカナとなる。そこに記されているタロットの順番の数(【狂人】の場合は22)を書き留める。それからすべてのカードを集めてもう一度シャッフルする。

それから相談者は新たな数字を示し、前回と同じやり方で〈否定〉的なア

ルカナを決め、その数字を記す。次いでまたカードを揃えて3回目のシャッフルを行い、相談者が三つ目の数字を言って、託宣の〈判事〉となるカードを選び出す。最後に4回目を行って〈判決〉のアルカナを決定する。

　引き出したアルカナに記された数字すべて（相談者の頭に浮かんだ数字と混同しないこと）を足し算する。合計した数が22以下である場合は、そのタロット順位数を持つカードが〈総括〉のアルカナである（22は【狂人】）。合計が22を超える場合、二つの桁を足した数が〈総括〉のアルカナを示す（23 = 2 + 3 = 5 、57 = 5 + 7 = 12など）。

　取り出された4枚のアルカナと、その総括が、タロットの無言の答えを作り上げる。相談者の前に、十字の形で並べる。

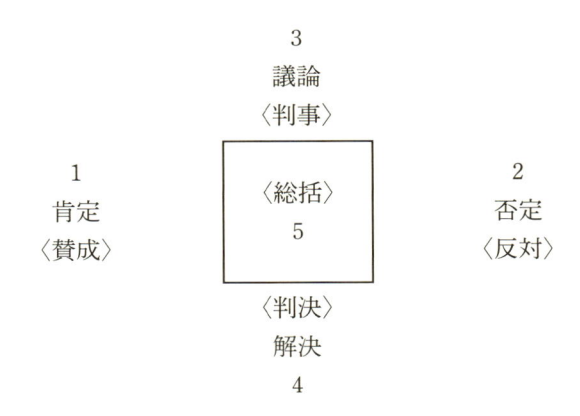

V

託宣の解釈

――――――

　占者は語り始める前に、一種の方程式を解かなければならない。どういう点で〈否定〉が〈肯定〉と対立しているのかを解明し、その対立から生じる〈議論〉を正当化して〈解決〉を導き出す必要がある。次いで〈総括〉が、回答の他の要素すべての中に反映していると思えなければならない。この全体像が見通せれば、解釈が漠然としていたとしても、正しいことを語れる可能性がある。満足の行く考えが見出せず、イメージを増やして周辺を回っているだけで、一つの考えを明確化するに至らないこともある。ときには、この一見して取り留めもないカオスを相談者が利用して、占者自身にもほとんど理解できない言葉を見事に摑み取ることもある。

　しばらく沈思黙考した後、最も印象に残ったことと、最も明確と思われることから解釈に近づくと良い。

〈肯定〉は好都合な方向について手がかりを与え、行うと良いこと、長所、美徳、友、頼りになる保護者を示す。

　その反対に、〈否定〉は敵対的な、もしくは不都合な事柄、避けるか恐れるかすべきこと、欠点、悪徳、敵、危険、危うい誘惑を指し示す。

〈議論〉は採るべき立場、採用すべき解決の種類、決定的な介入を明らかにする。

〈解決〉は〈賛成〉と〈反対〉、とりわけ〈総括〉を考慮に入れた上で、結果を予測することを可能にする。

　というのも、〈総括〉は、決定的に重要な事柄、全体の基礎となる部分に関係しているからである。

　タロットが与えてくれる回答は、常に明快だとはとうてい言えない。まともな解釈を拒むような、落胆させる回答もある。そのようなものを採り入れる必要はない。良い回答はその論理性、および託宣に固有の曖昧さを極限ま

で減じることによって、際立つものだからである。

　託宣の不明確性は格言調であることから生じており、断定的な回答とは対立する。占いは曖昧な指示で満足するものであり、受け取る側が協力してそこから益を引き出せれば十分なのである。強制的な命令などはなく、控え目な提案、ヴェールで覆われた意見、よく考えさせるための忠告、避けられる過ちへの警告などであって、宿命的な出来事の予告などは決して無く、起こり得るかもしれないが確実とは言えない事柄が成就するまで、すべてが条件付きである。

　解読できない回答であっても、こだわる必要は無い。新たに質問をして正確さを高めるか、視点を変えた方が良い。その場合、新たな相談に進むことになり、より満足の行く結果が得られる可能性がある。

　第2の回答が、第1の回答の意味を明らかにすることもしばしばある。選ばれたアルカナの一部が同じであったり、意味の上で驚くほど似通っていることもあって、でたらめにカードを引いたのではないかのようである。占いを実践していると、出来過ぎのような一致が、偶然に生じたとは思えなくなってくる。

　占術の手腕は練習によって発達する。象徴の謎に取り組み続けることで、想像力がしなやかになる。最後には、全体として精妙なシンボリズムに通じるための明晰な解釈力を獲得することになり、芸術作品や神話的な詩や宗教について秘められた意味に入り込むことができるようになる。

VI
解釈の例

占者になりたいと思う人に何を助言すればよいか。この問いをタロットに投げかけて、上で述べたとおりに操作を行ってみた。

出てきたアルカナは 4 、18、 2 、14であり。これらの数字を合計すると38、すなわち 3 ＋ 8 ＝ 11となる。託宣は次のように現れる。

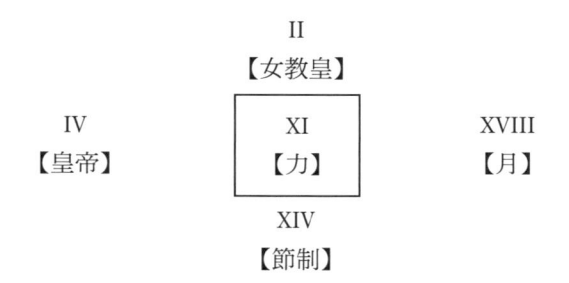

〈総括〉である【力】(11) の存在に驚かされつつ、我々の進むべき方向を定めよう。獅子を手なずける女性は、占術が勇気、精神的なエネルギー、美徳に基づくべきだと言っているようである。伝説の〈金羊毛〉〔ギリシア神話に登場する秘宝〕にも似た宝を勝ち取り、タロットの研究に勇敢に立ち向かうべきだということだろうか。

その問いを立てつつ、【力】を取り囲むアルカナを一瞥してみる。

【皇帝】は〈賛成〉なので【力】に奉仕するが、〈反対〉としての【月】がこれを妨害する。一方で【女教皇】が介入して、【節制】に至らしめる。この全体を見失わないようにして、託宣の細かい検討に移ろう。

【力】と〈合〉の位置にある〔一直線上に並んだ〕【皇帝】は【月】に対して厳密な実際性を対抗させる。その堅固さが【月】の流動性を凝縮して安定させ

る。人の内部にある生まれつきの欲求を支配するので、将来の占者が胚種の形で所有すべき特別の能力に、占術の成功が左右される。生来の優れた資質が不可欠であるが、それは忍耐強く育て上げなければならない。そこから【皇帝】の表象する聖なる火（錬金術師の〈硫黄〉）が必要になる。求められる訓練は個人的な主体性（【4】）を要求する。占術上の叡智は、借り物の知識と同様のやり方で手に入るわけではないからである。占者は確実に独自の観念を作り上げるよう求められる。自分で見出したものは、他人から贈られたものよりも貴重になる。ひとつ獲得しなければならないものがある。それは、自分の中から汲み出した概念を生成する力である。学んだ課題を暗唱するだけの生徒は、占いごっこをする鸚鵡に過ぎない。何事かを明らかにする〔「ヴェールを剝ぐ」〕ためには発見する〔「覆いを剝ぐ」〕必要があり、〈発見〉を行うためには占術上の洞察力が何としても必要である。

　つづめて言えば、占術を行うには〈占者に生まれついて〉いるのが良い。しかし、なくてはならぬ適性も、体系的に、自ら進んで発達させなければならない。

【月】が〈反対〉の側にいることには戸惑う。というのもこの天体が暗示している想像力は、真実を見抜く主体だからである。我々が見抜く内容とはすなわち、我々が想像していることである。したがって、【月】は〈反対〉ではなく〈賛成〉であるべきだと思われる。しかしながら、タロットが告げていることは正しい。想像力は抑制され厳しく律せられないと危険だからである。自由にさせれば、気まぐれに身を委ね、好き勝手に取り留めの無いことを語る。〈家の中の狂女〉〔想像力の別名〕が賢明であるためには、【力】における獅子のように、手なずけなければならない。それを行うのは【皇帝】の玉座である立方石のような、節度ある確実な観念のみを認める実際的な調教師である。空想が鎮まれば、我々は〈正しく想像する〉ことができるようになる。突飛な思いつきや、誤った暗示は占いにおいて障害となる。だから〈反対〉の存在なのである。この敵を打ち破るためには、【皇帝】という演繹的・数学的精神を人格化した存在を味方につけることが不可欠である。

　占者は知性が能動的に働き、いかに想像力が豊かでもそれを支配している存在なので、コントロールができない状態にある幻視者とは区別される。気まぐれで、夢見がちであり、勤勉な仕事を厭う【月】は、【力】に屈服して

【皇帝】に奉仕する立場に置かれなければならない。これがアルカナ【4】、【11】、【18】の明白な意味である。

　他の二つのアルカナはこの教えを確証している。【14】を通じて〈判決〉を作る〈判事〉たる【2】の介入が、占者を志願する者の教育を完成する。情熱的な想像力に刺激されると同時に、合理主義的で賢明かつ穏健な精神に引き止められているため、【女教皇】の助けが無ければ身動きができなくなる恐れがある。女大祭司の裁定が、想像力の飛躍と、冷静で秩序立った理性とを調停する。論理を働かせる哲学者と、神託を伝える詩人が、占いのペガサスを意のままに操る。しかし、占者となる者は〈俗人〉でいることはできない。【女教皇】の神殿に入り込んで秘儀を伝授されるのである。

　神殿の敷居をまたぐからには、占術の聖なる性格を確信していなければならない。占いは、俗人として計算したり思索したりすることとは違う。通常では要求できない光を精神が欲せんとすれば、祈りを行う。果たすべき聖職に占者が相応しい場合にのみ、訴えは叶えられる。占術の実践は特別な宗教感情を発達させる。イシスの弟子は、自分だけでは何も知り得ないこと、いとも霊妙な神性の敬虔な代弁者とならぬ限り真実を語るに至らないことを意識している。

　運命の秘密を保持しているこの〈神〉は、【節制】（14）の勧める平静さの理想を実現した賢者に対してのみ、秘密を打ち明ける。超感覚的知覚の才能は、陶酔によって掻き乱されることのない、穏やかな精神にのみ授けられる。熱情や情念や興奮や劇的な人生を前にして、同情しつつも冷静さを失わない医師の魂が、占者には必要とされる。相談者の不安を共有してしまったら、象徴の言語をどうやって正しく解読できるだろうか。解釈は慈愛溢れる中立な立場からのみ発するべきであって、あまりにも熱く願望を共にすると、その影響を蒙ってしまう。明晰でかつ無関心でいることは難しいので、自分の運命とは結び付いていない友の場合より、自分自身や近親者についての占いの方が不確実になる。

　占術において美徳となる無私は、【節制】の天使が唱えている美徳である。それは人間の苦悩より上に立ち、些事を支配するための超脱であり、物事を広く、常に大らかに見る方法である。良く理解する人は、断罪をしない。心の傷に寄り添い、愛情をもって手当てする。犯した過ちを嘆くことなく、再

び過ちに陥らないよう教える縁（よすが）とする。彼の使命は、抽象的な道徳を説くことではなく、実行の可能性に合わせた、実際的な助言を与えることである。備えてもいない美徳に訴えかけて、実現不可能なことを要求するのは誤りであり、占者は直感的にこれを避けなければならない。有益な意見というのは理論上最高の意見ではなく、相手にとって可能な、あくまでも相対的な善を実現させる意見である。この現実的な義務は、それぞれの人間がどれだけ成長しているかに応じて決まる。

　占者が到達すべき【節制】は、人工的な興奮を禁じる。興奮剤や麻酔薬で病的な影響を蒙ると、想像力が受ける印象が忠実ではなくなる。コーヒーは推奨されないし、ましてや煙草の乱用は良くない。それに対して、自然なワインは節度ある飲み方さえすれば有害ではないだろう。つましい食事の後の軽い飲酒は、内省的な感性を必要とする占いという聖職の準備としては、有利にさえ働くかもしれない。「酒に真実あり」という諺（ことわざ）はあるものの、ここでディオニュソス的な恍惚は問題外である。どんなに軽いものであっても、酩酊の始まりや陶酔はすべて、【節制】が反対するからである。

　一時的な頭の倦怠、疲労、体調の悪さがある場合、占いを試すのは止めて、より良い機会を待った方がいい。自分の占いの才能を酷使してはならない。気分が良いときでも、何も立ち現れてこなければ固執しない。何も見えない占者は穏やかにそれを受け入れるべきである。ヴィジョンの要素が本当に存在するならば、必ずもっと良く見えるようになる。

VII
占いの術に関する現実

　前節で提示した解釈の例が、本当にカードをシャッフルし、頭に浮かんだ数字に従いカットして、「出てきた」アルカナに基づいたものなのかどうか、読者が疑問に思うのももっともである。これらのアルカナが、提示した質問にあまりにも良く対応しているので、きっと都合良く意図的に選んだに違いないということである。

　決してそんなことはない。タロットは本当に自ら答えたのであり、それはアルカナを筆者が選んで答えを出した場合よりも優れたものだったろう。自分ならどういう選択をすればよいか困惑したであろうから、占いを信頼することにしたら、確かに裏切られなかった。

　1889年、筆者が最初にタロットカードを発表した[1]ときは、シンボルの解読にのみ関心を抱いていて、占いには偏見を持っていた。当時吉凶を占ってくれと頼んできた友人たちには、無下に断れず、どうやったらタロット占いができるかだけを示した。

　例として出してやった答えに自分では信を置こうとせず、最初に占ってあげた人々がタロットは本当のことを言っていると断言したときも、いくぶん同情を覚えたものだった。彼らはカード占いを信じているため、それによって判断が影響を受けたのだろうと思った。だが、懐疑派までが仰天していたのはどう考えれば良いのだろうか。

　特に確率から考えてあり得ないことが繰り返されて、判断に困る奇遇があることは認めざるを得なかったのである。

　ただし託宣は、ある人たちには他の人よりも明確に答える偏愛を示した。この違いには質問の仕方が大きく関与していた。いい加減で曖昧な質問には、

（1）秘儀に通じた印刷業者であるジョルジュ・ポワレル Georges Poirel の監修による。

いずれも皮肉で散漫な答え。不躾な質問には回答拒否。真面目で明確な質問に対しては、適切な回答が与えられた。

占いを行うタロットに、人間の性格のようなものがあることは否定できなくなった。謎めいた人格が顕わになってきたのである。それは我々自身の二つ目の人格に過ぎないのだろうか。相談者と我々の霊的意識が結び付いて外に現れているのだろうか。いろいろな仮説を立てる余地は残しておくべきである。

筆者個人について言えば、事実の客観的観察を通じて、占いを信じるようになった。遠く、また近くから、悪魔的な作用が働いていた可能性は排除した上で、自分の想像機能が作用し始めた正常な結果だと思った。占うというのは、正しく想像することである。占術の秘訣はすべて想像力の教育の中にあり、想像力を理性的に働かせるために、訓練しなければならない。

単純な人々の経験論や、人間の弱さにつけ込む狡猾さに委ねることなく、この技術を復権させ、分別をもって養い育てるべきである。

だが人の信じやすさにつけ込むことにも、限界がない訳ではない。すべての事柄には限りがあり、人間の愚かさも同じである。職業的な女占い師たちのもとを訪ねる客が絶えないのは、客たちを満足させているからである。そのため、こうした仕事を行う上で条件的には恵まれていなくとも、彼女らも何らかの明察を示す必要がある。術に関わる儲け主義は排除すべきである。占いの術は他の術と同様か、それ以上に、聖なるものと考えるべきであろう。我々は宗教的な精神を持って、良心と共に、人の役に立ちたいという真摯な欲求に鼓舞されて行うことしか、本当の意味でうまく成就できないのである。占者が行っているのは聖職であり、それは他のすべての聖職の、敬うべき先祖である。タロットに語らせるよう企てるときは、この気持ちを失わずにいるべきである。

占術の実践を幼稚な知的遊戯とか、取るに足らぬ娯楽として扱ってはならない。占いの才の行き着く先は遥か彼方にあるからである。占うことができる思想家は、哲学の領域でどこまで先に進めるだろうか。偏狭な合理主義から解放され、ヴォルテールが過去に通じる道を塞いでしまったことが我慢できなくなるだろう。何世紀も遡ることで、古代の賢者たちのことが理解できるようになり、彼らの観念を蘇らせるだろう。

偏狭な合理主義者は無分別にも明察力を不要だと考え、その結果学者という動物の足取りを重くしている可能性がある。明察力を理解し、獲得するためには占わなくてはならない。

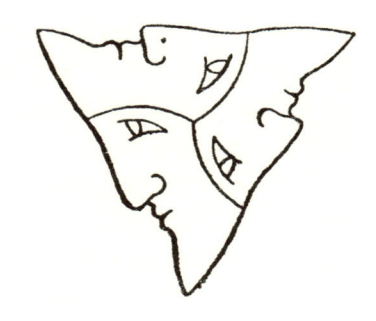

結論

本書の冒頭において、筆者にインスピレーションを与えたスタニスラス・ド・ガイタの遺徳を称えたので、タロットの重要性を初めて明らかにしてくれたエリファス・レヴィに感謝せずに筆を措（お）く訳にはいかない。この作者は主著の中で、22個のアルカナを魔術の伝統の視点から注解している。『高等魔術の教理と祭儀』の二巻本は、その意味でこれまでにない着眼点に溢れており、読む人を引きつける雄弁な文体が特徴的である。

ここで本書の主題に直接関係する箇所を引用しなければ後悔することになる。『高等魔術の教理』の第5版（1910年）に掲載された順序で以下引用する。

奇妙なことである。キリスト教徒の聖なる書の中に、無謬とされる教会が理解を放棄し、説明しようともしない二つの作品がある。それは『エゼキエル書』と『黙示録』であり、恐らくは天上において〈賢者たち〉の解釈に委ねられた二つのカバラの鍵である。忠実な信者にとっては七つの封印で閉じられているが、隠秘学を伝授された異教徒には完全に明解な書である。

さらにもう一つの書がある。だがこちらはある意味で大衆的で、至るところに見つかるものでありながら、他のすべての書の鍵を含んでいるため、最も隠されていて、最も知られていない。公衆の知らぬまま公開されている。そんな場所で見出されるとは思いもせず、その存在に気付いたとしても、在りもしない場所を探求して幾度も時間を費やしてしまうだろう。この書は『エノク書』よりも古くからあるかもしれず、一度

も翻訳されたことはないが、全体が原初の文字で書かれていて、古代人の粘土板のように、一枚一枚がばらばらになっている。ある優れた学者が、秘儀とまでは行かないが、その古さと、奇妙な形で保存されていることを明らかにしたが、注目されなかった。正確な判断力よりは空想が勝った別の学者が、この書を30年かけて研究し、その重要さを予感するだけに終わった。それは堂々として特異、単純で力強く、まるでピラミッドの構築のようであり、それゆえいつまでも堅固な作品である。すべての学問を要約する書物であり、その無限の組み合わせですべての問題を解決できる。人に思考を促しつつ語りかける書でもある。ありとあらゆる概念を人に吹き込み、制御する。それは人間精神の生み出した傑作であろうが、確実に古代が我々に遺してくれた最も美しいものの一つである。普遍の鍵として、その名は霊感を受けた学者ギヨーム・ポステルによってのみ理解され、解明された。その巻頭の数文字だけでサン゠マルタンの宗教心を恍惚とさせ、崇高にして不遇なるスウェーデンボリに分別を取り戻させたであろう唯一無二の書である。この書については後段で語ることとするが、その数学的で厳密な説明が、我々の労作を補い、栄誉を加えてくれるだろう。（*Dogme*, p.71〔『教理篇』10-12頁〕）。

　すべての魔術的寓意の鍵は、既に指摘したヘルメスの作品だと信じられる紙葉の中に見出される。隠秘学全体の要石とも呼ぶべきこの書の周りに、その科学の部分的翻訳や注解たる無数の伝説が並び立ち、絶えず多種多様な形で新たになっている。（p.89〔『教理篇』25頁〕）

　古代のイニシエーションの秘密はホメロスも通じていなかった訳ではなく、その構想と主要な表徴を微に入り細を穿ってアキレウスの盾の上に描いている〔『イーリアス』第18歌〕。（p.92〔『教理篇』27頁〕）

　聖書には多くの寓意が含まれているが、そのすべてをもってしても、ヘブライ人の宗教学を不完全でヴェールをかけた状態でしか表現していない。先に触れて、こののち象徴的な文字を説明しようとする書は、ギヨーム・ポステルが「エノクの『創世記』」と名付けたが、間違いなく

モーセや預言者たちよりも前に存在していて、その教義は古代エジプト人の教義と根本を同じくし、それ自身の秘められた意味とヴェールを持っていた。(p.97〔『教理篇』31頁〕)

しかし、はっきりとタロットに言及している箇所は、カバラについて論じた第10章まで出てこない。236頁〔『教理篇』147-148頁〕には依然として留保が見られる。

この世界の始めの数世紀に賢者たちが表徴で書いた原初の書は、すべての宗教に記憶が留められている。後に単純化され、大衆化されたそのシンボルは、〈書法〉に字体を、〈言葉〉に文字を、隠秘哲学には神秘的記号とパンタクル〔本書「補遺」および「訳者あとがき」参照〕を与えた。

この書の作者をヘブライ人はアダム後7代目の世界の主であるエノクとし、エジプト人はヘルメス・トリスメギストスとした。ギリシア人は聖なる都〔テーバイ〕の謎めいた創建者カドモスとしたが、ヘブライ語で「伝承」と同義である「カバラ」と呼ばれるようになった原初の伝承の象徴的要約であった。

しかし、243頁〔『教理篇』154頁〕でその言葉が漏らされる。

ここで我々はカバラの観点からタロットについて語らなければならない。既にその名の秘められた起源については示した。この象形文字的な書は、カバラのアルファベットと四つの〈十〉で作られた輪もしくは円で構成されている。それらは4人の象徴的・典型的な人物で明示されていて、〈人間〉を表すそれぞれ四つの人物の階梯を車輪の輻としている。すなわち、男、女、若者、子供であり、主人、女主人、兵士、従者である。アルファベットの22個の形が表すのは13の教義と、最も高い理性に基づいた力強いヘブライの宗教が認めている九つの信仰である。

以下は、タロットの宗教的・カバラ的な鍵であり、古代の立法者たちが記すような条文的詩行で表現されている。

1	א	すべては動的知的原因の存在を告げている。
2	ב	数は生きた統一体の証拠として役立つ。
3	ג	すべてを包むものは何ものにも限定されない。
4	ד	すべての原理に先立って、唯一なるものが至るところに存在する。
5	ה	彼のみが主であるから、彼のみが崇められる。
6	ו	純粋な心の持ち主に真の教義を明らかにする。
7	ז	しかし信仰の業にはただ一人の長が必要であり、
8	ח	それゆえ我々は一つの祭壇、一つの法のみを持つ。
9	ט	〈永遠なるもの〉は決してその基礎を変えない。
10	י	我らが日々と天の相を定める。
11	כ	慈愛豊かで、罰するときは力強く、
12	ל	民に未来の王を約束する。
13	מ	墓は新たなる地への通り道であり、 死のみが終わり、生は不滅である。 これが純粋にして、不変で、聖なる教義である。 ここからは崇めるべき数字を補おう。
14	נ	良き天使とは、鎮め、和らげる天使である。
15	ס	悪しき天使は傲慢と怒りの霊である。
16	ע	神は雷を操り、火を支配する。
17	פ	宵の明星とその露は神に従う。
18	צ	神は我らが塔の上に月を夜警として置く。
19	ק	その太陽はすべてが新しくなる源である。
20	ר	その息吹は墓の塵から芽を出させる、
0または21	ש	それは死すべき者たちが止めどなく群れをなして降りて行く墓。
21または22	ת	その王冠は贖罪所を覆い、 ケルビムに乗せて栄光を天に舞わせる。

　この純粋に教義的な説明のおかげで、タロットのカバラ的アルファベットの表徴を既に理解できる。例えば、【奇術師】と呼ばれる第１番の

図像は、神と人間の自律的統一体における動的原理を表す。一般に【女教皇】と呼ばれる第2番は数に基づいた教義の統一性を表現していて、それはカバラもしくは人格化したグノーシスである。第3番は、片方の手で黙示録の鷲を、もう片方の手で笏の先に吊るした世界を持つ有翼の女性の表徴によって、神の〈霊性〉を表現している。他の図像も、この最初の三つと同様に明快であり、容易に説明できる。

エリファス・レヴィはさらに同じ章で、古代イスラエルの神官たちが、いかにして「ヘブライ人にテラフもしくはテラフィムと呼ばれたタロットの託宣の中に、神の答えを読み取っていたか」を説明し、それは「リシュリュー枢機卿お気に入りの魔術師、カバラ学者のガファレルが最初に気付いた」ことだと言っている。タロットという奇跡の書についての、これ以外の詳細や完全な資料の存在を著者は告げていて、『祭儀篇』の巻末で次のことを証明すると言っている。すなわち、タロットは「原初の書であり、すべての預言と教義の鍵であり、一言で言えば霊感を受けて書かれた書全体に霊感を与える書であり、そのことはクール・ド・ジェブランの学識においても、アリエットもしくはエティヤの特異な直感の中でも気付かれていなかったのである」

次いで、カバラのアルファベットの二つの解釈法に言及し、そこからラビたちが「ゲマトリアとテムラーという二つの学を形成し、有名な技術を作り上げたが、それは根本においてタロットの記号に関する完全な学問に他ならず、哲学、自然、さらには未来に関するあらゆる秘密の占いに徹底的かつ多様な形で応用されることになった」と言う。

占術についてエリファス・レヴィはかなり饒舌で、『教理』の第21章をこの主題に宛てている。以下の数節に注目するに留めよう。

　　一般的に deviner〔「透察する」、「謎を解く」、古くは「占う」〕という言葉は「知らないことを推測する」という意味である。しかしこの語の本当の意味は崇高であるので表現できない。deviner（divinari）は「神性（divinité）を行使する」ということである。ラテン語の *divinus*〔「神的な」という形容詞、もしくは「占い師」を示す名詞〕は、「神＝人」と同義である *divus* よりも多く

のことを意味している。

・　・　・　・　・　・　・　・　・　・　・　・　・　・　・　・　・

　　したがって、占者 devin であるということは、この語の力に従えば、神的 divin である、さらにもっと神秘的な何かであるということである。（*Dogme*, pp.371-372〔『教理篇』263-264頁〕）

　　タロット、この驚くべき書、古代の民のすべての聖なる書に霊感を授けた書は、図像と数による類比的な正確さのおかげで、全幅の信頼をもって使える最も完全な占術の道具である。というのもこの書が与える託宣は、少なくとも一つの意味では常に厳として真実であり、何も予言しないときでも常に隠された事柄を顕わにし、相談者に至極賢明な助言を与えるからである。（*Dogme*, p.378〔『教理篇』267-268頁〕）

『祭儀篇』の第21章は預言者の学問について書かれているが、占術のいろいろな方法を扱っている。344頁〔266頁〕には次のようにある。

　　すべての託宣の中で、タロットの回答は最も驚くべきものである。カバラの普遍の鍵のありとあらゆる結びつきによって、学識と真実に基づく託宣を解決策として与えてくれるからである。タロットは古代の魔術師たちの唯一の本であり、原初の聖書であって……

しかし、エリファス・レヴィがタロットに関して最も長く詳細に立ち入っているのはヘルメスの書について扱った『祭儀篇』の最終章である。368頁〔287頁〕とそれに続く頁には、22のアルカナについての描写があり、その意味は次のように要約される。

　　1　א　存在、精神、人間または神。理解可能な精神、すべての数の母たる〈一〉、第一物質。
　　2　ב　神と人間の家、聖域、法、グノーシス、カバラ、隠された教会、〈二〉、女、母。
　　3　ג　言、〈三〉、充足、豊饒、自然、三つの世界における生成。

4　ヘ　東洋人における門もしくは政府、イニシエーション、力、テトラグラマトン、〈四〉、立方石もしくはその基礎。

5　ヘ　指示、証明、教え、法、シンボリズム、哲学、宗教。

6　ヿ　連携、鉤（かぎ）、男根、錯綜、結合、抱擁、闘争、対立、調和、均衡。

7　ヿ　武器、剣、ケルビムの炎の剣、聖なる〈七〉、勝利、王位、聖職。

8　ח　均衡、愛着と嫌悪、生命、恐怖、約束と脅威。

9　ט　善、悪への憎悪、道徳性、知恵。

10　ヽ　原理、顕現、賞賛、男性的名誉、陽物、男性的豊饒性、父権的王笏。

11　כ　取ったり摑んだりする行為における手。

12　ל　模範、教え、公的教育。

13　מ　木星と火星の天、支配と力、再生、創造と破壊。

14　נ　太陽の天、温度、季節、運動、常に新しく、常に同一である生の変化。

15　ס　水星の天。隠秘学、魔術、商業、雄弁、神秘、精神の力。

16　ע　月の天。変質、転覆、変化、弱さ。

17　פ　〈魂〉の天。思考の吐露、形体に及ぼす思想の精神的影響、不死性。

18　צ　基本元素、可視的世界、反映した光、物質的形体、シンボリズム。

19　ק　混交、頭、頂上、天の王子。

20　ר　植物、土の生成力、永遠の生。

21　ש　感受性、肉、束の間の生。

22　ת　ミクロコスモス、全における全の要約。

378頁〔298頁〕には、タロットについて次のように書かれている。

　　それは人間精神から主体性と自由を奪うことなく、道に迷うのを防いでくれる真の哲学的装置である。それは〈絶対〉に応用した数学であり、

実証と理想の結合、すべてが数字のように厳密で正確な数々の思考を入れた籤、ひいては人間精神が構想した最も単純にして最も偉大な作品かもしれない。

　タロットの象形文字を読み取る方法は、偶数同士を向かい合わせて奇数を間に置く形で四角か三角に並べる。四つの記号が常に何らかの順序で絶対を表現し、5番目の記号によって説明される。かくして、すべての魔術的な質問の解決が五芒星による解決となり、すべての矛盾が調和的統一性によって説明される。

　このように配列されたタロットは真の託宣となり、ありとあらゆる質問に対してアルベルトゥス・マグヌスの人造人間よりも明確に、誤りなく答えてくれる。そのため、書物を持たない囚人も、手元にタロットさえあれば、数年間で普遍的学問を習得し、比類なき学説と汲めども尽きぬ雄弁を駆使し、万有について語ることになるだろう。というのも、この輪はライモンドゥス・ルルスの弁論術と大いなる業の鍵だからである。それは闇を光に変成する真の秘密であり、〈大いなる作業〉のすべての奥義の中で第一の、最も重要なものである。

★★

　エリファス・レヴィの見解の中で議論の余地がある部分を指摘することは控えよう。彼の熱情は学問的な留保などとは縁がない。行うべき修正は読者自らが手がけて頂きたい。

　批判を行うとしても、独創的な思想家の度を超した熱中ぶりに矢は向けまい。筆者は彼に多くのものを負っており、今でも感謝しているのである。我らが師は行き過ぎの部分まで含めて尊敬に値すると思われる。ただし、彼の弟子を自称する人々が我々に同じ寛大さを要求する権利はない。

　これらいわゆる隠秘学の信奉者たちが、純粋で単純な学問に対し軽蔑を顕わにするのは嘆かわしい。すべての謎を解明できるなどという思い上がりを持つな、と言われるのが気にくわないのだ。すべてのことに答えがあると主張するのは、秘儀伝授を証明するよりも、ひどく愚かで思い上がった無知の証左であるように見える。もはや何も隠れたものは存在しないと考えるこれ

らの隠秘学者たちは、【女教皇】を崇敬したのだろうか。普遍の知の鍵である総合を決定的に手に入れると、この性急な新参者たちは、自分の直感的洞察の無謬性を安易に信じ、体系的な手間暇かけた研究を無視してしまう。彼らは無規律な想像力を手なずけようともしないのでその犠牲者になっているのである。それゆえ自分たち一派の体系に適うすべての幻想を真実と見なすことになる。人目を引く教説を信用してしまって、深い思想など理解もせずに、隠秘学者の教会の教父に祭り上げた師たちの名の下に誓いを立てる。

　隠秘学の伝統的な師たちはそれほど名声を享受しているので、あえて彼らの教義を攻撃しようとする者はない。彼らの説はそのまま信じられているが、理解されずに終わっている。それは彼らの衣鉢を継いだと主張する弟子たちが、彼らを「殺さ」なかったからである。それは儀礼的な意味にしても殺人を行うということではなく、既成の説を「殺し」て、全面的に新しく再生させる、という意味である。なべて本物の師は、刷新されてこそ生き長らえる学問のために、このように「殺さ」れることを切望している。停滞は死を意味する。粉砕し、「殺す」まで深く掘り下げずに繰り返される事柄は、蘇った状態で伝えられることがない。およそ人間の行うことには誤謬が満ち溢れている。自分が受け取ったものを修正しなければ、たちまち偽が真に取って代わる。

　書物が相次いで出版されるにあたっても同様である。互いに模倣し合い、その度にかつては大胆だったかも知れない主張から勝手に作り上げた幻想を詰め込んでいくが、実証的な知識の現状に照らしてよく学んだ人間が、それを修正しなければならない。

　隠秘学を刷新するために、古き師たちを「殺す」ことを恐れてはならない。ファーブル・ドリヴェの形而上学から、それを歪めている似非科学主義を除くことで、却って彼に恩恵を施すことになる。他にも良く吟味した上で受け入れるべき貴重な遺産がたくさんあるが、このような敬愛と理解を併せ持つことで、それらを決定的に所有することができるのである。

　40年近い研究と熟考の成果である本書を執筆するにあたり、筆者の究極の野心はと言えば、次に自分が正しい意味で「殺さ」れることに他ならなかった。筆者が間違えたところを示し、どんな説明を省いたかを言ってくれる人こそ、我が真の弟子となるであろう。本書全体を厳しい目で検証した上で確

証してくれることは、筆者にとってはいつまでも残る光栄の印であり、そのことを予め感謝しておきたい。

　それゆえ、想像力を律しつつ体系的に透察することができる隠秘学の刷新に貢献することが筆者の夢である。そこから、占術の基本的源となっている古代人の叡智を教える本物の〈古学〉を作り上げることが望ましい。

　透察する〔占う〕ことを学ぼう。それができなければ、無力な似非合理主義の偏狭な専制に永遠に屈せねばならないだろう。人間の進歩のために、〈想像力〉と〈理性〉を結びつけるときが来たのだ。この2人の姉妹は、世界に大いなる贖罪の光を与えるために、互いに支え合わねばならぬ。

　最後に一言。

　人間が理性を働かせるようになったのは、正確にはいつと定めがたいが、比較的最近のことである。論理が支配する時代より前に、人間は想像力の支配下にあった。想像力は人間の知的機能の中で、長子とも言える存在である。原始人は受動的で、多感で、どこまでも信じ易く、本能的に頭に浮かんだ考えを受け入れていた。彼らの心性は非文明人にも観察されるが、眠りながら語る〈患者〉や、受動的服従の状態に身を委ねる霊媒にも見られるところである。純粋に本能的な動物性の段階を抜け出たばかりの人間も、霊媒に似た状態に特徴付けられるのではないだろうか。

　確かなのは、人間が理性の働きしか重んじないと主張することによって、精神の活動範囲を狭めているということである。想像力を働かせようとしない合理主義者の哲学の中には、蒙昧主義がある。彼らは航海の法則をわきまえていないので、大海原に恐れをなす臆病者たちである。

　精神の未来は海の上にあるのに、我々は陸上に留まるのであろうか。

　危険な水に立ち向かおう。ただし、航海の術は学ぶべきである。船乗りたちは海上を進み、危うい航海の後に港に戻ることができる。未知のものを探求する占者についても同じことである。真面目に考察すれば、理性の系統的な作業と結び付く占いの技術を学ぶことになろう。

　タロットといういとも優れた書、占者の理想の聖書を利用しよう。そのシンボルの調和のとれた全体が、忘れ去られた観念、人間の進歩のために採り入れなければならない遺産について教えてくれる。〈真なるもの〉に向かっ

て進んで行くために与えられた2本の足の上に立って知性の歩みを行うため、理性を働かせ続け、かつ想像の機能を律することを学ぼう。

　読者におかれては、本書を読み終えたら深く考えて頂きたい。己の最奥部に隠された〈石〉を探すよう促す賢者の掟に忠実に、己の中へと入り込まれんことを望んでやまない。

補遺

本文に挿入されたパンタクルの
シンボリズムに関する概略

様々なパンタクル

どのようなものであれ、図像は意味を担う。しかしそれが〈パンタクル〉となるためには精神を省察の途へと導き、知的な法悦の始まりに至るまで魅了するものでなければならない。

我々はパンタクルを目にして、瞑想状態に入り、全体（「パン」）——その図像と関係した諸々の観念の世界——を自分で発見すべきであろう。自然状態における人間は、形体が暗示するものを理解できるので、表意記号が自動的に彼の文字となる。学校に通わずとも読み書きができるのである。我々の遥かな先祖に教えを垂れていた線と線の結合は、残念なことに、現代の注釈者には何も語りかけない。彼が知っているのは〈単語〉を作り上げるためのABC だけである。難解で晦渋なものと見なされる〈象徴〉は排除され、〈単語〉だけが勢力を振るっているのだ。

現代の実用重視教育によって、鼓膜を振動させないものは人に聞こえなくなっているので、パンタクルを理解するには準備が必要である。ここまで本書を読まれた読者は、注解の機会がなかった図像の意味をきっと読み取れることであろう。しかし、それらに籠められたシンボリズムについて、ざっと概要を示す必要があると思われる。以下は、人に語りかける図像の神秘的領域を探求する人々に捧げた〈補遺〉である。

円、六芒星、〈まんじ〉

　本書『絵師たちのタロット』の巻頭にある図は、〈まんじ〉と呼ばれる鉤十字で結びつけられた二つの三角形の六つの頂点が、外輪の外側にはみだしている。

　　　　　　　　　この鉤十字 卐 は、先史時代の人々が北極星を中心として天体が回転するのを観察し、その結果発見した宇宙の運動に関係している。天空が回転するのを見て、これを全生命現象の源たる、普遍の動因に仕立て上げたのである。しかし、生命には熱が伴うので、万物を活性化する〈火〉の概念を作り上げ、回転する十字がこの火を行きわたらせていると考えた。その十字は天空において、特に明るく輝く四つの星〔一等星〕によって標し付けられている。

　　　アルデバラン——《牡牛》の目——春
　　　レグルス——《獅子》の心臓——夏
　　　アンタレス——《蠍》の心臓——秋
　　　フォーマルハウト——《南の魚》の頭——冬

　星に関わるこの四項は、十字に対して原初の意味を与え、〈まんじ〉に対する愛着を裏付けるが、この宗教表徴はヨーロッパ、アジア、アメリカの太古の民族の中に、考古学者が発見している。

　　　　　　　　　この聖なる記号は、これまでソロモンの封印の二重三角形 ✡ と結びつけて一体化されたことはない。1912年、『シンボリズム』*Le Symbolisme* という雑誌を創刊した際、片方は遥かな太古の記号、片方はユダヤ教とカバラにしか遡らない二つのシンボルを合体させるというアナクロニズムをあえて行ったのは筆者である。その意図は、〈火〉＝〈霊〉の三角形

△ と、〈水〉=〈魂〉の三角形 ▽ の二項を一つに還元し、〈有〉=〈存在〉を作り上げる普遍的・永遠的生命である両者の合成物に仕立て上げるということであった。

　輪 ROTA すなわち TARO を描くために付け加えた円は、どうしても必要という訳ではない。ただ、円形をした海流のシンボル、女予言者たちのピュトンの蛇〔ギリシア神話でデルポイの神託所を守る大蛇〕、占者たちが照明を得るための天体の軌道を象っている点で意味がある。

★★

　以上のわずかな記述だけで、エリファス・レヴィがあまりにもわずかな注釈しかつけなかった〈大いなる奥義の鍵〉の難解さが減じるだろう。『大い

なる神秘の鍵』の316頁〔邦訳301頁〕から写した上の美しいパンタクルについ

て、ギヨーム・ポステルの影に身を隠しているレヴィは我々を当惑させたままである。

　中央にある四角形は次のように読めるが、その謎を解明するのは断念する。

$$\begin{matrix} S & A & T & O & R \\ A & R & E & P & O \\ T & E & N & E & T \\ O & P & E & R & A \\ R & O & T & A & S \end{matrix}$$

　これら一揃いの文字の背後には、恐らくカバラの深淵が隠されているのだろうが、もう少し精神を困惑させないものだけで満足することにしよう。よって、父なる神と母なる自然との豊饒な結合を表した、比較的控え目な図像に目を留めよう。その結合はエゼキエルの四つの動物によって回転させられている宇宙の円盤の上で〈永遠に〉成就しているのである。

★★

四福音史家に割り当てられるこれらの動物は、ヒンドゥー教のシンボリズムでは四つのヴェーダに対応する。〈鷲〉は万物を見通す目を持ち、何事も漏らさぬ知を授ける。〈牡牛〉は被造物を至高の生成力に結びつけ、同様に〈獅子〉は被造物を宇宙の無限の力に加わらせる。〈鷲〉は秘儀参入者が読む書を開いたままにしてくれる教師でもあるが、彼から自由になった蛇アマンタ〔インド神話に登場する蛇〕は誘惑のりんごを持ち、人間は善と悪を区別できない本能的な動物性よりも高く上りたいという野心を抱いて、これを囁る。分別を得た人間は意識と責任を担う神々と似た存在になる。

　古代人たちはエネルギー保存の法則について近代的な正確さで定式化することはなかったが、それに関する直感は持っていて、〈運動〉と〈生命〉を同一視し、〈全〉においては何も停止せず、死ぬこともないと考えた。その永遠の循環を、尾を嚙む蛇〈ウロボロス〉で表徴したのである。ヘルメス思想では単純な円が同じ意味を持ち、それは〈塩〉の中の〈塩〉、〈物質〉の中の〈物質〉たる〈アルン〉の表意記号 ◯ が証明している。それは空虚に過ぎず、本質的にカオス的で闇の存在であるが、生命を与えられた空虚である。

　しかしそれは黒い円盤 ● を象形文字とする〈混沌〉それ自体ではない。

こちらは文字通りの〈蛇〉ではなく、〈鰐〉もしくは〈竜〉で表徴される。そこからベルトゥロ〔Marcellin Berthelot〕が『錬金術の起源』〔Les Origines de l'Alchimie, 1885〕の中に引いた、ギリシアの写本中の四つ足の〈ウロボロス〉が現れる。4本の足は、頭に生えている四つの角同様、基本元素に対応する。足と腹と、物質に接触すべき体の部位は緑である。この色は〈塩〉的であり、中央部および背中の部分の〈水銀〉的な黄色および〈硫黄〉的な赤と対照的である。通常は内部にある〈硫黄〉🜍 が外に出て来ることで、〈ウロボロス〉が象徴する〈第一質料〉から抽出される〈自然の火〉を、錬金術師は自由に働かせることができるようになった。

　内部で生きた原初物質が激しく旋回するこの〈古き蛇〉〔『ヨハネの黙示録』12章。竜、サタンのこと〕は世界を支えていて、世界に対し、形成の材料と、調整する〈知性〉が利用する形成のエネルギーとを二つながら与える。この〈知性〉は〈理性＝霊〉⊙ と〈想像力＝魂〉☾ とに分裂し、両者の作用を結び

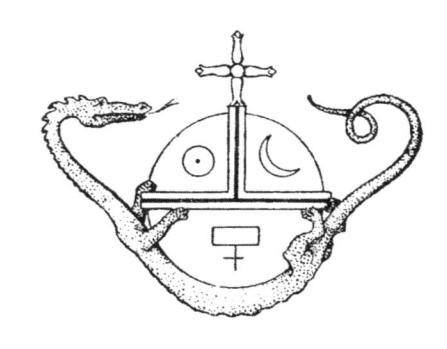

つけて〈酒石〉の不純物を除去するが、これがヘルメスの術が引き起こす変成のサイクルに加わる。こうして宇宙内の地球の上に描かれた記号が説明される。当然ながら地球は四つの筋が描く十字に支配されていて、この筋によって基本元素に対して理想を実現するよう命じることが可能になるのである。すなわち〈混沌から秩序へ〉〔Ordo ab chao. フリーメイソンが用いる標語の一つ〕である。

★
★ ★

無原罪の聖処女を戴く地球の周りに巻き付く鰐が人間の顔をしているこの図は、パリの聖トマス・アクィナス聖具室に保存されたスペインの聖母を基にしたスケッチである。秘教的観点から言うと、ここでは利己主義の悪魔を、昇華された女性性が打ち破るということを象徴している。

　本書に掲載した諸惑星のモノグラム〔組み合わせ図案〕が示しているのは悪魔だが、下等な本能に付け入るものでありながら、純粋な霊性から転落した世界が機能するためには不可欠である。そこでは〈太陽〉☉と〈月〉☽と〈水星〉☿の合体が十字の上に乗っていて、十字から〈木星〉♃と〈土星〉♄が出ており、刺(とげ)の尾を持つ〈火星〉♂が左手に引っかかっている。鋭い角と鉤が全体に威嚇的な外見を与えているが、七つの大罪が問

題になっているので、それも当然である。イヴの子孫が、敵である〈獣〉〔蛇〕の頭を最後には足で砕くとされた約束に従って、魂がこれに打ち勝つことが求められている。

　神の業を妨げる〈敵対者〉（ヘブライ語でサタン）は極めて突飛な姿で表された。〔フランス国立図書館の〕版画室にあるタロット（Kh 34 d）では、顔以外に腹や膝など、体のいろいろな部分にでたらめに目がついたアルゴスとなっている。何もかもを見通すこの怪物から逃れられるものはないが、一方で手は未発達で、どんなものも摑むことができない。足の先も植物の芽になっていて、歩行に適さない。蝙蝠の羽根についた飾りは孔雀の尾羽を思い起こさせる。最後に角は鹿の角に似ているが、ヘルメスのペタソス〔鍔広の帽子〕に付けられた翼のように直立している。この全体は何を暗示しているのだろうか。催眠術による超感覚的知覚の動因たる、磁気治療師の流体であろうか。

ヘルメス思想

〈有翼の竜〉は、乾いた土地が現れる前の地質時代、泥の中に安んじて棲んでいた単なる両生類ではもはやない。この空を飛ぶ爬虫類は火を吐くので、四基本元素を総合するものとして現れ、その中で有機的調和の始まりが見出される。よって、エーテル的物質でできた有翼の地球の上に、この怪物が重くのし掛かっていても驚くにはあたらない。〈大いなる作業〉の第一質料が引き出されるエーテル的物質は、空中に浮かぶ円の中に描かれた記号が示すように一でも二でも三でも四でもある不思議な存在で、ヘルメス思想の表意記号における基本的四項の重要性を浮き立たせるのである。すなわち、次の四つである。

○　　　+　　　△　　　□

ここで分析するパンタクルは非常に古くからあり、『金属による真の医学を扱った哲学の12の鍵』〔*Les Douze clef de la Philosophie traictant de vraye médecine métallique*〕に続いて1659年に印刷された『アゾート、もしくは隠された哲学者の金を作る方法』〔*Azoth, ou le moyen de faire l'or caché des Philosophes*〕によって現代まで残されているが、明らかに木版画の誕生より前に遡るらしい。その作者であるバシリウス・ウァレンティヌスは版画についてほとんど注釈を付けておらず、これは版元が古い錬金術の写本から借りて付け加えたものと思われる。ただ、ヘルメス哲学の奥義を極めた者にとっては、すべての解釈は不要だったに違いない。彼らは〈レビス〉——二つの頭を持った両性具有者が、打ち倒された

竜の上に立つ姿となって表される〈二重の存在〉——を知っている。それは世界卵の内部における惑星の調和という〈大いなる作業〉を成就する役目を負った男であり女である人間である。精神の領域で創造のプログラムを行い続けることで、混沌を整えることを求められた両性の〈術士〉は、〈哲学の石〉の完璧な正立方体を実現するために、直角定規とコンパスで自分の業を制御する。その周囲に記号として置かれている七つの惑星はこの作業の導き手となる。それは〈土星＝鉛〉の粗い重さを攻撃して価値の低い金属を軽くし、洗浄と昇華によって、〈湿〉的な途の段階にある〈木星＝錫〉♃ の品位にまで徐々に高め、すべての変成に不可欠な存在である〈水星＝水銀〉を介して、〈月＝銀〉☽ の〈白の業〉〔アルベド〕へと導く。柔らかい金属である鉛と錫は人格化された〈レビス〉の左手に並び、硬い金属である〈金星＝銅〉♀ と〈火星＝鉄〉♂ は右手に位置して〈乾〉的な途を決定し、そこからヘルメスの術の成就である〈太陽＝金〉☉ に達するのである。

　惑星は天空にある性質によって金属とは区別される。影響を与える対象の外側にあって、惑星はミクロコスモスの七つの金属に遠隔的に働きかける。伝統的な配置法によると、〈理性＝金〉☉ と〈想像力＝銀〉☾ と〈分別＝水銀〉は人物の右、左、頭の上に置かれる。〈運動性＝鉄〉♂ と（反応を決定する）〈感受性＝銅〉♀ は右腕と右の腹にあり、〈有機的調性＝錫〉♃ と

〈安定的身体性＝鉛〉♄ は左側に追いやられる。

⁂

バシリウス・ヴァレンティヌスはさらに複雑な奥義を明かしているが、注解が簡潔すぎて解読の助けにはならない。エリファス・レヴィは『魔術の歴史』408頁〔邦訳406頁〕でそれを複写しているものの、彼が〈ヘルメスの大奥義〉と呼ぶものについて、1行たりとも説明していない。同じ非難を向けるのは控えておこう。

厳密な正方形（物質界における完璧なものの表徴）の枠が、下辺の中央で大きな正三角形の頂点を支えていて、その三角形が大きな円によって三つの小さな三角形に分けられており、そのそれぞれに *Anima*〔魂〕、*Spiritus*〔霊〕、*Corpus*〔体〕の文字が記されて、太陽、月、立方体の絵が付随している。太陽の上には燃えさかる炎があって、中にサラマンダーがいる（見分けるのが難しく、写本者がしばしば省略してしまう）。それに対して月と *Spiritus* の語は〈聖霊の鳩〉を引き寄せている。これらは〈火〉🜂 と〈空気〉🜁、〈硫黄〉🜍 と水銀 ☿ の表徴であり、相互に燃焼を維持し合っている。論理的に見て、これらの対角は〈土〉と〈水〉を宿さなければならない。確かに、〈火〉の側には山があり、それは玉座の代わりをする獅子にまたがった太陽王の領域で、足下には地中深くから出てきて炎を吐く正体不明の動物がいる。これと対をなす〈水〉の側にはディアナが見て取れ、海の怪物の背に座ってこれを導いている。このように、四基本元素が、男性的な右側〔向かって左〕

（ヤキン）と女性的な左側〔向かって右〕（ボアズ）、同じく〈体〉的な下と、〈霊〉的な上とに分配されている。

　大きな三角形の角の部分だけがはみ出ている円は、一つの星によって七つに等分されていて、星の尖った部分には一つ一つ数字と惑星の記号が付いている。中央下の先端部は黒で、数字の 1、土星の記号 ♄、完璧な〈塩〉を表す正方形 □ が白抜きになっている。他の六つは白色で、2 番目が木星 ♃、3 番目が火星 ♂ と硫黄 🜍、4 番目が太陽 ☉、5 番目が金星 ♀、6 番目が金属＝惑星としての、また〈三＝一性〉🜍 🜹 ☿ としての、水星（水銀）☿ であって、最後に月 ☽ が来る。

　星の先端部と先端部の間に七つの円形のメダイヨンがあって、〈大いなる作業〉の諸々の操作に関係している。土星〔サトゥルヌス〕の〈鴉〉は、作業の成功を期するなら始めに獲得しなくてはならない黒色の表徴である。♃ と ♂ の間には 2 羽の鳥の熾烈な戦いがあり、黒が白を食い尽くすことで灰色が生じ、白色へと向かって行く。しかし、♂ と ☉ の間に白と赤の 2 羽の鳥が現れ、勝って満腹した黒い鳥を攻撃し、バシリウス・ウァレンティヌスの言葉を借りれば、「すべての色が現れるために」「霊的に消滅させる」。敵<ruby>敵<rt>かたき</rt></ruby> を取ったことで、勝利の褒美として最も高い天、☉ と ♀ の間に上ることとなる。次いで 2 羽の鳥は ♀ と ☿ の間の木、恐らくはオリーヴの木の上で休むが、それは〈業〉が自ずと熟すのを待つかのようである。☿ と ☽ の間では木が花を付け、その下の草上で穏やかに一角獣が休み、〈王〉が辿る途の準備をしている。最後に蘇った子どもで輪が閉じられ、この赤く清浄な子が 1 人で支配をする。

　メダイヨンを取り囲む円には次の銘がある。

VISITA INTERIORA TERRÆ, RECTIFICANDO INVENIES
OCCULTUM LAPIDEM

〔地の内部を訪れよ。さすれば精留によって、隠された石を見出すであろう〕

それぞれの語の頭文字を繋げると、VITRIOL〔硫酸塩〕となり、〈大いなる作業〉の秘密を顕わにすると考えられている不思議な 7 文字が読める。〈石〉は人間の人格の内奥にあるということも付け加えておこう。〈精留によっ

て〉自らの内に降りて行くことができる者は、人間の知恵の至高の宝を発見する。彼は〈人〉を知ることになるが、その顔は七つの変容を行う星の中央の円形部分に現れている。それは熟達者が自らの内に生かさねばならぬ〈大ヘルメス〉であって、真の〈石工の棟梁〉が自らの内に建築師ヒラムを蘇らせる義務があり、また洗礼の水から上がったキリスト教徒がかつて自らの内に〈霊なるキリスト〉を再生させることを望んだのと同様である。この〈人〉がメルクリウス〔ヘルメス〕であることは疑いを容れない。なぜなら神の翼が円の上に乗っていて、円の外側には右手が諸々の霊を照らす炎を延ばし、左手は生命の種子を担っているからである。ここで読者は第15アルカナを参照し、タロットの【悪魔】と、水銀流体の錬金術的人格化とを比べて頂きたい。水銀流体は、知的な刺激と、生命の刷新を司る普遍の動因である。

★★

〈哲学の石〉の神秘は、〈硫黄〉🜍、〈塩〉🜔、〈水銀〉☿ の3項と、その上に〈アンチモン〉を思い出させる十字 ♁ また低きものすべてに打ち勝った有翼の女性の象形文字を包む正方形で図像的に示される。自らの人格の内における魂の勝利を確かなものとし、何に対しても奴隷となることがなければ、無価値の物質的な財とは比べものにならぬ宝を手にしよう。

★★

　個体の内部で燃えている〈硫黄〉が個体の生命を維持し、もし硫黄の蓄えが尽きなければ個体はいつまでも生き続けられる。自然が強いる休息と活動の交替のおかげで生命は新たになり、自らの灰から再生し続ける不死鳥を人間は持っているのである。さもなければ人間はどんなささいな疲労によっても決定的に痛めつけられるであろう。我々が〈眠り〉と呼ぶ部分的な〈死〉の度ごとに、

人間は力強く再生するのである。身体の組織がすり減ることがなければ、人間は身体と分離しなくて済む。しかし、組織は劣化して元に戻ることはないので、我々は運命と和解しなければならない。己の偏狭な自我を忘れ去り、無私の生を生きることに専念すれば、より良き生を送ることになろう。我々の内で燃えている不純な硫黄を、少しずつ〈哲学の硫黄〉と入れ替えていかねばならぬ。

この理想を実現すれば、個が確かなものとなる。というのも、絶えざる情熱を持って学ぶ者は、なべて卑小なもの、低いもの、〈下にある〉〔*infernal*（地獄の）のラテン語原義〕ものの上に上昇するからである。その者はもはや、借り物の生命力を自己中心的に占有するのではなく、普遍の〈生〉の正当な保有者となる。この〈生〉を見出し、それと結び付くことこそ、真の〈賢者〉が持つべき究極の野心である。

⁑

立方体において、こちら側に見えている三つの面に、〈塩〉⊖、〈硫黄〉🜍、〈水銀〉☿ の記号が描かれているが、ヘルメス思想において立方体は、完璧な四角形の切り口によって、調和を創り出す神秘の石と見なされている。

その角は惑星から、七つの大罪と正反対の美徳を借りていて、木星 ♃ は寛大な自尊心を吹き込み、実際的で慎重な土星 ♄ はそれが浪費に堕さないよう防いでいる。太陽 ☉ は適度な光を注ぐが、それは金星 ♀ を慮（おもんぱか）ってのことである。金星は心情によって判断し、真面目な動機に熱中するが、理性は必ずしもそれを見分けることができない。最後に月 ☾ は夢を吹き込み、火星 ♂ が活動したくてじりじりしていたら宥め、不活動に入り込んでいれば目覚めさせる。惑星はそれぞれ役割を持つ。その役割を疎かにするものがなければ、全体が調和して機能する。健康、平安、幸福が実現するのである。

あとは、エジプト由来の翼を持つ球に言及しなければならない。これはヘルメス学者にとって、昇華の状態にある彼らの〈質料〉を表している。2匹の蛇はカドゥケウスの蛇であり、大いなる〈水銀〉的動因の対立する両極を示している。

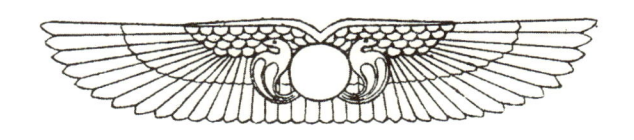

薔薇十字とフリーメイソン

フリーメイソンの薔薇十字を飾るペリカンの表徴全体を眺めると、〈大いなる作業〉の完成を示す表意記号 ▽ が思い出され、これは〈魂〉にとって、昇華による浄化の完成を意味している。それは自分の血で雛を養う鳥のように白く、全面的な自己犠牲を示す。

十字と一体になった薔薇は、言われるがまま受け入れた信仰という枯れ木に、理解と分別という生命を戻して活性化している。〈薔薇十字〉とは伝統的教義に服従し、盲目的に忠実でいることではない。それは研究と省察を行って宗教の秘儀を学ぶ、独立した探求者である。そして聖なる象徴も自分なりに解釈し、I. N. R. I.〔IESUS NAZARENUS REX IUDAEORUM——「ユダヤ人の王、ナザレのイエス」の頭字語〕についても、例えば *Igne Natura Renovatur Integra* のような、様々な文言を提案する。「〈火〉を通して完全な（堕落していない）〈自然〉全体が新しくなる」、ということである。自然を刷新する〈火〉はここで、万物に振り分けられる。

あるいはまた、*Ignem Natura Regenerando Integrat* とも言う。「〈自然〉は〈火〉を再生して純化する」、ということである。この場合は、原理としての〈火〉は、不死鳥さながら絶えず生まれ変わらないと、腐敗する可能性があるものとして描かれる。

　さらに神秘的な読み方としては、*Igne Nitrum Roris Invenitur* がある。「〈火〉によって〈露〉の〈硝石〉が顕わになる」夜の間に凝縮する天上の〈水〉は、活動的な〈塩〉を含んでいて、〈火〉によって〈哲学者たち〉の所有するところとなる。取り込むべきは分散されたエネルギー以外にはあり得ず、これを〈熟達者〉が凝縮させれば、奇跡を行うことができるのである。

　最後にヘブライ学者は *Iam, Nur, Rouach, Iabaschah* すなわち〈水〉、〈火〉、〈空気〉、〈土〉もしくはより正確には〈海〉、〈灯〉、〈息〉、〈塩〉に思い至った。

★★

　五つの正方形で構成されるギリシア十字の中央に置かれた五弁の〈薔薇〉

は、二重に〈五〉を強調しており、客観性の〈四〉を主観的な〈一〉に還元する。人間精神は〈四〉のアスペクトで現れるものに〈一〉を認めるが、そこから〈体〉に対する〈魂〉のように、抽象的に理解できるものの基礎たる〈第五精髄〉の考え方が生まれる。

　　繊細な香りを持つ〈薔薇〉は、この神秘的実体の象徴である。中央に描かれた五芒星と同様、人間の内部にある最も優れた部分を暗示している。騎士道と感情的神秘主義の表徴として、至上の自己犠牲という純粋な〈大いなる作業〉の熱心な熟達者、〈愛の秘儀参入者〉にこの花は相応（ふさわ）しい。

★★

スタニスラス・ド・ガイタが1888年、薔薇十字教団を再建しようと決意したとき、新たな薔薇十字のパンタクルを作り上げた。

十字の枝に神のテトラグラマトンの四文字 הוהי を記し、中央に五芒星を置いて、さらにその頂点には Jéhoushah השוהי 〈神＝人〉の名が記されている。神的なアダムであり、三点符を上に乗せた文字 א によって総括されている。十字の角にあたる部分に光芒を放つ薔薇が四つ身を寄せており、この〈四〉は20という数字と、これに相当するタロットのアルカナとに繋がるかもしれない。

⁎⁎

炎を上げるフリーメイソンの星は、象徴的に〈薔薇〉に類似する。その中央には緋色の背景に銀の文字 G が浮かび上がる。G は〈幾何学〉 *Géométrie* と〈グノーシス〉 *Gnose* すなわちイニシエーションによる知識を意味する。〈星〉は夕陽の火が消えた夜に現れ、月が出るまで消えた太陽の代わりをする。〈星〉の光は慎み深いが対象を貫く。なぜなら〈哲学者〉の天体の輝きに相応しく、万物の内奥を照らすからである。

G の文字がパンタクルの様式に適うのは、〈塩〉の表意記号 ⊖ と近いからに他ならない。それは直角定規であるギリシア文字ガンマ Γ やフェニキア文字ギメル ℷ と同様、知恵と分別の象徴である。

⁎⁎

〈職人〉の旅を導く〈星〉は〈中間の部屋〉ではもう輝かない。そこは幻滅の聖域であり、考える人は全くの暗闇の中に陥る。直角定規とコンパスは、もはやありとあらゆる虚栄心の大きさを示すばかりである。彼にとって、ま

た彼の中で、すべては死ぬ。

しかし乾燥しきった砂漠の中で、彼は緑の葉を付けた枝を見出し、それによって過去の栄光の死骸を発見する。神秘的に再生した〈棟梁〉を活性化する霊を受け取ることで、賢者は死者に生命を呼び戻す。

★
★　★

ガブリエル・アノトー（Gabriel Hanotaux）の『ジャンヌ・ダルク』〔*Jeanne d'Arc*〕（p.324）から借りたこの15世紀の棟梁の絵は、ベルヌヴァル〔Alexandre de Berneval, 1367?-1440〕を表しており、ルーアンのサン゠トゥアン教会の薔薇窓の作者である。

占星術

占星術のシンボリズムは、黄道十二宮、七惑星、四基本元素に基づいている。

十二宮は四基本元素によって三星座からなるグループに分けられる。

〈火〉： ♈〔牡羊座〕 ♌〔獅子座〕 ♐〔射手座〕

〈土〉： ♉〔牡牛座〕 ♍〔乙女座〕 ♑〔山羊座〕

〈空気〉： ♊〔双子座〕 ♎〔天秤座〕 ♒〔水瓶座〕

〈水〉： ♋〔蟹座〕 ♏〔蠍座〕 ♓〔魚座〕

惑星の分類は〈居所〉と〈高揚〉〔惑星の効果が高まること〕の場所によって行われる。それゆえ、太陽は《獅子座》が居所となり、月は《蟹座》の女主人である。その他の惑星は、主要なものと二次的なものの二つの居所を持つ。火星は ♈〔牡羊座〕と ♏〔蠍座〕、金星は ♉〔牡牛座〕と ♎〔天秤座〕、水星は ♊〔双子座〕と ♍〔乙女座〕、木星は ♐〔射手座〕と ♓〔魚座〕、土星は ♑〔山羊座〕と ♒〔水瓶座〕。居所と正反対にある星座は、その惑星にとっての〈追放〉の場

所〔対向星座〕となる。

　それに対して、それぞれの惑星は、主人がうやうやしく迎えてくれる星座で高揚する。例えば火星は《牡羊座》♈ で太陽を、金星は《牡牛座》♉ で月をもてなす。水星は己の居所たる《乙女座》♍ で自らを高揚させ、金星は《魚座》♓ で木星によって高揚され、木星自身は《蟹座》♋ において月に高揚される。火星は、土星において《山羊座》♑ の中で満足し、土星の方は《天秤座》♎ の中で金星に気に入られる。

　力と喜びをもたらす星座と対向する星座の場合、その惑星にとって失墜と悲しみを意味する。《天秤座》♎ が秋に太陽の衰退を速めるのと同様、《蠍座》♏ は月に敵対するものと見なされる。《魚座》♓ は水星の意に叶わず、金星は《乙女座》♍ と折り合いが悪い。火星の熱は《蟹座》♋ の水の中で消え、木星は《山羊座》♑ の中で輝かない。最後に土星は《牡羊座》の中

で、いきり立つ火星によって休みなく悩まされる。

　これらの区別が、黄道十二宮のそれぞれに意味を割り当てることを可能にする。占術に身を投じようとされる読者は、この点に習熟すれば得るものがあろう。

**

　四季とそれに付随するすべてのものは、黄道十二宮による分割のマクロコスモス的シンボリズムの基礎になっている。それに対して、ミクロコスモスとしての人間は、ホロスコープの〈ハウス〉に与えられる意味を決定する。〈十二〉は1年の周期ではなく、地球の自転の24時間の周期に適用される。この時間は、カルデア人が聖なる詩の中で2時間ずつ数えた習慣に従って、2時間単位で考察される。したがって出生時の天空は12の〈ハウス〉に分割され、その第1は東の地平線と正確に一致する黄道の一点から出発する。子供が生理学的に母と繋がれていた絆が切れたときに上ってくる星座の影響を受けて生まれるのである。

　確かにこの星座は、〈ハウス〉Iしか決定せず、他の11は黄道の残りの分割の支配下にある。

　しかし、12の〈ハウス〉はそれぞれが個人にまつわる万事と巧みに関係していて、そこから次のような割当てが行われる。

- I.　生命、気質、生まれつきの傾向。——個人が生まれるときにこの世に持ってくるもの。*Vita.*
- II.　摂取することで、次いで財や富を獲得することで、我が物となし得るもの。*Lucrum.*
- III.　環境への適応。育成に関する影響。家庭の教育。兄弟姉妹。*Fratres.*
- IV.　隔世遺伝の神秘的で深遠な介入。両親、父。*Genitor.*
- V.　生産物。個人が外面化するもの。業、投機、子供。*Filii.*
- VI.　務め、利用する材料。打ち勝つべき困難。支配すべき目下の者。身体が要求する配慮。衛生、健康。*Valetudo.*
- VII.　他者との結びつきによる個性の減衰。協力、戦い、調停。結婚。*Uxor.*

VIII. 非物質化、解脱、霊化。老衰。死。*Mors.*

IX. 知性。研究。未知の探求。真理の探究。宗教。霊的企て。旅。*Pere-grinatio.*

X. 生の目的。野心。職業、名誉、威厳。*Regnum.*

XI. 引き寄せられる共感。友人。*Amici.*

XII. 個を逃れ、個を超越するもの。己を無力な囚人とするもの。宿命、病気、敵。*Inimici.*

　古代の占星術師は、正方形を囲む12個の三角形によって〈ハウス〉を表現した。この配置によって、〈上昇〉I、夜の〈天底〉IV、〈下降〉VII、昼の〈天頂〉Xに対応する主要ハウスが浮かび上がる。黄道の主要星座 ♈〔牡羊座〕、♋〔蟹座〕、♎〔天秤座〕、♑〔山羊座〕がこれらのハウスに対応する。その上、ミクロコスモスの〈ハウス〉と、マクロコスモスに関係した〈星座〉の間にも類比が存在する。

　右の図で、占星術的な12項が〈大いなる作業〉の成就を示すパンタクルを取り囲んでいるのは、第12アルカナのシンボリズムと合致している。《天秤》は太陽を赤道面に戻す秋分の星座であり、そこから北半球と南半球の間で、光が等分される。しかしこの均衡は実現すると同時に破られねばならない。太陽は下降を続け、

日が急速に短くなって夜がどんどん長くなる。若い頃は破壊力より勝っていた構築力が安定するのも、衰えを前にした熟年の短い期間だけである。しかしながら、偉大な事柄が成し遂げられるのは、身体が成長を止め、受け取るものと与えるものが同量になったときである。内部と外部の均衡を打ち立てるということは、生命リズムの調和によっ

て確実に利益を得られるようにすることである。ヘブライ文字のヘット〔 Π 〕は、特にその初期形態において、適切な使い方で強化された生命に関わる

文字である。二つの直角定規が、生命流体が入るための窓を開けて四角形を形作り、中央の点の周りを自由に回っている。これが正しい人間の図式であり、生理学的な視点からしても、平衡が支配している。

神話学

イシスは秘儀参入者にとって、秘事を明らかにしてくれる存在となる。女神はヴェールで入口が覆われた聖域の前で弟子を待っている。両手で秘教の印を作っていて、折り曲げた 2 本の指で、すべてを語れる訳ではないことを示している。言葉で表現できることは、事物の卑俗な側面しか明らかにせず、繊細な美は隠されたままである。しかし、イシスの仕草は、秘められた類比をもって、下のものによって上のものを、可視によって不可視を推測できると教えている。我々に示されたものを理解さえできれば、万物について学ぶことができる。人々の精神に糧を与え、理解の力を授け賜え。〈理解〉は〈グノーシス〉と同義である。大いなるイシスよ、汝が子らに深い分別の光を与え賜え。

★
★

老いたサトゥルヌスの妻キュベレ〔ギリシア・ローマ神話の大地母神〕は、地球に生命を与える力を人格化している。彼女のおかげで様々な出来事は理解可能な形で連続し、調和的・建設的な業の完成に向かう。女神の冠は石造りの塔で出来ていて、ゆったりとしたヴェールに覆われており、事物の生産的な

業の神秘を暗示している。キュベレ
はものの形体を生み出すが、それは
豊饒の笏に付き従っているかのよう
な三日月が示している。この指揮の
印は星の上に伸びていて、その
〈七〉が、手なずけられた2頭の獅
子が引く立方体の戦車の車輪に、逆
向きに反映されている。〈七〉は調
和の数であり、理想としては固定し
た星の中で実現するが、その後で物

質を支える旋回する輪の輻の中に反映している。手なずけられた獅子は強烈
なエネルギーに関係し、〈自然〉が制御して、奮闘を強い、そこから推進力
が生まれる。

　至高のティアラを被ったエラム〔古代小ア
ジアの国〕の女神は、バビロニアの大いなる
女神、生命エネルギーを分け与えるイシュ
タルに対応する。イシュタルは人間たちに
生命の液体を飲ませるが、それを汲んだ泉
は聖なる入口の敷石によって堰き止めら
れ、そこを超えられるのは地の深淵に棲む
精霊アヌンナキたちだけであり、彼らは再
生の招命を受けた死者たちを裁く。この女
神は左手で生命の不断の循環を表徴する輪
を持っている。死ぬものは何もない。止ま
るもの、絶えるものはなく、すべては永遠
に回転するからである。

★★

　イシュタルは自分の子らに同情して、あらゆる苦痛を免れさせてやるよう
な母親ではない。逞しく、勇敢で、人生のもたらす悲惨に耐えられる世代の

誕生を理想とする教育者である。実生活を統べる掟は戦いであり、彼女は戦士なのである。生きるためには、苦しむことに同意する必要がある。イシュタルは自らの意志で地獄に降り、再び生者の中で栄光を与えられる資格を手に入れるべく、ありとあらゆる責め苦に耐えたのではなかったか。魂は肉体を与えられるために、忍耐力を発揮しなければならないのか。カルデア人たちは生の喜びは地上で味わうものであり、死後には愉快なことは待っていないと考えた。しかし、この世の喜びは、生の務めを果たす勇敢な努力に対する報酬である。人間が忠誠を尽くす限り、イシュタルは人間を愛してくれる。英雄を慈しみ、臆病者を軽蔑するのである。

⋆⋆

　生命を奪われた魂は生命に惹きつけられる。肉体を得たいと考える霊的実体を、あの世はなぜ決定的に引き止めないのであろうか。あの世は時が経つうちに陰鬱なものになるのだろうか。人間の娘たちの美しさに魅了された天上の息子たちは、抵抗かなわず引き寄せられてこの世に降る。働きかける魔術はセイレンが得意とするところで、その歌を聴く者は陶然とし、群衆うごめく生の大洋に落とされることになる。この誘惑者は、〈月〉のように絶えず新しくなって変化する形体の故に支配力を保つのであり、バシリウス・ウァレンティヌスが〈哲学者の海〉から生み出させた「極めて美しく高貴なる」女神の額に三日月が輝いている。

　伝承によると、一角獣は胴体が白く、頭は赤くて目が青い。敏捷で疲れを

知らず、誇り高く、狩人がいくら追っても逃げおおせてしまうが、この人慣れぬ獣も純粋無垢な乙女によって手なずけられ、急かされて恭しく足下に腹ばいになるのである。

　２頭の一角獣に挟まれたセイレンは、もはや人間を惹きつけて失墜を促す女神では

ない。魔術師として、音楽で人を魅了するが、両手は天に向け上げて崇拝の仕草を示し、芸術の司祭となっている。〈美〉の表現に加わるよう宗教感情に訴え、霊的に誘惑するのである。

　ここにあるパンタクルは、教条主義や偽の啓示に飽き飽きした人間を魅了する宗教の存在を予告している。イシス＝イシュタル＝セイレンの〈自然〉は、我々の内にある信仰、心情と感性の信仰を教えるために言葉を取り戻し、美の力に接近できる単純な魂はその信仰に帰っていくだろう。

★★

　二つの顔を持った神は、未来と過去が一つになった永遠性の原理を象徴している。この〈一〉は、創造的な三日月が支配する絶えざる変化の不安定性の中でこそ、安定を保つ。すべては絶えず変化しないと自らを保てない。事物は不断に生まれ、再生する。創造は継続的で、永遠で、止むことがない。人間は懸命な活動を展開することでそこに加わる。秘儀参入者を他から区別するのは、不動の〈建築師〉の計画実行のために働くとき、自分が何をしているかをわきまえており、完全に意識して〈大いなる作業〉に参画しているという点である。

★★

　北欧の民族は、前と後を同時に眺めているヤヌスでは満足しなかった。三つの顔で構成された回転する三角形によって、彼らの三位一体を表象した。実際は、彼らのパンタクルは、〈行為者〉と、行っている〈行為〉および〈作用〉を同時に区別して三重に見る〈知性〉を表している。行為者が行為者であるのは行為しているからだが、行為すれば作用が必ず生じる。しかし、この区別は主観的な

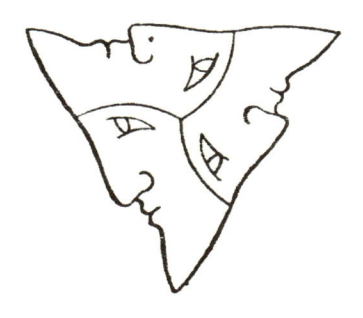

ものであり、実際は三つが一体になっている。〈三〉の一つ一つの項目は言葉で分析する便宜のため別々に考察されているが、他の二項がなければ何ものでもない。創造する創造主と、創造される創造物は必然的に永遠の創造活動と一体になっている。これはドルイド僧の神学であり、当代の神学校で教えている教条主義的な概念よりも、ずっと深遠な概念を三幅体に乗せて伝えていた。

タロット

　簡素な表意記号に還元すると、22個のアルカナは番号を振った厚紙に簡単に描ける象徴的アルファベットを構成でき、占者は多色挿絵入りのタロット

よりもこちらの方を好んで扱う。占術の道具ができるだけ個人的なものであることは好ましいので、女カード占い師たちは使い古したカード、さらには自分の趣味で描いて色を塗ったカードに執着する。

★★

　原初の22枚のアルカナに、56枚の遊戯用カードが付け加えられ、後者はそれぞれ14枚で構成される四つのスートに分けられて、それぞれ非常に意味深い表徴で示されている。というのも〈棒〉、〈杯〉、〈剣〉、〈硬貨〉は、魔術的な四項を構成し、〈棒〉もしくは王笏は支配力に対応し、〈杯〉は占術の霊感の源たるディオニュソス的な恍惚に、〈剣〉は誤りを退ける分別に、〈硬貨〉は文字を読めずとも考えて図像を読み取れる人にパンタクルが与えてくれる支えに対応している。

〈王笏〉の先端にはイデアを示す花があり、〈杯〉の基礎はマクロコスモス的な六角形である。
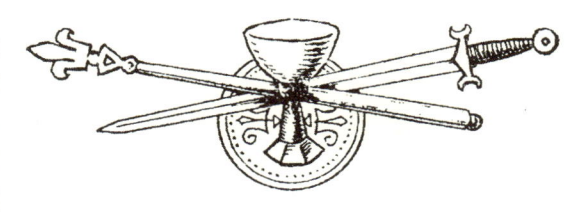
〈剣〉は鍔にある対立する二つの三日月を支配する太陽の柄頭から光線のように飛び出ている。〈硬貨〉は、〈王笏〉の理想を四つ描いて客観化している。これら四つの道具を所持することで、隠れた〈熟達者〉もしくは〈棟梁〉の地位が授与される。

★★

TARO の 4 文字を斜めの十字に配置すると、ROTA とも ATOR とも読め、それ以外のカバラ的な結びつきを行うこともできるが、ここでは詳説する余裕がない。

本書では、イシスの鍵（図柄的には金星 ♀ の記号に近い）を閉じ込めた中央の八角形に、四つの五角形が密着して直立した十字を構成しており、その枝と枝の間にこれらの文字を記した。ギリシア文字タウ〔T〕の腕の部分はその形が受動的知性を表し、天の水を受け止める杯でもある逆向きの三角形 ▽ を思い起こさせる。それはまた、感じとれても言葉では表現できない真理を受け止められる心も想起させる。

占術の機能は、〈理性＝太陽〉の正当な要求と〈想像力＝月〉の空想的な示唆とを調停し、均衡と論理的な秩序の範囲に賢明に抑えるよう、八角形の枠によって閉じ込められている。しかし向かって左の五角形 ☉ と右の五角形 ☾ の対立は、他の二つの五角形の対立と交差している。下は百合の花の紋章盾である。優雅と高貴と純粋の表徴であるこの表意記号は、占者に対して、卑しさを排した魂を要求している。相談者のためになりたいという渇望と無私の心が結び付いて、我々を取り囲んでいる神秘の闇の中に光をもたらさんと誠実に願う者に、透察力を与える。上にある五角形の中の《乙女》によって守られれば願いは叶う。この有翼の女性は、勝利に値する者に勝利を授ける。彼女は地上から上昇していくが、雲の中に入り込むことはない。現

実を支配してその広がり全体を見通せる、この霊的な収穫の女王は、客観的な霊感を与える。占者があまりに高きを目指そうとするのを防ぎ、慎重な実証の領域に留め置く。管轄する範囲を限定して、占いを賢明なものとしておけば、誤謬に陥りにくくなり、相手に真剣に受け止めてもらえる資格も出て来る。

　占者はどんなことでも答えられると公言すべきではない。占術の評判が落ちるのは、与え得る以上のことを無思慮に求められるからである。問いかけが理に適うものであれば、答えも偽りではなくなるだろう。五角形が作る十字は、TARO の勝利が求められている印である。願わくは本書によって、占術の精妙さが算術の重苦しさに打ち勝つ助けとならんことを。算術が教えられるものであるなら、占術はなおさら学び直さずにいられようか。

索引

ア

愛 Amour 145, 330

藍 Indigo 101

アイン〔ע〕 Ayn, 16ᵉ lettre de l'alphabet sémitique 82, 88, 102, 104, 208

青 Bleu 99-100, 118, 125, 137-138, 142, 155, 167-168, 173, 179, 191, 196, 202, 209, 231, 238, 245-246, 250

赤 Rouge 99-101, 114, 118, 125, 131, 138, 142, 148-149, 166-168, 173, 180, 186, 191, 196, 202, 208-209, 225, 227, 231, 239, 244-246, 321, 326

アカシア Acacia 214-215, 277, 331

アキレウスの盾 Achille (Bouclier d') 306

アグニ Agni 83, 138, 180

悪魔（【XV】） Diable 54, 57, 62, 64, 75, 79, 85, 88, 173, 184, 191, 195-202, 206, 210, 260, 265, 271, 277, 327

悪しき職人 Mauvais Compagnons 277

アスクレピオス Esclulape 160, 210, 220

アスタルトのスフィンクス Sphinx d'Astarte 112

アストライア Astrée 154, 157

アストラル光 Lumière astrale 118, 201

アゾート Azoth 151, 167, 324

アダム・カドモン（天上の人間） Adam Kadmon, Homme céleste 71, 73

アタランテ Atalante 244

アドニス Adonis 157

アヌー（バビロニアの天上の神） Anou, dieu babylonien du ciel 121

アヌンナキ（地底の精霊） Anounnaki, esprits des profondeurs 128, 196, 214, 337

アノトー、ガブリエル Hanotaux (Gabriel) 332

アプスー（底無しの淵） Apsou (Abîme sans fond) 91, 124, 206, 251-252

アポロニウスのマント Manteau d'Apollonius 161

アマルテイア Amalthée 85, 202

アマンタ Amanta 320

アムヒスバイナ Amphisbène 151

アラー Allah 255

粗石 Pierre brute 99, 202

アルカリ（塩） Alkali (Sel) 92

アルケ Archée 129, 168, 178

アルタイル Altair 246

アルデバラン Aldébaran 246, 318

アルファベット Alphabet 39, 102-103, 308-309

アルフォンソ10世 Alphonse X 81

アルベルトゥス・マグヌス Albert-le-Grand 30, 312

アルン Alun 91, 251, 262, 272, 321

アレフ〔א〕 Aleph, 1ᵉʳᵉ lettre de l'alphabet sémitique 84, 88, 102, 104, 114, 252, 331

アンタレス Antarès 318

アンチモン Antimoine 94-96, 99, 148, 269, 327

アンドロメダ（座） Andromède 84-85, 88, 181, 218-219, 252

（聖）アンナ（聖母マリアの母） Anna, mère de la Vierge 121

アンフィオン Amphion 233

イ

イヴ Eve 218, 232, 323

イェソド（基礎、基盤） Jésod (Base, Fondement）　71, 161, 163

（錬金術師の）硫黄　Soufre des Alchimistes
49, 84, 97-99, 113, 118, 128, 132, 168, 178, 184,
209, 244-245, 256, 268, 299, 321, 325-328

イオニア（主義）　Ionisme　48, 50, 178-180,
219

（魔術的な力としての）意志　Volonté, pouvoir
magique　136

イシス　Isis　85, 92, 118, 124, 166, 173, 215,
255, 274, 278, 300, 336, 339, 341

意志の抑制　Rétention du vouloir　136, 143

イシュタル　Ishtar　156, 216-218, 261, 337-339

一角獣　Licorne　326, 338

射手（座）　Sagittaire　82, 84, 87-89, 144, 332

イプシロン〔Y〕　Y, lettre pythagoricienne
257

（イニシエーションを経た）医療　Médicine ini-
tiatique　160, 192

海豚（座）　Dauphin　87

隠者（【IX】）　Ermite　53-54, 57, 61, 64, 71, 76,
79, 86, 88, 102, 159-163, 193, 250, 258, 264,
269, 275

インドラ　Indra　191, 240

隠秘学　Occultisme　21, 26-27, 68, 313

陰謀　Conspiration　161

インミシャラ（カルデアの農業の神）　Inmi-
shara, dieu chaldéen de l'agriculture　83

ウ

ヴァヴ〔↑〕　Vau ou Vaf, 6ᵉ lettre de l'alphabet
sémitique　41, 88, 104, 257

ウァレンティヌス、バシリウス　Valentin (Ba-
sil)　148, 151, 324-326, 338

ヴィシュヌ　Vishnou　186

『ヴェーダ』　Védas　161

（イシスの）ヴェール　Voile d'Isis　119

ウェヌス　Vénus　124, 157

魚（座）　Poissons　84-85, 87-89, 168, 218, 240,
318, 332-333

ヴォルテール　Voltaire　303

兎（座）　Lièvre (constellation du)　86

牛飼（座）　Bouvier　86, 88-89, 162

失われた言葉　Parole perdue　24, 267, 278, 285

宇宙の大いなる建築師　Grand Architecte de
l'Univers　71, 128, 132, 152, 206, 233, 256,
262, 339

ウリムとトンミム　Urim et Thumin　39, 150

ウルカヌス　Vulcain　181

ウロボロス　Ouroboros　91, 202, 251, 321

ウンディーネ　Ondins　196-197

運命　Destinée　214

運命の輪（【X】）　Roue de Fortune　48, 53, 58,
61, 64, 71, 74, 79, 82, 88, 165-166, 245, 258,
264, 270, 276

エ

エア　Ea　124, 191, 218, 240

永久運動　Mouvement perpetuel　154

詠唱官　Orateur　155

エイドロン　Eidolon　148

『易経』　I-King, Livre des Mutations　291

絵師たち　Imagiers　30, 40, 42-43, 120, 184,
217, 232, 252, 254

エジプト　Egypte　37-38

エゼキエル　Ezéchiel　148, 166, 168, 191, 305,
320

エテイヤ（アリエット）　Eteilla (Alliette)　37,
39, 309

エノク　Hénoc　305-307

エフェソスのディアナ　Diane d'Ephèse　154

エメラルド板　Table d'Emeraude　120

エリゴネ　Erigone　86, 162

エリダヌス（座）　Eridau　87, 168

エレウシス　Eleusis　157

エレブとイオナ　Hereb et Ionah　166

円　Cercle　91, 251, 272, 307, 318-319, 321, 323

炎状星　Etoile flamboyante　135, 275, 331

エンソフ（無終）　Ensoph (infini)　72, 77, 252,
267

（護符が描かれた）円盤　Disque marqué de
pentacles　113

オ

黄金の雨　Pluie d'or　231-232

牡牛（座）　Taureau　84, 86, 88-89, 92, 114,

168, 191, 246, 318, 320, 332-333

王笏 Sceptre 114, 129-130, 148, 150, 246, 263, 309, 322, 340-341

王の技芸 Art Royal 275

大いなる作業 Grand Œuvre 54, 92, 143, 151, 161, 173, 179, 182, 185, 192, 206, 232-233, 237, 256, 260, 265, 268, 277, 312, 323-324, 326, 330, 339

大いなる作業の完成 Accomplissement du Grand Œuvre 97-99, 129, 131, 178, 259, 261, 267, 270, 272, 278, 329, 335

大犬（座）と小犬（座） Chiens célestes 81, 86, 88, 167-168, 226

大熊（座）と小熊（座） Ourses célestes 84-86, 88-89, 149, 162, 252

オシリス Osiris 38, 92, 118, 215, 278

乙女（座） Vierge zodiaque 82, 84, 86, 88-89, 125, 157, 162, 172, 332-334, 341

牡羊（座） Bélier 83-84, 86, 88-89, 96, 138, 168, 332-333, 335

オリオン（座） Orion 84, 86, 88, 114

女教皇（【II】） Papesse 50-51, 53, 55, 61, 63, 70, 74, 85, 88, 117-120, 124-125, 134, 136, 138, 142, 144, 173, 180, 218, 247, 252, 255, 263, 268, 274, 298, 300, 309, 312

女予言者 Pythonisses 118, 289, 319

カ

（伏羲の）卦 Quas, trigramme de Fo-Hi 155, 290-291

カード占い Cartomancie 37, 109, 293, 302, 340

カーマ・ルーパ Kama rupa 148

ガイタ、スタニスラス・ド Guaïta (Stanislas de) 21-24, 26-28, 166, 293, 305, 330

鍵 Clefs 118, 247, 268, 274, 341

（E・レヴィによるタロットの宗教的な）鍵 Clef religieuse du Tarot selon Eliphas Lévi 307

隠れ兜 Casque d'invisibilité 85, 130

カシオペア Cassiopée 85, 87-89, 120, 218, 252

数→数字

カストルとポルックス Castor et Pollux 86, 232

火星 Mars 84, 95, 175, 218, 260, 311, 322, 324, 326, 328, 333-334

語り得ぬもの Ineffable 250

渇望する人 Homme de désir 142

カテドラル Cathédrales 256

カドゥケウス（の蛇） Serpents de Caducée 151, 166, 329

門口の番人 Gardien du seuil 86

カドモス Cadmus 307

蟹（座） Cancer 81, 84, 86, 88-89, 226, 251, 261, 332-335

カバラ Kabbale 22, 30, 39, 42, 51, 66, 70, 83, 102, 149, 245, 254, 305, 307-310, 318, 320, 341

『カバラ的タロット』（1889年） Tarot Kabbalistique de 1889 23, 302

カフ〔 כ〕 Capf, 11e lettre de l'alphabet sémitique 88, 102, 104

ガファレル、ジャック Gaffarel 309

寡婦の子ら Veuve (Enfants de la) 274, 278

神の家（【XVI】） Maison-Dieu 40, 47, 54, 57, 62, 64, 76, 79, 82, 88, 102, 205, 207-210, 227-228, 232, 260, 265, 271, 277

髪（かみのけ）座 Chevelure de Bérénice 162

神の名の限定記号 Signe déterminatif des noms divins 156, 216, 261

神の眼 Œil de Dieu 255

鴉 Corbeau 185, 326

岩塩 Sel Gemme 92, 96

乾的な途と湿的な途 Voie sèche et voie humide 48, 269, 324

ガンマ（Γ） Gamma 256, 331

（神智学的）簡約 Réduction théosophique 68, 174

キ

黄 Jaune 99-100, 142, 149, 167, 173-174, 179, 209, 227, 231, 239, 246, 321

幾何学 Géométrie 90, 108, 275, 289, 331

騎士道 Chevalerie 330

奇術師（【I】） Bateleur 46-47, 50-51, 53, 55, 60, 70, 74, 84, 88, 102, 111-114, 118, 131, 134,

136, 143-144, 148, 174, 178, 191, 219, 237, 239, 245, 254, 263, 268, 274, 308

基本元素 Eléments 83-84, 86-87, 96-98, 114, 130, 136, 149, 162, 168, 196-197, 245-246, 311, 321-323, 325, 332

ギメル〔ﬡ〕 Ghimmel, 3ᵉ lettre de l'alphabet sémitique 88, 104, 256

九（項） Ennéade ou neuvaine 69, 73, 162

キュベレ Cybèle 336

教皇（【V】） Pape 50-53, 56, 62-63, 71, 75, 88, 120, 133-139, 144, 160, 202, 226, 257, 263, 268, 275

教皇冠 Tiare 119, 137

教皇座 Chaire pontificale 135

教条主義 Dogmatisme 27, 134, 210, 236, 313, 339-340

狂人（【0】または【XXII】） Fou 40, 46-47, 53-55, 60, 66, 77, 85-86, 88, 91, 114, 131, 219, 249-252, 262, 267, 272, 278, 293-295

玉座 Trône 52, 85, 128-129, 148-149, 154, 157, 201, 299, 325

馭者（座） Cocher 85-89, 202

（惑星の）居所 Domiciles des Planètes 81, 157, 332

虚無 Néant 184, 190, 252-253, 255, 257, 267, 278

ギルガメシュ Guilgamès 172, 217

金 Or 91-92, 95, 101, 149-150, 173, 181, 190, 201-202, 231-232, 239, 246, 261, 267, 269, 271-272, 324

銀 Argent 91-92, 95, 101, 181, 190, 271, 324

金星 Vénus 84, 94-96, 101, 157, 201, 216, 218, 324, 326, 328, 333, 341

金の壺と銀の壺 Urne d'or et d'argent 190, 214

ク

寓意 Allégorisme 29

空気 Air 84-85, 87, 97, 100, 113-114, 118, 130, 157, 167-168, 196, 202, 246, 325, 330, 332

クール・ド・ジェブラン、アントワーヌ Court de Gébelin (Antoine) 37, 39, 112, 309

苦行 Ascétisme 185

愚者 Mat ou Fou 36

孔雀 Paon 120, 323

鯨（座） Baleine 87, 168

クッション Coussin 120

グノーシス Gnose 119, 135, 188, 247, 331, 336

グノーム Gnomes 196-197

クピド Cupidon 142-144

クラブ Trèfle 35, 113

グランゴヌール、ジャックマン Gringonneur (Jacquemin) 41

クリスティアン、ポール（『魔術の歴史』の著者） Christian, auteur de l'Histoire de la Magie 38

黒 Noir 100, 138, 168, 185, 192, 196, 246, 326

黒の業 Œuvre au Noir 270

ケ

『形成の書』 Sépher Jézirah 83

ケイロン Chiron 142, 144

ゲヴラー（厳密、厳格） Geburah (Rigueur, Sévérité) 71, 139, 150

ゲーテ、ヨハン・ヴォルフガング・フォン Gœthe (Johann Wolfgang von) 217

夏至と冬至 Solstice 168

ケテル（王冠） Kether (couronne) 70, 115

ゲドゥラー（偉大、壮麗） Gedular (Grandeur, Magnificence) 71, 132, 150

ケフェウス Céphée 85, 87-89, 218, 252

ゲマトリア Gématire 309

剣 Epée 35, 41, 113-114, 154, 340-341

原型 Archétype 124

賢慮 Prudence 163, 193

コ

（人間の数としての）5 Cinq, nombre de l'homme 136, 150

恋する男（【VI】） Amoureux 51, 53, 56, 71, 75, 82, 88, 141-144, 148, 180, 219, 237, 257, 264, 269, 275

考案するための知恵 Sagesse qui conçois 255-256, 274

硬貨　Denier　35, 41, 113-114, 340-341

皇帝（【IV】）　Empereur　50-53, 56, 62-63, 71, 75, 86, 88, 114, 127-132, 134, 136, 139, 144, 148, 154-155, 178-180, 184, 191, 196, 202, 244, 246, 256, 263, 268, 274, 293, 298-300

肯定、否定、議論、解決　Affirmation, Négation, Discussion, Solution　294-295

黄道十二宮　Zodiaque　81, 84, 87, 124-125, 180, 191, 226, 231, 251, 332, 334

鉱物　Métaux　91, 93-94

鉱物的生命　Vitalité minérale　93

興奮剤と麻酔薬　Excitants et narcotiques　301

（惑星の）高揚　Exaltation des Planètes　138, 332-333

コーヒーの出し殻　Marc de café　289

古学　Paléosophie　314

この世の君　Prince de ce Monde　128, 173, 196, 203

子羊　Agneau　83, 138

護符　Amulettes　113

五芒星　Pentagramme　135-136, 150, 174, 199-200, 257, 259-260, 312, 330-331

（師を）殺す　Tuer le Maître　313

根源湿　Humide radical　97, 184, 191

混沌　Chaos　91, 154, 166-168, 239, 250, 261, 321-322, 324

コンパス　Compas　279, 324, 331

サ

ザイン〔♄〕　Zaïn, 7ᵉ lettre de l'alphabet sémitique　88, 104, 257

酢酸銅（緑青）　Verdet ou Vert-de-gris　93-94

石榴　Grenades　155

下げ振り　Fil à plomb　276

蠍（座）　Scorpion　82, 84, 87-89, 144, 210, 260, 318, 332-333

サタン　Satan　196, 323

錯覚　Illusion　224

サトゥルヌス　Saturne　163, 185-186, 336

サマス（カルデアの太陽神）　Samas, dieu chaldéen du Soleil　155

サメフ〔□〕　Samek, 15ᵉ lettre de l'alphabet sémitique　88, 104, 202, 209, 260

サラマンダー　Salamandres　196-197, 325

ザリガニ　Ecrevisse　226

三（項）　Ternaire　66, 77, 339

三角形　Triangle　96-97, 256, 258, 261, 318-319, 341

三×三項　Tirples ternaires　73

サン＝ティヴ・ダルヴェードル、アレクサンドル　Saint-Yves d'Alveidre (Alexandre)　27

参入志願者　Initiable　108, 237, 263

サン＝マルタン、ルイ＝クロード・ド（知られざる哲学者）　Saint-Martin (Louis-Claude de) dit le Philosophe Inconnu　44, 142, 306

シ

死→死神

シヴァ　Shiva　186, 188

塩　Sel　84, 91, 93, 99-100, 113, 209, 251, 268, 272, 321, 326-328, 330-331

磁気　Magnétisme　21, 190, 201, 203, 245

（神殿の）敷石　Pavé du Temple　120

色彩（色）　Couleurs　99-100, 114, 119, 125, 131, 138, 142, 149, 160, 167-168, 173, 179-180, 191, 196, 209, 231, 250, 326

至高の知恵の海　Océan de la Suprême Sagesse　124, 191, 218

地獄　Enfer　210

獅子（座）　Lion　81-82, 84-86, 88-89, 113, 131, 151, 168, 172, 191, 246, 318, 320, 325, 332, 337

詩人　Poète (Vatès)　109

自然　Nature　199, 217-218, 269, 271, 283, 337, 339

四大→基本元素

四大の精　Esprit élémentaires　196-197

七（項）　Septénaire　68, 78-79, 137, 149, 167, 207, 218, 326, 337

実現するための力　Force qui exécute　256, 276

（物質の中への霊の）失墜　Chute de l'esprit dans la matière　94, 207

シドゥリ　Sidouri　217

死神（【XIII】）　Mort　48, 54, 58, 61, 64, 75, 79, 86, 88, 102, 183-184, 186-187, 191, 237, 259, 265, 270, 276

車輪　Roues　148-149

シャルル 6 世　Charles VI　41, 163, 233

自由　Liberté　265, 275

宗教　Religion　179, 231, 236, 272, 307, 339

十字　Croix　90, 93-97, 99, 119, 129-130, 135, 247, 261, 295, 318, 322, 327, 329-331, 341-342

（黄道の）十二　Duodénaire astrologique　334

呪術　Sorcellerie　197, 199, 284

酒石　Tartre　99, 202, 322

硝石　Nitre　93, 330

贖罪　Rédemption　94, 179, 232

職人　Compagnon　275-277

女帝（【III】）　Impératrice　50-51, 53, 55, 61, 63, 70, 75, 82, 86, 88, 123-125, 128, 130-132, 134, 136, 142, 144, 154, 161, 172-173, 191, 255, 263, 268, 274, 309

知られざる上位者　Supérieurs Inconnus　26

シリウス　Sirius　81, 167

知る、敢行する、意志する、沈黙する　Savoir, Oser, Vouloir, se Taire　113, 262-263, 333

シルフ　Sylphes　196-197

（イニシエーションの）試練　Epreuve initiatique　227, 230, 261, 276

白　Blanc　99-100, 180, 192, 199, 326

白手袋　Gants blancs　136

白の業　Œuvre au Blanc　271, 324

深紅　Ecarlate　100

神政　Théocratie　284

人造人間（思考する機械）　Andoroïde, machine à raisonner　30, 312

神智学的加算と神智学的簡約　Addition et réduction théosophiques　68-69

神殿　Temple　118, 231, 247, 258, 261, 263, 278, 300

シン〔ﬧ〕とタヴ〔ﬨ〕　Shin et Tau　88, 104, 247

審判（【XX】）　Jugement　53-55, 61, 63, 77, 79, 86, 88, 191-192, 235-236, 239-240, 245, 261, 266, 272, 278

神秘　Mystères　107, 118, 279

神秘主義　Mysticisme　100, 149, 160, 178-179, 259-260, 330

神秘的叡智　Sapience secrète　254

シンボリズム　Symbolisme　24, 42-43, 90, 107, 109, 232, 297, 311, 317, 320

真理　Vérité　247, 272

ス

（錬金術師の）水銀　Mercure des Alchimistes　49, 84, 95-99, 113, 118, 151, 167, 209, 268, 321, 325-329

（逆転させた）水銀の記号　Mercure renveré（Signe du）　96, 125

水星　Mercure　84, 95-96, 115, 216, 218, 311, 322, 324, 326, 333

垂線　Perpendiculaire　93

水平（水準器）　Niveau　93, 275

スウェーデンボリ、エマヌエル　Swedenborg（Emanuel）　44, 306

数学的な点　Point mathématique　255

数字　Nombres　53, 68-70, 155, 174, 290-291, 312

枢要徳　Vertus cardinales　191

スカラベ　Scarabé　226

（物言う）図像　Images parlantes　108

スティック　Baguette　112-113, 245

スフィンクス　Sphinx　82, 120, 150-151, 168, 172, 196, 245, 258

スフルー＝インズ（バビロニア人の魚＝山羊）　Suhûre-inzu, Poisson-chèvre des Babyloniens　82

スペード　Pique　35, 113

すべての力の中の力　Force forte de toute force　187

セ

正義（【VIII】）　Justice　52, 54, 57, 62, 64, 71, 76, 79, 88, 102, 131, 153-157, 160-161, 168, 173, 191-192, 199, 217, 239, 258, 264, 269, 275

聖書　Bible　306, 310, 314

聖職としての占術　Sacerdoce divinatoire　288, 303

精神感応　Télépathie　182, 287

製図板　Planche à tracer　162, 276

生成（の輪）　Devenir (Roue du)　166, 167

聖なる動物　Animaux sacrés　246, 320

正方形　Carré　98

生命流体　Fluide vital　100, 190, 201, 215, 323, 336

聖霊　Saint-Esprit　236, 238

聖霊の鳩　Colombe du Saint-Esprit　86, 239, 325

セイレン　Sirène　338-339

世界（【XXI】）　Monde　46, 53-55, 61, 63, 77, 84, 88, 243-246, 261, 267, 272, 278

世界霊魂　Ame du Monde　54, 94, 129, 203

節制（【XIV】）　Tempérance　54, 57, 61, 64, 75, 82, 88, 102, 114, 131, 184, 189-193, 239, 246, 260, 265, 270, 276, 298, 300-301

セフィロート（創造的な数）　Séphiroth, Nombres créateurs　42, 70-71, 73, 138-139, 162

セプテム・トリオネス　Septem triones　84, 86, 149, 162

ゼロ　Zéro　77, 91, 250-251, 259, 262

戦車（【VII】）　Chariot　47, 51-52, 54, 57, 62, 64, 71, 76, 88, 147-151, 154, 160, 172, 180, 237, 257, 264, 269, 275

占術　Divination　31, 109-110, 155, 284-291, 309, 340-341

占術上の解釈　Interprétation divinatoire　109, 115, 121, 126, 132, 139, 145, 152, 157, 163, 169, 175, 182, 188, 193, 203, 211, 221, 228, 234, 240, 247, 252

占術の契約　Pacte divinatoire　294

洗滌　Ablution　192

潜水夫　Plongeur　220

占星術　Astrologie　110, 217-218, 271, 284, 332

洗礼　Baptème　167, 192, 260, 271, 327

ソ

装飾するための美　Beauté qui orne　277

創造活動　Activité créatrice　254

想像力　Imagination　27, 30, 60, 119, 131, 190, 218, 224-227, 283-287, 289, 291, 297, 299-301, 303, 313-314, 321, 324, 341

ソロモンの封印　Sceau de Salomon　78, 143, 174, 318

（メイソンロッジの）尊崇すべき棟梁　Vénérable d'une Loge maçonnique　150

タ

第一原因　Cause première　112, 115, 154

（賢者の）第一質料　Matière première des Sages　92, 225, 233, 268, 321, 323

大幸運と小幸運　Fortune majeure et Fortune mineure　169, 245, 290

第五精髄　Quitessence　83, 114, 135-136, 149, 162, 330

橙　Orangé　100, 250

ダイヤ　Carreau　35, 113

タイヤード、ローラン　Taihade (Laurent)　26

太陽（【XIX】）　Soleil　53-54, 56, 62-63, 77, 79, 81, 84, 88, 91-92, 95, 118, 131, 138, 149-150, 172, 192-193, 201, 208, 218, 226, 229-234, 239-240, 261, 266, 271-272, 278, 311, 322, 324-326, 328, 332-333, 335, 341

タヴ〔ת〕　Tau ou Thav, 22e lettre de l'alphabet sémitique　88, 93, 104, 247, 252, 262

託宣　Oracles　31, 287, 293, 295-298, 302, 309-310, 312

正しく想像する　Imaginer juste　30, 119, 299, 303, 314

竪琴　Lyre　233

ダナエ　Danaé　181, 232

煙草　Tabac　301

男性的イニシエーションと女性的イニシエーション　Initiation masculile et Initiation féminine　48, 50, 173-174, 178

チ

チェス　Echecs　40

力（【XI】）　Force　48, 53-54, 58, 60, 74, 79, 88, 102, 112, 171-175, 191, 259, 264, 270, 276, 298-299

力のベクトル　Parallélogramme des forces　151

地球　Globe du monde　129

乳の道（天の川）　Voie lactée　240

乳房　Mamelles　154

茶（色）（褐色）　Brun　101, 160

中間の部屋　Chambre du Milieu　276, 331

チューリップ　Tulipe　114, 131, 251

（占い上の）超感覚的知覚　Lucidité divinatoire　22, 228, 300, 323

直角定規　Equerre　98, 114, 128, 149-150, 256, 275, 324, 331, 336

沈黙　Silence　108, 161, 264, 276, 286

沈黙せる書　Livres muets　29, 44, 107

ツ

ツァディ〔 צ〕　Tsadé, 18e lettre de l'alphabet sémitique　88, 102, 104

月（【XVIII】）　Lune　53-54, 56, 62-63, 76, 79, 81, 84, 88, 92, 95, 102, 118, 124, 129, 131, 150, 201, 206, 218, 223-228, 230, 255, 261, 266, 271, 278, 298-299, 311, 322, 324-326, 328, 332-333, 341

土　Terre　85-87, 92, 97, 100, 113-114, 130, 167-168, 196, 246, 325, 330, 332

土占い　Géomancie　110, 169, 245, 289-290

翼　Ailes　125, 162, 191, 196, 341

紡ぎ女　Fileuse　233-234

露　Rosée　191, 330

剣　Glaive　156, 168

吊るされた男（【XII】）　Pendu　48, 54, 58, 60, 75, 79, 85, 88, 102, 177-181, 237, 259, 265, 270, 276, 293, 335

テ

ティアマト（混沌、原初物質）　Tiamât (chaos, substance primordiale)　91

ディオゲネス　Diogène　160

ティタン　Titans　260

ティフェレト（美）　Thiphereth (Beauté)　71, 143, 145

ディン（裁き）　Din (Jugement)　71, 139

テーバイ　Thèbes　233

敵対者（サタン）　Adversaire (Satan)　196, 323

哲学の石　Pierre philosophale　99, 128, 185-187, 239, 269, 324, 327

哲学の子　Enfant philosophique　265

哲学の卵　Œuf philosophique　185

テット〔ט〕　Teth, 9e lettre de l'alphabet sémitique　88, 102, 104, 258

テトラグラマトン　Tétragramme　41, 44, 168, 311, 331

デミウルゴス（造物主）　Démiurge　128, 256

テムラー　Temurah　309

テュポン　Typhon　82, 166, 168

テラフィム　Théraphim　39, 309

天使　Ange　85-86, 113, 168, 191, 236, 238-239, 246

天秤（座）　Balance　82, 84, 87-89, 154, 156-157, 168, 332-333, 335

天文学　Astronomie　81

ト

塔　Tours　227, 337

銅　Cuivre　94-95, 97, 324

トヴァシュトリ（ヴェーダの大工）　Twashtre, le Charpentier védique　161

統合主義的カトリシズム　Catholicisme intégral　137, 180, 236

塔の建築師　Architecte de la Tour　209

胴鎧　Cuirasse　131, 149-150

棟梁（の位）　Maîtrise　149, 162, 187, 237, 275-278, 341

『トート＝ヘルメスの書』　Hermès-Thot　37, 310

ドーリア（主義）　Dorisme　48, 50, 53, 173-174, 178-179, 219

土星　Saturne　84, 95, 99, 163, 218, 259, 322, 324, 326, 328, 333

土用　Canicule　82, 226

ドルイド僧　Druides　284, 340

ナ

ナイビ（教育用カード）　Naïbi cartes instructives　40, 42

七つの大罪　Péchés capitaux　40, 137, 198, 322, 328

ニ

〈二〉　Binaire　118, 255

ニルヴァーナ　Nirvanah　253

ヌ

（迷信の）沼　Marécage de la superstition　225
ヌン〔ﬧ〕　Nun, N de l'alphabet sémitique　88, 102, 104

ネ

ネシャマ　Neshamah　219
ネツァハ（凱旋、勝利、堅固）　Netsah（Triomphe, Victoire, Fermeté）　71, 152
ネフェシュ・ハイア　Néphesh haïah　219
ネプチューン　Neptune　167
眠り　Sommeil　219-220
『眠れる森の美女』　Belle-au-bois-dormant　236

ノ

能動性と受動性　Activité et passivité　48
能動的思考統一体　Unité pensante　254
ノートル＝ダム（我らが元后）　Notre-Dame　256

ハ

ハート　Cœur　35, 113
杯　Coupe　35, 41, 113, 340-341
灰色　Gris　100
（ホロスコープの）ハウス　Maisons de l'horoscope　334-335
博愛　Fraternité　129, 231, 240
白鳥（座）　Cygne　86-89, 240
禿鷲（座）　Vautour　86-88
柱　Colonnes　206-207, 255, 276
八　Octoade　217
パピュス（ジェラール・アンコース）　Papus（Dr Gérard Encausse）　41
バフォメット　Baphomet　196, 199-202
バベルの塔　Tour de Babel　207, 277
薔薇（神秘的な花）　Rose, fleur mystique　135, 214-215, 245-246, 329-331
パラケルスス　Paracelse　148
薔薇十字　Rose-Croix　135, 143, 215, 329-330

パラブラフマン　Parabrahm　252
パルカ　Parques　233
バルディーニ、バッチオ　Baldini　41-42, 90
バレス、モーリス　Barrès（Maurice）　26
パン　Pan　85, 196, 201-202
反省の小部屋　Cabinet de réflexion　185, 274
パンタクル　Pantacles　307, 317, 319, 323, 331, 335, 339, 341

ヒ

火　Feu　84-87, 97, 100, 113-114, 118, 130-131, 138, 143, 168, 178, 196, 209, 246, 268, 271, 276, 318, 321, 323, 325, 329-330, 332
緋　Pourpre　100, 119, 125, 138, 179-180, 239, 251
美　Beauté　221, 232, 240, 338-339
秘儀　Secret　108, 118
秘教（エゾテリスム、秘められた意味）　Esotérisme　24, 51, 118, 135, 236, 274, 276, 297, 307, 336
非存在＝存在　Etre-Non-Etre　77, 255
ピタゴラス　Pythagore　90, 257
美徳と悪徳もしくは逸楽　Vertu et Vice ou Molesse　142
ビナー（知性）　Binah（Intelligence）　70, 126
秘密の棟梁　Maître Secret　161
ピュトン　Python　119, 234, 319
ビュルヌフ、エミール　Burnouf（Emile）　161, 180
ヒュレー　Hylé　167
（タロットの）表意記号　Idéogrammes du tarot　340
（ヘルメス思想の）表意記号　Idéographisme hermétique　90, 323
平等性　Egalité　275
漂泊民　Bohémiens　41
ピラミッド　Pyramide　38, 43, 306
ヒラム　Hiram　187, 214-215, 237, 277-278, 327
ピンク（肌色）　Rose, couleur chair　101, 186, 207, 227

フ

ファーブル・ドリヴェ、アントワーヌ Fabre d'Olivet (Antoine) 27, 313

フィッピア、フランチェスコ Fibbia (François) 40

フーリエ、シャルル Fourier (Charles) 148

フェー〔ⵈ〕 Phé, 17e lettre de l'alphabet sémitique 88, 102, 104

フォーマルハウト Fomalhaut 246, 318

福音史家 Evangélistes 40, 84, 168, 320

伏羲 Fo-Hi 155, 290

不死鳥 Phénix 327, 330

プシュケ（蝶）Papillon ou Psyché 215

双子（座）Gémaux au Zodiaque 81, 84, 86, 88-89, 232, 240, 261, 332

復活 Résurrection 187, 261

腐敗 Putréfaction 187, 192, 265, 278

普遍の生（命）Vie universelle 184, 190, 193, 196, 328

プラトン Platon 90, 108, 151

ブラフマー、ヴィシュヌ、シヴァ Brahma, Vishnou et Shiva 186

フラメル、ニコラ Flamel (Nicolas) 185

フリーメイソン Franc-Maçonnerie 24, 114, 135, 185, 233, 237, 329, 331

プリス・ダヴェンヌ Prisse d'Avennes 112

フルール・ド・リス（百合の花）Fleur de lys 129-130, 341

プルトン Pluton 85, 128, 130, 181, 244, 256

プロセルピナ Proserpine 256

ヘ

ヘー〔ⵈ〕 Hé, 5e lettre de l'alphabet sémitique 41, 83, 88, 104

ベーメ、ヤコブ Bœhme (Jacob) 44

ペガサス（ペガスス座）Pégase 87, 109, 218

ペカド（罰、恐れ）Péc'hd (Punition, Crainte) 71, 139

ヘスペリデス Hespérides 86, 131, 187

ヘセド（慈愛、恩寵、慈悲）Chesed (Merci, Grâce, Miséricorde) 71, 128, 132, 139

ヘット〔ⵈ〕 H'eth, 8e lettre de l'alphabet sémitique 88, 102, 104, 258, 336

蛇 Serpent 160, 196, 202, 210, 251, 321, 329

蛇遣（座）Ophiucus 87, 210

ヘラクレス（ヘルクレス座）Hercule 54, 86-89, 129, 131, 142-144, 172, 187, 219, 269

ペラダン、ジョゼファン Péladian (Joséphin) 26, 293

ペルセウス（座）Persée 85, 87-89, 181, 218-219, 232

ベルトゥロ、マルスラン Berthelot (Marcellin) 321

ベルトー゠グラ、F（フーリエ主義者）Berthault-Gras, Fourieriste 52

ベルヌヴァル、アレクサンドル・ド（中世の建築師）Berneval, architecte du moyen-âge 332

ヘルマヌビス Hermanubis 82, 166-168

ヘルメス思想（哲学）Hermétisme 30, 90, 98, 119, 251, 254, 268, 321, 323-324, 328

ヘルメス・トリスメギストス Hermès Trismégiste 120, 307

ヘレナ Hélène 232, 240

偏狭な合理主義 Rationalisme étroit 303

変成 Transmutations 173, 185, 207, 233, 269, 322, 324

ペンテコステ Pentecôte 239

ホ

棒 Bâton 35, 41, 113, 250, 340

法悦 Extase 53-55, 247, 261-262, 317

豊饒の角 Corne d'abondance 202

亡霊 Larves 209

ホクマー（知恵）C'hocmah (Sagesse) 70, 121

星（【XVII】）Etoiles (Arcane XVII) 53, 56, 76, 79, 88, 102, 156, 213-214, 216-220, 240, 244, 252, 260, 266, 271, 277, 331

ポステル、ギヨーム Postel (Guillaume) 44, 46, 306, 319

北極星 Etoile polaire 84, 88

ホド（光輝、栄光）Hod (Splendeur, Gloire) 71, 157

ホメロス Homère 306
ボローニャ Bologne 40, 162
ボワレル、ジョルジュ（1889年版タロットの印刷業者） Poirel (G.) imprimeur du Tarot de 1889 23, 302

マ

マクロコスモスとミクロコスモス Macrocosme et microcosme 129, 136, 174, 207, 257, 267, 334-335
魔術 Magie 129, 136, 178, 180, 193, 197, 271
魔術師としての神 Dieu Magicien 255
窓 Fenêtre 208
魔方陣 Carrés magiques 162
マヤ Maya 120, 228
魔力 Envoûtement 199
マルクト（王国） Malcut (Royaume) 71, 169, 259, 270
マルチネス・パスカリス〔マルチネス・ド・パスカリ〕 Martinès Pasqualis 44
まんじ〔卍〕 Swastika 83, 135, 244, 259, 262, 318
マンシー Mancies 289
マンテーニャ、アンドレア Mantegna 41

ミ

三日月 Coissant 92, 95-96, 119, 124, 126, 129, 150, 166, 180, 337-339, 341
水 Eau 84-85, 87, 97-98, 101, 113-114, 129-130, 143, 167-168, 178, 193, 196, 246, 268, 318, 325, 330, 332
水瓶（座） Verseau 82, 84, 87-89, 191, 240, 246, 260, 332
三つ編みの首飾り Tresse formant collier 131, 155
緑 Vert 101, 119, 131, 134, 142, 149, 155, 166-168, 173-174, 179-180, 191, 196, 201, 208-209, 216, 238-239, 321
『緑の蛇』（ゲーテの象徴的物語） Serpent vert, conte symbolique de Gœthe 25, 217
未来（の予知） Avenir (Prédiction de l') 22, 287

ム

無限大記号（∞）の帽子 Chapeau en ∞ 113, 174
（占者の）無私無欲 Désinteressement du divin 294
紫 Violet 100

メ

迷信 Superstitions 26, 215, 225, 272, 278
メシャ（王の石碑） Mésa (Inscription du roi) 103
メドゥーサ Méduse 85, 181
メム〔מ〕 Mem, 13e lettre de l'alphabet sémitique 88, 102, 104, 186, 259
メルカバー（玉座＝車） Merkabah, Chariot-Trône 149
メルクリウスの踵 Talonnières de Mercure 85
メンデスの山羊 Bouc de Mendès 196

モ

モーセ Moïse 250
『黙示録』 Apocalypse 160, 305
木星 Jupiter 84, 95, 218, 311, 322, 324, 326, 328, 333
モレッリ、ジョヴァンニ Morelli (Giovanni) 40

ヤ

山羊（座） Capricorne 82, 84, 87-89, 167-168, 202, 332-333, 335
ヤキンとボアズ Jakin et Bohas 48, 92, 118, 134, 151, 154, 169, 179, 207, 276, 325-326
香具師（もしくは奇術師） Pagad ou Bateleur 36
ヤヌス Janus 339
ヤハウェ Javé 250
山猫 Lynx 250-252
闇 Nuit 91, 118, 124, 214, 220, 224, 253, 263, 267, 271, 277

ユ

遊戯用カード　Cartes à jouer　35, 293
ユークリッド　Euclide　90
有翼の球　Globe ailé　148, 323, 329
誘惑　Séduction　338
ユノー　Junon　36, 120
ユピテル　Jupiter　36, 86, 120, 138, 181, 202, 232, 240
ユピテル・アメン　Jupiter Ammon　83, 138
夢　Rêve　220, 289

ヨ

陽物　Phallus　207, 311
ヨシャファトの谷　Vallée de Josaphat　236
（聖）ヨゼフ　Joseph (Saint)　86, 161
ヨッド〔ﬦ〕　Jod, 10e lettre de l'alphabet sémitique　41, 88, 104, 168-169, 206
四項対比　Tétrade comparative　58
四表意記号　Tétrade idéographique　90, 323

ラ

楽園　Paradis　196, 217, 227, 230, 233, 261
ラファエル　Raphaël　192
ラファエロ　Raphaël (Santi)　157
ラメッド〔ﬥ〕　Lamed, 12e lettre de l'alphabet sémitique　88, 102, 104
ランプ　Lanterne　102, 160, 163

リ

利己主義　Egoïsme　173, 186, 196-197, 207, 322
リシュリュー（卿）　Richelieu (Cardinal de)　284, 309
立方石　Pierre cubique　99, 128, 274, 299, 311
立方体　Cube　128-129, 136, 148, 154, 202, 324-325, 328, 337
竜（座）　Dragon　86-89, 187, 323-324
硫酸塩　Vitrol　93, 326
両性具有　Androgyne　191, 201

両性の結合の象徴　Sexes (Symbole de l'union des)　148
リンガ・シャリラ　Linga sharira　148

ル

類比　Analogie　336
（聖）ルカの牛　Bœuf de saint Luc　85, 113, 168, 246
ルシファー　Lucifer　206, 216
ルルス、ライモンドゥス　Lulle (Raymond)　41, 312

レ

冷　Froid　97, 167, 192-193
霊化　Spiritualisation　238
霊感　Inspiration　240
礼儀　Politesse　149
（魔術的な）隷属状態　Esclavage magique　201
霊、魂、体　Esprit, Ame, Corps　67-68, 71, 73-76, 79, 99-100, 154, 192, 325
霊なるキリスト　Christ-Esprit　327
レヴィ、エリファス（アルフォンス・ルイ・コンスタン）　Lévi (Eliphas), Abbé Alphonse Louis Constant　23, 27, 39, 43, 150-151, 166, 245, 305, 309-310, 312, 319, 325
レグルス　Régulus　246, 318
レダ　Léda　86, 232, 240
レビス　Rebis　324
錬金術　Alchimie　24, 39, 126, 128, 161, 185, 192-193, 268-269, 271, 274, 321, 324

ロ

六芒星　Hexagramme　174, 257, 259, 318
（メイソンの）ロッジ　Loge maçonnique　114, 150

ワ

ワイン　Vin　301
若返りの泉　Fontaine de Jouvence　193, 260, 270

惑星　Planètes　40, 42, 84, 94, 96, 137, 149, 322, 324, 326, 328, 332

鷲（座）　Aigle　85-88, 113, 125, 151, 168, 191, 246, 309, 320

鰐　Crocodile　86, 250, 321

アルファベット

Coagula　201

Dhorme, Paul　91

I. N. R. I.　329

Jéhoushah　331

Pernéty, Dom Antoine-Joseph　91

ROTA　46, 319, 341

Siouville, A　198

Solve　201

訳者あとがき

本書は Oswald Wirth, *Le Tarot des Imagiers du Moyen Age*, Le Symbolisme, Paris, 1927の全訳である。同書には1966年に Tchou 社からロジェ・カイヨワの序文付きで出版された再版本があり、その序文の訳も併せて収録した。

人と作品

著者のオズヴァルド・ヴィルト（以下ヴィルト）は1860年、スイス・ベルン州にあるブリエンツ（ドイツ語圏）で生まれた。両親はフランス・アルザス地方から政治的な理由でこの地に移住しており、敬虔なカトリック教徒であった母親の意向で、ヴィルトは8歳からカトリック系の寄宿舎に入れられ、次いでフリブールのコレージュで教育を受けた。父親は画業を営んでいたため、ヴィルトを画家の道に進ませようとしていたようだが、結局ロンドンに渡って会計士となるための勉強を始める。このロンドン滞在中に神秘思想やメスメリズム（動物磁気、もしくは「生物磁気」説を背景にした病気治療）、フリーメイソン運動などに興味を持つようになり、22歳から26歳までフランスで軍隊生活を送る間にフリーメイソン結社に加入した。その後パリやシャンパーニュ地方のシャロンで本格的に磁気治療を患者に施すようになった矢先、スタニスラス・ド・ガイタ（1861-1897）と運命的な出会いをする。その経緯については本書冒頭の長文の献辞にも綴られており、この後のヴィルトの人生を決定づけた。

ガイタはヴィルトよりも一歳若く、既にパリで神秘主義的な詩を発表し、そのアパルトマンは隠秘学に興味を持つ人々のサロンとなっていた。隠秘学の巨匠エリファス・レヴィ（1810-1875）から強い影響を受けた著作を発表し、ジョゼファン・ペラダン（1858-1918）、パピュス（1865-1916）らと共に「薔薇十字カバラ教団」を設立、また18世紀のマルチネス・ド・パスカリ（1727?-1774）やルイ＝クロード・ド・サン＝マルタン（1743-1803）以来の秘儀伝授の系譜を継いだと称する「マルチニスト教団」にも加わって、これ以降の世紀末文学・芸術に多大な影響を与えている。ガイタの友人兼秘書役を務めることになったヴィルトは、父親譲りの

絵の才能を見込まれてガイタからタロット制作——古代・中世以来のシンボリズム
に忠実なタロットの「再現」——を勧められる。1889年に22枚の大アルカナのみか
らなるデッキ（パック）が限定350部印刷され、同趣向の絵柄はパピュスの『漂泊
民のタロット』（1889年）（漂泊民〈ボヘミアン〉とは、いわゆる「ジプシー」を指
している）の中でも利用されている（パピュスとヴィルトの関係はその後必ずしも
良好ではなくなるようだが）。

　ガイタは1897年に36歳の若さで死去し、ヴィルトはその後も磁気治療士として活
動しながら、古代以来の神秘思想、エゾテリスム、オカルティズムの研究を続け、
フリーメイソン結社における宗教的シンボリズムの復活にも大きな役割を果たした。
タロット研究の成果としては1926年に新たにデザインしたデッキを制作、翌年にそ
の図柄を1頁あたり2枚ずつカラー印刷した冊子を付録とした本書『中世絵師たち
のタロット』を出版し、大きな反響を呼ぶ。その後晩年まで文書館員として静穏な
生活を送りながら、いくつかの著作や論文を発表、雑誌『シンボリズム』の発刊に
も力を尽くした。1943年、82歳でフランス中西部のヴィエンヌ県で死去している
（ヴィルトの生涯と思想については以下の書を参照。Jean Baylot, *Oswald Wirth 1860–
1943 rénovateur et mainteneur de la véritable Franc-Maçonnerie*, 1975）。

　ヴィルトが作成したタロットデッキ、およびその解釈の意義を正確に述べるには、
膨大なタロット制作史・研究史に照らして考察する必要があるが、ここではごく簡
単にその特徴を述べておきたい（タロットの歴史そのものについては、近年続々と
発表されている研究書や解説書を参照頂きたい——日本語で書かれた代表的なもの
を後に挙げる）。

　タロットは本来、14〜15世紀頃のルネサンス期イタリアで生まれたゲーム用のカ
ードに起源がある。その絵柄にある寓意にはキリスト教起源のものも多いが、とり
たてて秘儀的な意味合いはなく、またカードを占いに用いるという習慣も当時はな
かった。印刷術の発達に伴い、単に貴族のためだけでなく、庶民にも手が届くよう
になって、その後全欧に広まっていった娯楽の手段に過ぎなかったのである。その
事情が変化したのが18世紀フランスであり、当時のエジプトブームの中で、このブ
ームに火を点けた一人であるクール・ド・ジェブラン（1725-1784）の大著『原初
世界』第8巻（1781年）が、タロット＝古代エジプト起源説を唱えたのであった。
本書37頁にもその中核の一節は引用されているけれども、古代エジプトの秘儀宗教
の教義が象徴的に描かれたのがタロットの起源だという彼の主張には全く根拠が無
い。その後、既にタロットと占術との組み合わせを提唱していたエティヤ（本名ジ
ャン＝バティスト・アリエット、1738-1791）が、クール・ド・ジェブランの権威

を利用する形で、タロットの神秘化をさらに推し進める。折しも当時のフランスは、啓蒙期の過激な合理主義への反発と、教会権威の失墜という二重の追い風を受けた神秘思想、いわゆるイリュミニスムが大流行した時期で、古代以来のヘルメス思想、錬金術、占星術、魔術、カバラ等々が社会の各層で喧伝されていた。そのような時代を背景に、タロットの神秘主義的解釈も行われ、さらにその趣旨に沿った絵柄の修正・変更・創作が、次々と行われていったのであった。占いの手段としてのタロットの役割も、有名な女予言者や占い師などが次々に現れ、確立していく。

　さらに19世紀後半、既に名を挙げたエリファス・レヴィが『高等魔術の教理と祭儀』他の著作の中でタロットを取り上げ、クール・ド・ジェブラン以来のタロットに関する神秘的解釈を一段と推し進める。それを引き継いだのがスタニスラス・ド・ガイタであり、またガイタの薫陶を受けたオズヴァルド・ヴィルトのタロット制作と研究だったのである。彼が描いた絵柄は、いわゆる「マルセイユ版」（元来はイタリア発祥と思われる木版画の絵柄を持つ）デッキを基本にして、18世紀以降になされた様々な神秘化と平仄が合う象徴を採り入れ、さらにヴィルト本人の考える「真の」絵柄に近づけた改変を行っている。したがって本書に書かれた内容は、今日の歴史学・思想史・絵画史研究の立場から言えば、学術的に疑問符を付けざるを得ない部分が多々あることはまずもって言っておかなければならない。また、表題の「中世」も、時代的・文化史的概念というよりは、ある種の理想化がなされた「原点」と考えるべきであろう。

　それゆえ、こうしたヴィルト流の神秘的タロット解釈を改めて掘り返し、あえて日本語に訳す意味はあるのか、という問いかけはあって然るべきである。しかしながら、タロットはその歴史的起源に関する議論とは別個に、19世紀以降のヨーロッパ、アメリカ、そして全世界的な規模で特異な発達を示しており、芸術や文学に対しても様々なインスピレーションを与え続けていて、単なるオカルトめいた児戯として切り捨てるには文化史的な意義があまりにも大きな存在になっている。ロジェ・カイヨワの序文も強調しているように、タロットが人間の想像力を刺激する力は強大で、その想像力の駆使のモデルとして、本書はタロット解釈史の中でも一つの古典の位置を占めている。タロットの重要性に目を開かせてくれたエリファス・レヴィやガイタに対する敬意から、筆は抑制気味ではあるが、実証的学問の成果を重視する批判的精神もここでは決して失われていない。タロットの象徴を解釈することは「己の最奥部に隠された〈石〉を探す」ことであるという本書315頁の言葉通り、ここにあるのは、タロットの絵柄を基点としたヴィルトの内奥世界の叙述であり、長年にわたる研究成果を披瀝して、古代以来綿々と続く神秘思想の20世紀的

な展開を示しているのである。

　本書が後世のタロット理解に与えた影響は大きいが、日本の読者にもなじみ深い例を二つだけ挙げておこう。一つはシュルレアリスムの旗手アンドレ・ブルトン（1896–1966）が、1944年カナダ滞在中に行った詩的思索をまとめた『秘法十七番』である。タイトルの *Arcane 17* とは言うまでもなくアルカナ17番、つまりはタロットの【星】を指しており、そのインスピレーションの源泉の一つにヴィルトの本書があったとされている。*Arcane 17* の手稿（学習用ノートの右頁にテクスト、左頁に様々な資料が貼られている）にはいわゆるマルセイユ版の【星】とヴィルト1926年版の【星】のカードの写真が貼られていて（ヴィルト版はネガ。参照、A. Breton, *Arcane 17*, Édition préparée et présentée par Henri Béhar, Biro éditeur, 2008, Le Manuscrit, p.XXXII）、本文の叙述にもヴィルトの強い影響が感じられる。事実ブルトンは本書の214頁から215頁にあたる部分（「我々が己の計画を忠実に実行するならば、」から「どうやって知ることができよう。」まで）と、「占術上の解釈」の部分全体を丁寧に写し取ったメモを残している（現在、インターネット上で手書きメモの写真版を見ることが可能である——http://www.andrebreton.fr/work/56600100356800〈2019年2月15日最終閲覧〉）。この二つの筆写箇所の間には「リュシファー、光をもたらすもの　＝　金星、明けの明星」という等式が記され、これは『秘法十七番』の内容に反映されることとなる。ブルトンの隠秘学や神秘思想に寄せた強い関心には、本書に刺激された部分があることは強調されて良いだろう。なお、宮川淳訳『秘法十七番』の晶文社刊1967年版のジャケットには早くもヴィルトの1966年版の【星】が用いられている（一部彩色に変更が加えられている）。

　いま一つ、1970年代にいち早く日本にタロットの神秘的イメージを植え付けた種村季弘による『錬金術　タロットと愚者の旅』（青土社、1972年）を挙げておきたい。これはルドルフ・ベルヌーリのタロット論を含む論考の翻訳に、種村自身のエッセイを加えた書であるが、ヴィルトの思索は、ベルヌーリ、さらに種村の叙述の重要なソースとなっている（ただし、種村の場合、他のタロット論を経由している部分が多いかと思われる）。その後70年代日本のオカルトブームの中でタロットも脚光を浴びて一般化されていくが、21世紀に入ってタロットの重要な研究書が出版されるまでは長く種村の論考が日本人のタロットイメージ形成に重要な役割を果たしていた。1972年の初版、および1992年河出文庫による『錬金術とタロット』の改題再版では、いずれもヴィルトの書の1966年版に付けられていたデッキの絵柄がカラー図版で印刷されている。さらに73年に種村季弘監修で発売されたタロットカードもこの版のコピーであるので、上記のブルトンの訳書を含め、ある程度以上の年

齢の日本人にとって、最初に目にしたタロットが「ヴィルトの」デッキ（1966年版は実際はヴィルトのオリジナルをミシェル・シメオンが描き直したもの）であった可能性はかなり高いということになる。ちなみに、これよりも早く、日本で最初にタロットについて影響ある文章を書いた澁澤龍彦（「古代カルタの謎」『黒魔術の手帖』所収、1961年）の蔵書中に、ヴィルトの本書1966年版があって書き込みの跡があることも確認されている（『書物の宇宙誌　澁澤龍彦蔵書目録』国書刊行会編集部編、2006年、70頁）。ただし、こちらもヴィルトの直接的影響というよりは、カート・セリグマン（アンドレ・ブルトンの友人でもある）の『魔法』（Kurt Seligmann, *The History of Magic*, 1948. 『魔法　その歴史と将来』平田寛訳、人文書院、1991年）を介した影響が大きいと考えられている。

テーマ

　このように、本書の文学史・思想史・文化史上の重要性は揺るぎないものがあるが、もっぱら占いとしてのタロットへの興味から本書を手に取られた読者は、本書に充満した神秘的な叙述に抵抗を覚えられるかもしれない。そうした神秘思想になじみのない方の読解の一助となるように、以下、本書の柱となっているいくつかの主題を整理しておこう。

　カイヨワの序文にも書かれているキリスト教起源の主題（最後の【審判】や枢要徳——【正義】や【節制】など）は前提事項とした上で、比較的分かり易いテーマから始めれば、まずは神話世界との類縁性がある。これには西洋における図像学や寓意画の伝統に照らして根拠もあり、カイヨワの指摘するように、タロットの絵柄に旧約・新約聖書の世界以外にギリシア・ローマ神話のテーマが直接・間接に入り込んでいることは間違いない。これに加えてクール・ド・ジェブランからエリファス・レヴィに繋がるエジプト神話（特にイシス女神の存在は大きい）、さらにヴィルトは19世紀後半に飛躍的に研究が進んだ古代メソポタミアの神話に強い関心を寄せていて、シュメールの創世神話や、『ギルガメシュ叙事詩』、その中に登場する女神イシュタルなどがタロットの人物像やアトリビュートと関係付けられる。インドや中国の神話世界もしばしば言及され、これらとの間に直接的関係を証拠立てるのは難しくとも、タロットとそれを生み出した西洋の絵画伝統の背後にある広大な神話世界に思いを馳せることができる。

　次いでこれも図像学的な裏付けが認められ得る天文学や占星術に関する叙述がある。黄道十二宮の星座や七惑星（太陽・月・水星・金星・火星・木星・土星）、さ

らにそれ以外の星座や恒星への言及は、上記のギリシア・ローマ神話ともむろん関係している。ここでもヴィルトはより古層に近づこうとしていて、「カルデア」の名称と共に古代メソポタミアの占星術に何度も言及している。

これらに比べると、カバラとタロットの結び付けは主にエリファス・レヴィのアイデアによるもので、ほとんど空想の域を出ていないが、西洋神秘主義の重要な潮流に読者を導く回路となっている。カバラとはグノーシス思想や新プラトン主義の影響下にユダヤ教内部に生まれた神秘思想で、特に12世紀以降のヨーロッパで特異な発展を遂げ、ルネサンス以降はキリスト教思想の中にも入り込んでいる。その中で無限（エンソフ）なる神から流出し、宇宙の基礎をなすとされる10個の諸相・属性、いわゆる「セフィロート」に関する思索は本書でも大きな位置が与えられている。セフィロートは右の図のように樹（「生命の樹」とも呼ばれる）の形で表される段階を示し、聖性の高い順に上から①ケテル（王冠）、②ホクマー（知恵）、③ビナー（知性もしくは理解）、④ヘセド（慈善）もしくはゲドゥラー（偉大）、⑤ゲヴラー（公正もしくは厳格）、⑥ティフェレト（美）、⑦ネツァハ（永遠もしくは勝利）、⑧ホド（栄光もしくは反響）、⑨イェソド（基礎）、⑩マルクト（王国）と呼ばれている。これらのセフィロートとアルカナ第1番から第10番までとの結び付けは、本書第二部における解説の重要なテーマである。

さらにこれと関連して、ユダヤ教において神聖視されるヘブライ文字との関連があり、本書収録の1926年版の絵柄においても、カードの右下にヘブライ文字が一つずつ記されている。これも18世紀以降のタロット神秘化の中で始まった関係付けをヴィルトが具体化したものであるが、そこにヘブライ文字が22文字、タロットの大アルカナが22枚という数字の一致以上の強い根拠をヴィルトが認めていたかどうかは不明である。102頁あたりの懐疑的筆致、特に104頁に掲載されたヘブライ文字の字形変遷の図を見ると、むしろあまり重きを置いていないか、実証的な立場からは否定的だったのではないかとも考えられる。ちなみに、エリファス・レヴィは18世紀の神秘思想家ルイ＝クロード・ド・サン＝マルタンとタロットを結びつけようとしているが（本書44頁および306頁の引用）、その根拠はサン＝マルタンの著作『自然のタブロー』（1782年）が全22章で構成されているという事実以外にはないようである。少なくとも管見の限り、サン＝マルタンの著書にタロットに対する言及は一切無い。

このようにヴィルトのタロット論にはエリファス・レヴィに刺激された部分が多いが、よりヴィルトらしさが発揮されたテーマとしてはフリーメイソンのシンボリズムがある。本来「自由な石工」を意味するその名称からも明らかなように、中世

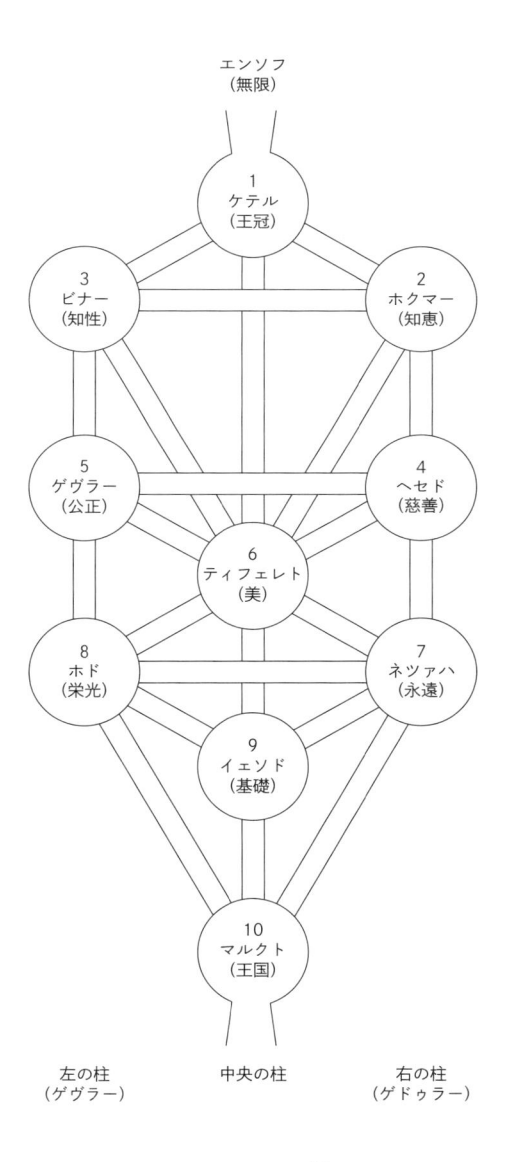

セフィロートの樹

の建築家集団を起源として18世紀以降特異な展開を遂げたフリーメイソン結社は、共通のドグマを持たず、時代、国、分派によって宗教的立場も多様なものがあった。その中で、フランスで最も有力な分派を統括していたグラン・トリアン（大東社）は1877年、宗教的寛容性を徹底させる形で「神の実在と霊魂の不滅性への信仰」という条項までも会員の加入資格から外してしまった。こうした脱キリスト教化・脱宗教化の風潮に対抗するために、ヴィルトは、「宇宙の偉大なる建築師」と呼ばれた神への信仰や、それに付随する様々な霊的要素をメイソンのシンボリズムの中に維持しようと盛んに活動した。とりわけ、徒弟─職人─棟梁の三位階を中心に据えた神秘主義的イニシエーションの過程について物した彼の書は、何度も再版されるほどフリーメイソンの間で広く読まれている。

　この建築に関わるシンボリズムには、もう一つ重要なテーマである錬金術におけるイニシエーション、すなわち金属の精錬と人格の錬成を結びつけた「大いなる作業」が結びつけられる。その過程は、死と再生を繰り返して「大いなる作業の完成」に至るまで上昇する段階的救済論──〈ニグレド〉（黒化もしくは腐敗）→〈アルベド〉（白化もしくは浄化）→〈ルベド〉（赤化もしくは〈哲学者の石〉の完成）──として、様々な材料物質とそれを表象する幾何学的図形のシンボリズムを駆使して語られ、本書のタロット読解を貫く中心的テーマの一つとなっている。

　最後に、ヴィルトの重要な関心事であるメスメリズムについて記しておこう。メスメリズムとは18世紀ドイツの医師、フランツ・アントン・メスマー（1734-1815）が提唱した動物磁気（もしくは生物磁気）説と、それを基にした病気治療を指し、ヴィルトが実践して患者への医療活動を行っていたことは既に述べた。これは鉱物の磁気に似た性質を持つ「流体」が宇宙に遍在し、人間の体内にも存在するという前提のもと、その乱れたバランスを正すことによって様々な病気の治癒が可能になるという擬似医学思想で、ある種東洋の「気功」にも似た治療法である。動物磁気の実体そのものはメスマーの存命中から既に科学的には否定されたものの、この治療中に患者がしばしば催眠状態に陥るところから、人間の無意識に働きかける催眠療法の先駆ともされて、治療的効果がある例も確かに見られた。また催眠状態に陥った患者が自分の病気の原因を言い当てるだけでなく、様々な超心理学的能力を発揮する例が報告され（本書のガイタへの献辞を参照）、降霊術などとも結び付いて、メスメリズムの威光は19世紀を通じて欧米社会の各層に根強く残っている。この流体（オカルティズムでしばしば言及されるアストラル体〈星気体〉などとも同一視される）に関する思索が本書に何度も登場することを指摘しておきたい。

　他にも数秘学や色彩のシンボリズム、夢に関する思索など、一つ一つテーマとし

て数え上げれば切りがないものがあって、本書は多種多様な宗教・神秘思想に関わる百科全書的な性格を示している。何度も言うようにこれらの思想を表象するためにタロットが考案されたという説自体に歴史的な根拠はないものの、伝統的思考に頻出する不変的・普遍的テーマ（名も無き絵師たちによる集団的な表象として捉えられる）とのアナロジーにおいてタロットを読み解くという姿勢は、後のC・G・ユングやユング派による「原型」「集合的無意識」のテーマとも関わり、現代におけるタロット解釈の動向に大きな影響を与えた。

参考文献と訳語の選択について

　上にも述べたように、タロットについての研究は近年になって飛躍的に進んでいる。分析哲学者マイケル・ダメットらによる著作（R. Decker & M. Dummett, *A History of the Occult Tarot: 1870–1970*, New York, 2002）など、学問的にも優れた研究が現れ、日本語で書かれた解説本も数多く出版されて、今回の翻訳でも絶えず参考にした。その代表的なものを数点挙げておく。
・伊泉龍一『タロット大全——歴史から図像まで』紀伊國屋書店、2004年。
・井上教子『タロット象徴事典』国書刊行会、2009年。
・井上教子『タロットの歴史——西洋文化史から図像を読み解く』山川出版社、2014年。
・鏡リュウジ『タロットの秘密』講談社現代新書、2017年。
　他にも、インターネット上のツイッターやブログで盛んに情報を発信しているタロット研究者夢然堂（@valet_de_coupe、http://www.muzendo.jp/）の投稿からも多くのことを学んだ。
　訳語の選択においてもこれらの書や研究から適宜選択して踏襲したが、2点だけ、本書独自の訳語について補足しておきたい。まずはほとんどの訳書、解説書で【恋人】という名称が与えられている第6アルカナについてである。原語はL'Amoureux すなわち「恋をしている」という意味の形容詞 amoureux に定冠詞を付けて名詞化した男性名詞であって、日本語の「恋人」とは語感が相当に異なる。数多くあるデッキの中には、例えば有名なウェイト＝スミス版のように男女のカップルが描かれているものもあって、その場合【恋人】（むしろ【恋人たち】）という呼称で問題はないけれども、本書の解説に照らしても、ここは【恋する男】（もしくは「愛する男」「愛を抱く人」など）とした方がヴィルトの意向に合致していると思われる。なお、上にレヴィが18世紀のサン＝マルタンとタロットを結びつけたことに根

拠は無い旨を述べたが、【恋する男】をサン＝マルタンのキーワードの一つ〈渇望する人〉との連想で解説したヴィルトの指摘（142頁）は、マルチニスム波及の一例として、思想史的に興味深いものがある。

　もう一つは「補遺」で分析の対象となっている「パンタクル pantacle」である。これは「五芒星形」（英語 pentagram、仏語 pentagramme）を代表とする「護符」を表す「ペンタクル」（英語でも仏語でも pentacle）の綴りを一部変えて（「全」を意味する pan を組み入れて）、エリファス・レヴィが使用した語であり、生田耕作訳や鈴木啓司訳では「万能章」「万能符」という訳語が採用されている。ただ、「補遺」冒頭の記述（317頁）を読む限り、ヴィルトは占星術や錬金術に関わるそれぞれの表意図形から、神秘思想の「全」体系への理解を促す象徴性の高さを強調しているだけなので、「万能」の語は少し強すぎると考え、片仮名の訳語を採用することにした。ちなみに、仏語で pentacle と pantacle は同じ発音（パンタクル）であり、本書の1966年版ではより一般的な pentacle に変更されている。

　なお、その他神話、占星術、錬金術ほか神秘思想・隠秘学全般に関して訳語の選択のために参照した書は多く、ここに列挙するのは控えるが、フリーメイソン関係については、特に以下の二書に恩恵を被ったことを記しておく。

・有澤玲『秘密結社の事典——暗殺教団からフリーメイソンまで』柏書房、1998年。
・同『真説　フリーメイソン大百科』上・下、彩図社、2011年。

翻訳の経緯について

　最後に、いささか私事にわたるが、本書を翻訳出版するに至った経緯について述べておきたい。訳者は18世紀の神秘思想、いわゆる「イリュミニスム」には関心があったものの、タロットについてはほとんど研究してこなかった。同時代およびそれ以降の文化史における重要性はそれなりに認識していたつもりだが、やはりタロットにまつわる諸々の負のイメージが接近を拒ませていたというのが正直なところである。そのため、国書刊行会から翻訳の提案が届いたときはしばらく躊躇し、ともかく当該書を読んでから引き受けるかどうか決めようと、全国の大学図書館の蔵書を調べられるサイトで検索をかけてみた。大学のアカデミズムとはイリュミニスム以上に相性の悪いタロット研究であっても、どこかには所蔵されているだろうから、相互貸借制度を利用しようとの目論見だった。すると案の定、全国の大学図書館で所蔵している館がたった一つだけだが、あった。ところが、驚いたことにそれが自分の本務校の附属図書館だったのである。かつて在職した高名なフランス文学

者が注文した書であった。

　さらにその直後、かねてから予定していた別の研究調査で赴いたイタリアはボローニャの地で（ボローニャはタロット揺籃の地の一つでもある）、エゾテリスム関係の書を専門とする書店のショーウィンドウの真ん中に、本書のイタリア語版が置かれているのが目に飛び込んできたとき、これはどうやら自分にとっての"Tolle, lege"（「取って読め」）と見なすべきだと考えることにした。

　それから大学の書庫に長い間眠っていた1966年版の本書を読み進めることになり、エリファス・レヴィのような魔術的なオーラはないが、論理と詩情を混ぜ合わせたヴィルトの堅実な文体に惹かれて訳し始めた。だが、付録のカードの絵柄と本文の叙述内容とに微妙な齟齬が見られ、調べてみると本版の描画はヴィルト本人によるものではなく、上にも述べたようにヴィルトのデッキを基にミシェル・シメオン（Michel Siméon, 1920–1998）というイラストレーターが描き直したものであることを知った。それ以外にも本文中に疑問点が数多くあったところから、すぐに方針を転換して1927年初版本を翻訳することに決め、1966年版からはロジェ・カイヨワによる序文のみを訳出することにした。1966年版付録のデッキはカラフルでユーモアもあり、人気も高いが（右図）、1926年版デッキはアール・ヌーヴォー風の落ち着いた絵柄と色彩が特徴で、訳者としてはシンボリズムの点ばかりでなく、美学的にもこちらを気に入っている。ちなみに英訳（*Tarot of the Magicians*, Weiser, San Francisco, 2012, first published in 1985）は1966年版を基にしており、新たに翻訳上の細かい問題点も加わっていて、残念ながら信頼が置き難い（同じく1966年版を基にしたイタリア

（上）1966年版【奇術師（I）】
（下）1966年版【星（XVII）】

語版〈*I Tarocchi*, Edizioni Mediterranee, Roma, 2010, 1ª Edizione 1973〉では誤植がかなり修正されている）。なお、1927年版にもあるいくつかの明らかな誤植は翻訳に当たって修正した。また、1927年版原著の索引は欠落と不備が多いため、項目自体は基本的に尊重しつつ、頁数表記は大幅に増やした。これまで邦訳が無く、完全版とは言い難い1966年版か、それを基にした英訳版でしか接近できなかった読者層に、ヴィルトの世界がより正しく伝わることになれば、これに勝る喜びは無い。奇しくもフランスでは1927年版初版の復刻が間もなく行われ、ドイツでも1926年版を基にしたデッキが発売されてヴィルト再評価の機運が高まっている。本書には巻末口絵に1926年版（切り取ってタロットカードとしても使える）、参考資料として1889年版を付け、さらに第二部における各アルカナの解説冒頭に原著本文内のモノクロ挿絵を掲載していて、正に「ヴィルト版デッキ」の総覧となっている。

　タロットについて一から学び直しながらの翻訳は困難もあったが、ヴィルトの緻密な思索の跡を辿る翻訳作業自体は楽しく、そのような機会を与えて頂いた国書刊行会の清水範之氏に感謝申し上げる。本書の翻訳を通じて西洋絵画を観る自分の眼差しまで変化したのは思わぬ副産物だったが、読者にもその恩恵が及ぶことを期待したい。また訳稿が校正段階に入った後、これまたある種の奇縁から紹介を受けて知己を得、メール等で快く貴重な情報を与えて頂いた鏡リュウジ、夢然堂の両氏にはこの場を借りて篤く御礼申し上げる。夢然堂氏のご仲介によって廣田恭彦氏から美しいタロット画像を本書に提供頂くこととなり、感謝の念に堪えない。

　　2019年3月28日

今野喜和人

オズヴァルド・ヴィルト（Oswald Wirth）
1860年スイスのブリエンツで生まれる。
画業を営む父から画家の道を勧められるが、
ロンドンに出て会計士、後にフランスで文書館員などとして働く。
フリーメイソン入団を契機に様々な神秘思想に触れ、
メスメリズム（動物磁気説）による病気治療も実践する。
パリでのスタニスラス・ド・ガイタと出会った後、さらに隠秘学を究め、
フリーメイソン内部での宗教的象徴研究をリードして、
雑誌『シンボリズム』の発刊にも力を尽くす。
ガイタから勧められたタロット制作と研究の成果は本書『中世絵師たちのタロット』に結実し、
タロットの歴史において重要なエポックとなった。
1943年フランス中西部のヴィエンヌ県で死去。

今野喜和人（こんの　きわひと）
1954年東京都生まれ。東京大学大学院博士課程単位取得退学。博士（文学）。
現在、静岡大学教授。専攻、比較文学比較文化。
著書に、『啓蒙の世紀の神秘思想―サン゠マルタンとその時代』（東京大学出版会、2006）、
訳書に、フランソワ・ダゴニェ『面・表面・界面』（法政大学出版局、1990、共訳）、
『キリスト教神秘主義著作集17　サン゠マルタン』（教文館、1992、共訳）、
『十八世紀叢書Ⅹ　秘教の言葉―もうひとつの底流』（国書刊行会、2008、共訳）、
［ルイ゠クロード・ド・サン゠マルタン］『クロコディル――八世紀パリを襲った鰐の怪物』
（国書刊行会、2013）他がある。

中世絵師たちのタロット

2019年6月20日初版第1刷印刷
2019年6月30日初版第1刷発行

著者　オズヴァルド・ヴィルト
訳者　今野喜和人
発行者　佐藤今朝夫
発行所　株式会社国書刊行会
東京都板橋区志村1-13-15　〒174-0056
電話03-5970-7421
ファクシミリ03-5970-7427
URL：http://www.kokusho.co.jp
E-mail：info@kokusho.co.jp
装訂者　コバヤシタケシ
印刷所　三松堂株式会社
製本所　株式会社ブックアート
ISBN978-4-336-06346-5 C0010
乱丁・落丁本は送料小社負担でお取り替え致します。

1889年版

Les 22 Arcanes du Tarot Kabbalistique, Dessinées à l'usage des Initiés sur les Indications de Stanislas de Guaïta, par Oswald Wirth, ［s.l.］［s.d.］（1889）.（『スタニスラス・ガイタの指示により秘儀参入者の用に供するためオズヴァルド・ヴィルトによって描かれたカバラ的タロットの22枚のアルカナ』）──350部発行（本書23頁参照）。（画像提供：廣田恭彦氏）

1 LE BATELEUR א

2 LA PAPESSE ב

3 L'IMPERATRICE ג

4 L'EMPEREUR ד

5 LE PAPE ה

G L'AMOUREUX ז

ז LE CHARIOT ה

8 LA JUSTICE ח

9 L'ERMITE ⵕ

10 LA ROUE DE FORTUNE ⵣ

11 LA FORCE ⵎ

O.SWALD WIRTH · PARIS 1889

12 LE PENDU ⵍ

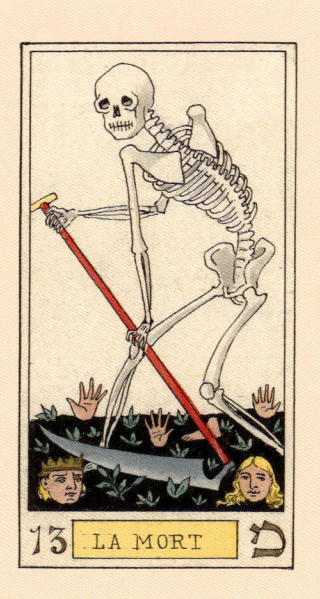

13 · LA MORT ·

14 · LA TEMPERANCE ·

15 · LE DIABLE ·

16 · LE FEU DU CIEL. ·

17   LES ETOILES

18   LA LUNE

19   LE SOLEIL

20   LE JUGEMENT

21 LE MONDE

LE FOU

1926年版

———

—————

Le Tarot des Imagiers du Moyen-Âge, Restitué dans l'Esprit de son Symbolisme par Oswald Wirth, Planches, Le Symbolisme, Paris, 1926.（『オズヴァルド・ヴィルトによって本来のシンボリズムの精神を再現された中世絵師たちのタロット（図版）』）——1927年出版の本書に袋とじで11枚の別刷り冊子として付けられたもの。（画像提供：廣田恭彦氏）

L'EMPEREVR

L'IMPÉRATRICE

LE JUGEMENT 20

LE SOLEIL 19